AF558640

Tamar Valkenier

DIE VOLLZEIT-ABENTEURERIN

Eine Frau zieht in die Welt

Aus dem Niederländischen
von Janine Malz

INHALT

TEIL 1. **LOSLASSEN** 14

TEIL 2. **WILDNIS** 108

TEIL 3. **RUHE** 250

DAS ENDE? 305

EPILOG 309

DANKSAGUNG 311

Für meinen Vater, der mich lehrte,
was bedingungslose Liebe ist,
der der Wind unter meinen Flügeln ist,
auch wenn mich diese oft weit von ihm forttragen.

Alle guten Dinge sind wild und frei.
— HENRY DAVID THOREAU

In der Patsche

Plötzlich spüre ich einen heftigen Ruck an dem Seil, an dem ich mein Pferd Izgi führe. Die Pferde gehen wortwörtlich mit ihm durch, und er galoppiert davon. Mein anderes Pferd Tor erschrickt und rennt in die entgegengesetzte Richtung. Das Seil, das ich zwischen den Pferden gespannt hatte, knallt gegen meinen Hinterkopf, und ich falle vornüber zu Boden. Blut strömt mir übers Gesicht: Ich habe einen scharkantigen Stein erwischt.

Ich rappele mich auf, greife mir an den Kopf und sehe, dass beide Pferde bereits in weiter Ferne sind und mit aller Macht versuchen, ihr Gepäck abzuschütteln. Mein Hund Tetti rennt ihnen hinterher, und schon bald verschwinden sie am Horizont.

Das Blut läuft mir über die Hand und über die Stirn in meine Wimpern, sodass ich kaum noch etwas sehe. Was war das eben? Vier Monate lang ist alles gut gegangen. 1.600 Kilometer habe ich mit den Tieren zurückgelegt. Ich habe gut für sie gesorgt, und sie für mich. Wir haben Orte besucht, die ich ohne sie nie erreicht hätte. Vier Monate lang waren wir tief in der Wildnis des Altaigebirges unterwegs. Wir sind eingetaucht in eine jahrhundertealte Kultur, die hier noch quicklebendig ist, haben unter und als Nomaden gelebt. Wir hatten es fast zurück zu Herrn Dalaikhan geschafft. Dort haben wir unsere Reise begonnen, und wie eine stolze Mutter wollte ich meine Tiere wieder sicher zu Hause abliefern. Aber kurz vor Ende unserer Tour ist es schiefgegangen. Und zwar gewaltig.

Da stehe ich nun, ganz allein, ohne Tiere, ohne Gepäck, irgendwo in der mongolischen Steppe und spüre meinen Herzschlag im Schädel pochen. Das Blut strömt noch immer, und mir wird etwas schwindelig. Ich drücke meine Hände auf die Wunde, um die Blutung zu stoppen, als ich ein Motorrad bremsen höre. Das Männer-Duo hält an und beginnt, aufgeregt auf mich einzureden. Mein Kasachisch ist zu bruchstückhaft, um alles zu verstehen, aber ich schnappe die Worte »Doktor?« und »Krankenhaus?« auf.

Ich versuche, ihnen zu bedeuten, dass ich zwei Pferde und einen Hund habe, die sie finden müssen, und schicke sie los. »In die Richtung. Bitte findet sie!« Die Männer nicken und düsen davon. Kurze Zeit später hält ein zweites Motorrad. »Doktor? Krankenhaus?« Diesmal steige ich auf.

Wir fahren in dieselbe Richtung, in die auch das vorherige Motorrad und meine Tiere verschwunden sind, bis der Mann bei einem kleinen Gebäude hält, an dem er an alle Türen klopft. »Krankenhaus«, sagt er, aber davon ist wenig zu sehen. Die Farbe blättert von der Wand ab, die Fenster sind eingeschlagen, und nirgends hängt ein Schild, das besagen würde, dass ich hier einen Arzt finde. Der Mann zuckt mit den Schultern, spricht ein paar Leute auf der Straße an, und nachdem rasch herumtelefoniert wurde, macht endlich jemand auf. Es ist die Krankenschwester.

Sobald ich drin bin, deutet sie auf ein staubiges Sofa in der Ecke. »Sitzen«, sagt sie und verschwendet ansonsten wenige Worte an mich. Während ich mich umschaue auf der Suche nach einem Spiegel, in dem ich meine Wunde betrachten kann, höre ich, dass mein Chauffeur draußen den Motor startet und wieder davonfährt. Ich seufze in dem Wissen, dass ich nun dieser Frau ausgeliefert bin, die ein Paar Latexhandschuhe aus dem Waschbecken nimmt und darauf befindliche Blutspritzer eines vorigen Patienten abwischt. Sie bedeutet mir noch mal, dass ich mich hinsetzen solle, und nimmt aus dem Schrank eine Flasche mit der Aufschrift »Desinfektion«. Die ist bereits zwei Jahre über das Verfallsdatum hinaus, wie ich sehe, als ich das Etikett inspiziere. Sie gibt etwas davon auf ein schmuddeliges Stück Papier, und perplex lasse ich zu, dass sie damit ein paarmal meinen Kopf abtupft. Es kommt mir vor, als wäre ich im falschen Film gelandet, ich kann nicht glauben, was gerade geschieht. Ich wünschte, ich könnte einfach aus diesem Albtraum aufwachen und wieder bei meinem Vater zu Hause am Küchentisch sitzen.

Mutterseelenallein, verwundet und tief in der Patsche könnte ich Hilfe jetzt gut gebrauchen. Während ich mich frage, was ich in Gottes Namen machen soll, kommt ein Mann mit Reitstiefeln und einem langen, traditionellen Mantel herein. Mit schmutzigen Fingern schüttelt er mir die Hand und stellt sich als der Arzt vor. Immerhin zieht er sich ein Paar saubere Handschuhe über, ehe er sich meine Kopfwunde ansieht. Ohne lange zu fackeln, hat er die Diagnose und die Behandlungsmethode bestimmt und bedeutet mir, dass die Wunde genäht wird.

Ich blicke ihn mit großen Augen an. Nähen? Ganz bestimmt nicht. Ich muss zusehen, dass ich hier wegkomme, und ich muss meine Tiere finden. Meine Erste-Hilfe-Kenntnisse reichen aus, um zu wissen, dass sich eine schmutzige Wunde, die genäht wird, entzünden kann. So nah an meiner Schädeldecke und so weit von einem internationalen Krankenhaus entfernt, scheint mir das eine ganz schlechte Idee. Es gelingt mir, ihm deutlich zu machen, dass ich damit nicht einverstanden bin, und mithilfe von Google Translate frage ich, wie viel Verbandszeug der Arzt hat. Er murrt zunächst, doch dann gibt er mir letztlich alles, was in seinem Schrank liegt. Glücklicherweise habe ich mein Portemonnaie in der Hosentasche, um den guten Mann bezahlen zu können.

Nachdem der Deal beschlossen ist, wasche ich mir über dem Waschbecken das Blut vom Gesicht, und die Schwester hilft mir, einen Kopfverband anzulegen. »*Rachmet*«, *danke*, sage ich, und eine Dreiviertelstunde, nachdem ich das Krankenhaus betreten habe, stehe ich wieder auf der Straße.

Benommen und verdutzt setze ich mich auf die Bordsteinkante. Kurz weiß ich nicht, was ich tun soll. Mein Kopf explodiert, und mein Hals ist inzwischen so steif, dass ich ihn kaum bewegen kann. Ob ich eine Gehirnerschütterung habe? Muss ich jemanden anrufen? Aber wen? Und was hat das für einen Sinn? Wie sehr ich mir in diesem Moment wünsche, wir wären noch zusammen …

TEIL 1

LOSLASSEN

Ohne neue Erfahrungen schläft etwas in uns. Diesen Schläfer gilt es zu wecken.
– FRANK HERBERT

EUROPA

9 MONATE
10.000 KILOMETER

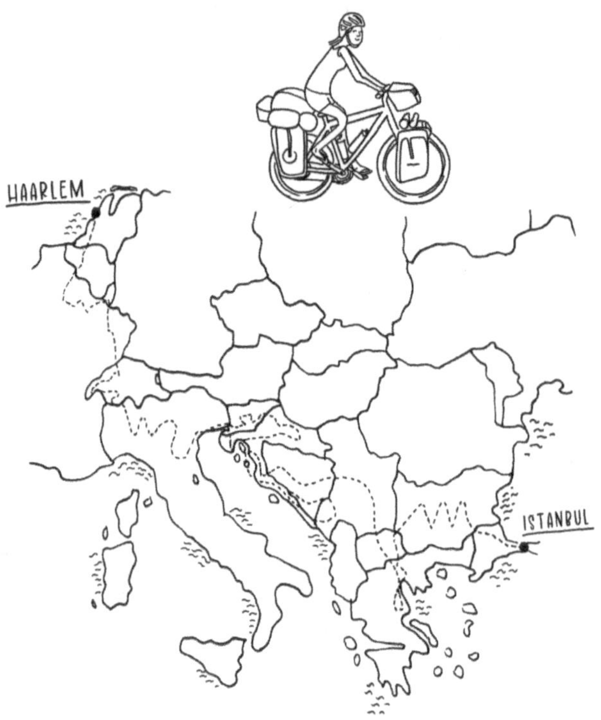

Soll es das gewesen sein?

Es ist November 2014, und ich blicke regungslos vor mich hin. Draußen geht ein heftiger Wind, aber hier drinnen ist davon nichts zu spüren. Schon seit Stunden sitze ich in derselben Haltung mit meinem eingegipsten Bein auf dem Wohnzimmertisch vor mir und lausche auf das … Nichts. Ich gehe regelmäßig am Wochenende Fallschirm springen, aber das letzte Mal habe ich mir dabei den Fuß gebrochen, und seither bin ich dazu verdonnert, auf dem Sofa meines Vaters auszuharren. Dort sitze ich nun allein und starre Löcher in die Luft.

Mein Vater kommt die Treppe runter. »Was starrst du denn da so an?«, fragt er, als er meinen Blick sieht, der ins Unendliche geht.

»Die Zeit, die mir davonläuft, Papa.« Mein Vater ist 65, ich bin 27. Ich frage ihn, ob er die Zeit auch so wahrnimmt wie ich.

»Nein, natürlich nicht«, erwidert er, als hätte ich etwas völlig Abwegiges gesagt. »Du hast doch das ganze Leben noch vor dir. Du kannst die Weichen stellen, an einem Bahnhof deiner Wahl aussteigen. Ich hingegen habe meine Endstation fast erreicht.«

Das ganze Leben noch vor mir? Ich lasse seine Worte sacken. Endstation fast erreicht? Bei dem Gedanken bekomme ich Beklemmungsgefühle. Das Ticken der Uhr ist mit einem Mal ohrenbetäubend laut. Wie eine Zeitbombe, tick, tick, tick, immer schneller. Ich habe mir ein gutes Leben aufgebaut, aber in letzter Zeit frage ich mich immer öfter, ob ich den richtigen Weg eingeschlagen habe.

Woher diese Zweifel kommen, weiß ich nicht, denn ich kann mich eigentlich nicht beklagen. Seit meinem 15. Lebensjahr habe ich mit viel Freude als Köchin in verschiedenen Toprestaurants in und um Haarlem gearbeitet. Genau wie mein damaliger Freund Frank, mit dem ich mit 19 ein Haus kaufte. Sechs Jahre haben wir zusammengewohnt, bis wir (freundschaftlich) getrennte Wege gingen und ich mich wieder in mein Studium stürzte. Neben dem Kochen absolvierte ich nämlich zwei Vollzeitstudiengänge, und nachdem ich jahrelang gebüffelt hatte, wurde ich mit 24 mit einem Master in Jura und einem in Psychologie belohnt. Anschließend ergatterte ich direkt den Posten, von dem ich jahrelang gedacht hatte: »Wenn ich mal groß bin, möchte ich diesen Beruf ausüben!« Als Kriminalpsychologin bei der Bundespolizei beschäftigte ich mich seither begeistert mit Mord- und Sexualstraftaten, mit Betrug und Stalking. Wer ist der Täter? Wie verhört man einen psychotischen Verdächtigen oder ein Kind? Wie erkennt man, ob eine Anzeige falsch ist? Nicht jeder hat dafür Verständnis, dass mir so etwas Freude bereitet, aber für mich ist es der absolute Traumberuf. Alles, was merkwürdig ist in dieser Welt, finde ich interessant.

Nun, da ich meinen Fuß gebrochen habe und gezwungen bin, buchstäblich innezuhalten, denke ich zum ersten Mal ausgiebiger über mein Leben nach. Will ich eigentlich so weitermachen? Was könnte ich verbessern? Oder in jedem Fall verändern? Welche Optionen habe ich? In den vergangenen Tagen habe ich mir das Hirn zermartert, und so langsam wächst das Bedürfnis, mein Leben kräftig auf den Kopf zu stellen und von innen nach außen zu kehren.

Vor einem halben Jahr bin ich wieder bei meinem Vater eingezogen mit der Idee, so in kurzer Zeit auf eine Eigentumswohnung in der Gegend zu sparen. Aber nun, da ich hier so auf dem Sofa sitze, frage ich mich immer mehr, ob der Kauf einer Immobilie wirklich so eine gute Idee ist. Lege ich mich damit nicht viel zu sehr fest? Kann ich danach noch die Weichen neu stellen und an einem Bahnhof meiner Wahl aussteigen? »Papa, soll das alles gewesen sein?«, frage ich ihn verzweifelt. »Tagein, tagaus arbeiten, Häuschen kaufen und ab und zu Urlaub machen?«

Ich liebe es, Urlaub zu machen. Zu reisen. Neue Orte zu sehen, neue Menschen kennenzulernen, neue Dinge zu tun. Bisher habe ich jedes Jahr am 1. Januar all meine Urlaubstage auf einmal genommen, um so lang und so weit weg wie möglich reisen zu können: nach China, Südafrika, Kolumbien … Nie habe ich unter Heimweh gelitten, nie wollte ich wieder zurück nach Hause. Im Gegenteil, ich wollte mehr, wollte es abenteuerlicher, weiter weg und länger. Jedes Mal fiel es mir schwer, im Februar zurückzukehren und wieder ein ganzes Jahr arbeiten zu müssen, ehe ich eine neue Fernreise unternehmen konnte. Nun frage ich mich, ob das nicht auch anders geht.

Mein Vater nickt verständnisvoll, als ich ihm meine Zweifel erläutere, und fügt neckend hinzu: »Da fällt wohl jemand in das berühmte schwarze Loch, was?« Ich liebe seinen Zynismus. Er stichelt sehr gern, ist dabei aber immer liebevoll. »Jahrelang hat man auf etwas hingearbeitet und hat man es dann erreicht, fühlt man eine innere Leere. Das große Nichts. Das ist ganz normal. Aber mach dir keine Sorgen, das geht von allein wieder vorbei.« Bestimmt hat er recht, aber ich will nicht darauf warten, dass es von allein wieder vorbeigeht. Vielleicht muss ich etwas dagegen unternehmen?

Vier Wochen dauert es, bis mein Fuß geheilt ist. Vier Wochen lang grübele ich vor mich hin. Wie kann ich dafür sorgen, dass ich alles aus dem Leben heraushole, ohne dass es alles aus mir herausholt? Auf der Suche nach Inspiration stöbere ich im Internet. Ich schaue mir Videos an und lese Berichte. Aus irgendeinem Grund ziehen mich die Blogs von Weltreisenden magisch an, die ihre Tage füllen, ohne einem festen Plan zu folgen. Die von einem Abenteuer ins nächste stolpern und einfach schauen, wohin das Schicksal sie führt. Ohne Zeitdruck, ohne Erwartungen. Das regt bei mir einen Denkprozess an. Warum werfe ich nicht auch einfach alles über den Haufen? Was, wenn ich all meine Sicherheiten aufgebe? Mich aus allem rausziehe und ohne Netz und doppelten Boden in die Welt begebe? Dorthin, wo nichts muss und Nichtstun erlaubt ist. Ohne Besitz und ohne Plan. Was, wenn ich all das loslasse, was ich laut der Gesellschaft, laut meinem Vater und laut mir selbst alles tun müsste?

»Das Leben neu kalibrieren, Papa, das fehlt mir«, sage ich zu meinem Vater, der sich das alles verzagt anhört. Wahrscheinlich hofft er, dass das nur eine vorübergehende Laune ist, aber das Gefühl geht nicht mehr weg. Die Welt ruft immer lauter: *Tamar, kommst du raus, spielen?*

Nachdem ich mich wochenlang mit traumhaften Reportagen auf den Geschmack gebracht habe, weiß ich es sicher: Ich will eine Reise unternehmen. Eine lange Reise. Etwas tun, das ich noch nie gemacht habe. Schauen, wohin es mich verschlägt und was das mit mir macht. Ich will nicht mehr so leben, wie es von mir erwartet wird, ich will alle Möglichkeiten ausschöpfen. Das bestmögliche Leben führen, das ich führen kann.

Herz oder Verstand?

Mein Herz und mein Verstand widersprechen sich ständig. *Tamar, tu es, lass alles los. Zieh in die weite Welt hinaus! Das wolltest du doch so gern. Außerdem, was ist schon ein Jahr in einem ganzen Menschenleben?*, sagt die eine Stimme. *Hey, warte mal kurz,* erwidert die andere, *ist das wirklich so eine gute Idee? Du hast doch so hart für diesen Job gearbeitet, für diesen Traum. Womöglich kannst du nicht mehr in deine alte Stelle zurück. Bist du denn nicht zufrieden?*

Eine gute Frage. Warum kann ich nicht einfach zufrieden sein mit dem, was ich habe? Ich habe doch alles, was man sich wünschen kann. Bin ich vielleicht die Raupe Nimmersatt?

»Papa, hilf mir, wie gelangt man zur richtigen Entscheidung?« Aus meinem Psychologiestudium weiß ich nur zu gut, dass unser Denken fehlbar ist und unser Gefühlsleben trügerisch. Sollte ich besser auf meinen Verstand hören oder auf mein Gefühl? Wie auch immer, ich muss etwas tun. Dieses Bedürfnis ist so stark, dass ich es nicht unterdrücken kann.

Mein Vater versucht, mir eine Lösung anzubieten. Eine, die näher ist an unserem Zuhause. »Wenn du mehr rauswillst, kannst du doch öfter hier in die Dünen gehen? Unfreiheit existiert allein im Kopf.«

Ich ärgere mich, wenn er so redet. »Ach komm, Papa«, widerspreche ich ihm. »Unsere Dünen stehen unter Schutz, da darf ich nach Sonnenuntergang gar nicht hin. Ich darf dort nicht zelten, ich darf kein Feuer machen, nichts pflücken. Das ist ein abgestecktes Stück Natur, das strengen menschengemachten Regeln unterworfen ist. Nein, ich will weg, weit weg, und für längere Zeit. Auf der Suche nach echter Freiheit. Vielleicht fahre ich mit dem Fahrrad.«

»Mit dem Fahrrad?« Er sieht mich fragend an. »Nicht mit dem Motorrad?«

Eine verständliche Frage, denn zehn Jahre lang bin ich täglich Motorrad gefahren. Ich fuhr regelmäßig auf der Rennstrecke in Zandvoort und cruiste durch die Alpen und die Pyrenäen, durch die Eifel und einmal nach Budapest und zurück, aber nun will ich etwas anderes. Ich schüttele den Kopf. »*Schildkröten können mehr von der Straße erzählen als Hasen*«, zitiere ich Khalil Gibran. »Auf dem Motorrad rast man an allem vorbei. Auf dem Fahrrad hat man viel mehr Zeit, alles in sich aufzunehmen, einen Plausch zu halten, an einer Blume zu riechen.« Ich verteidige etwas, das ich nur aus Geschichten kenne. Ich habe nie was mit Fahrrädern am Hut gehabt. Ich fahre nur Rad, um einkaufen zu gehen, aber der im Internet beschriebene Mix aus Freiheit, Bewegung, Herausforderung und Draußensein klingt enorm attraktiv. »Außerdem ist es viel günstiger, und ich bin nicht an

Tankstellen oder Asphalt gebunden. Und man kommt sehr viel weiter. Vielleicht radele ich bis nach Singapur!«

Es herrscht Stille im Hause Valkenier. Wir werden noch viele Male darüber sprechen, und noch viele Male wird es still werden. Bis ich schließlich mit meinem Gipsverband in das Büro meines Teamleiters hineinhinke.

»Ich möchte für ein Jahr verreisen, geht das?«, sage ich zu dem Mann, der mich in den vergangenen Jahren wahnsinnig unterstützt hat, mich zu Kongressen schickte und sich sogar dafür einsetzte, dass ich einen Sommer lang bei den ersten FBI-Profilern in den USA studieren durfte.

Er sieht mich verdattert an. »Es läuft doch gerade so gut? Und es ist doch alles so, wie du es dir wünschst?« Ich nicke, er hat recht, aber er begreift auch meinen rastlosen Drang nach Abenteuer, wovon ich ihm mit viel Schmerz und Mühe ausführlich erzähle. »Gut, ich schau mal, was ich für dich tun kann«, sagt er zum Schluss.

Eine Woche später kommt er wieder auf mich zu. »Gute Neuigkeiten, Tamar«, sagt er triumphierend. »Ich habe nachgedacht, und du kannst sechs Monate unbezahlten Urlaub nehmen.«

Er scheint zu denken, dass mich seine Antwort zufrieden stimmt, doch für mich fühlt es sich an, als würde man mir den Boden unter den Füßen wegziehen. »Oh«, sage ich nur und spüre, wie mir die Tränen in die Augen steigen. »Danke.«

Langsam hinke ich zurück in mein Büro und ziehe die Tür hinter mir zu. Sechs Monate? Seine Worte hallen in meinem Kopf nach, und ich weiß nicht recht, was ich davon halten soll. Sechs Monate scheinen mir nicht ausreichend zu sein. Wie weit kann ich in der Zeit radeln? Komme ich dann überhaupt über Europa hinaus? Wie frei bin ich, um irgendwo hängen zu bleiben, einer Einladung zu folgen, mich auch abseits der Wege treiben zu lassen?

Je länger ich darüber nachdenke, desto klarer wird es mir. Sechs Monate sind nicht genug. Es geht nicht anders. Nur wenn ich kündige, kann ich erreichen, was ich erreichen will: echte Freiheit.

»Tamar, ich versteh es nicht«, sagt mein Vater, als ich ihn über meinen Entschluss in Kenntnis setze. »Du hast so hart dafür gearbeitet. Wovor läufst du weg?«

Sein Tonfall verrät seine Verzweiflung, doch ich finde die Frage unsinnig. Ich laufe nicht weg. »Vielleicht laufe ich vielmehr hin? Hin zu Abenteuer, Inspiration, Freiheit, einem frischen Blick auf die Möglichkeiten, die das Leben bietet?«

Ich merke, wie ich meinen Entschluss verteidige, obwohl er ehrlich gesagt nur meine eigenen Zweifel ausspricht. Was, wenn ich nie mehr in meinen alten Job zurückkehren kann? Außerdem, was weiß ich schon übers Radfahren? Oder vom Alleinsein über längere Zeit? Ich bin noch nie länger als fünf Wochen am Stück von zu Hause weg gewesen. Was, wenn ich alles hinter mir lasse und es bereue?

»Papa, ich werde das Gefühl nicht los, dass das Leben noch so viel mehr zu bieten hat. Diesem Gefühl muss ich nachgehen, auch wenn ich vielleicht enttäuscht zurück nach Hause komme. Ich will nicht auf meinem Sterbebett an all die Dinge denken, die ich eigentlich gern gemacht hätte, sondern ich will ausgepowert sein von dem Leben, das ich geführt habe.«

Mit 28 in Rente

Alle großen Abenteuer nehmen irgendwo ihren Anfang. Meins beginnt hier. Es ist Januar 2015, und ich bin 28, als ich bekannt gebe, dass ich quasi in Frührente gehe. Ich kündige.

Höllisch nervös überbringe ich die Neuigkeit und versuche unter Tränen, die simpelsten Fragen meiner Kollegen zu beantworten: *Warum? Wann kommst du wieder zurück?* Ich weiß es nicht und stolpere über meine eigenen Worte bei dem Versuch, es zu erklären. Es fühlt sich fürchterlich an, mein Team im

Stich zu lassen, aber ich bin auch erleichtert, dass ich endlich eine Entscheidung getroffen habe und das große Wort ausgesprochen ist. Gemeinsam beschließen wir, dass der 26. März 2015 mein letzter Arbeitstag sein wird, und von diesem Moment an laufen die Vorbereitungen.

Glücklicherweise muss ich keine eigene Wohnung aufgeben. Es trifft sich auch gut, dass vor Kurzem mein Motorrad gestohlen wurde und es das erste Motorrad war, das ich je hatte versichern lassen, sodass mir nun eine stattliche Summe zusteht. »Es ist, als ob das Universum bereits wusste, dass ich auf Reisen gehen würde, nur ich selbst noch nicht«, sage ich mit einem Lachen zu meinem Vater, während ich mit dem großen Ausmisten beginne. Ich mache zwei Stapel. Einen mit all dem, das ich auf die Reise mitnehmen will, und einen mit all dem, das hierbleiben muss. Erschrocken betrachte ich die beiden Haufen. »Papa, ich dachte immer, ich wäre kein sonderlich materialistischer Mensch, aber schau nur, wie viel Zeug ich habe!« Auch davon will ich mich frei machen. Ich gebe viel weg, verkaufe das eine oder andere und befülle anderthalb Umzugskartons mit Dingen, die ich aufbewahren will. »Kann ich die vorübergehend bei dir in den Keller stellen?«

Bastelkönigin

Einer begeisterten Kollegin kann ich einen Mountainbike-Rahmen für 150 Euro abkaufen. Das Angebot nehme ich dankbar an. Ein günstiges Fahrrad finde ich eine gute Idee, weil ich mich dann unterwegs immer noch umentscheiden und auf ein anderes Fortbewegungsmittel umsteigen kann. Außerdem halte ich es für eine schöne und sinnvolle Idee, selbst an meinem Fahrrad herumzubasteln. So lerne ich meinen Drahtesel gut kennen. Ich habe noch zwei Monate Zeit, um das Ungetüm reisetüchtig zu machen, aber das Problem ist, dass ich quasi nichts von Fahrrädern verstehe. Also suche ich mir Hilfe.

Bei Bikeplanet Haarlem steht der gut gelaunte John mir mit Rat und Tat zur Seite. »Was hast du vor?«, fragt er amüsiert. »Nach Singapur radeln? Bist du irre? Damit?!« Er deutet auf mein Fahrrad.

»Ja, na ja«, stammele ich beschämt, »deshalb brauche ich ja eure Hilfe. Mein Budget ist nicht so groß. Habt ihr vielleicht ein paar günstige Ersatzteile herumliegen?«

Er mustert mich von oben bis unten und sagt dann: »Ich schau mal, was ich habe.« Eine Hälfte von John verschwindet in einem großen Behälter mit losen Ersatzteilen. Ich sehe nur noch seine nackten Beine hervorragen, während er ein Teil nach dem anderen herausfischt. Letztlich kommt er mit zwei Felgen und einem Bündel Speichen zurück. »Hier, das kann ich dir für einen Zehner geben. Damit kannst du loslegen.«

Das tue ich. Mit Laptop und Werkzeugkasten sitze ich in der Garage meines Vaters. Nun gilt es, das Fahrrad zusammenzubauen – aber wo fange ich an? Ich weiß, wie man einen Reifen flickt, aber da hört es auch schon auf. Glücklicherweise gibt es auf YouTube umfassende Tutorials, mit denen ich alles lernen kann.

Mein Vater schaut kopfschüttelnd zu, wie seine Tochter mit ölverschmierten Händen in seiner Garage steht und sich abrackert. »Selber machen«, sagt er neckend, »das hast du schon als kleines Mädchen immer gesagt.«

Eine Woche später bin ich wieder bei John. Ich habe Croissants und einen Kaffee mitgebracht und zeige den Männern in der Werkstatt meine Kreation. John fängt an zu lachen. »Du hast alles verkehrt herum eingesetzt.« Ich darf noch mal von vorn beginnen.

So gehen die Wochen dahin. Ich lerne, die Gänge einzustellen, Bremsen zu entlüften und meine Tretkurbel auszutauschen. Als Nächstes kommt ein stabiler Gepäckträger an mein Fahrrad, ein Damensattel und eine große, rote Klingel. Aus Croissants und Kaffee werden Freitagsfeierabendbierchen. Schon bald sind John und seine Kollegen meine Freunde, und allmählich baue ich eine Bindung zu dem Fahrrad auf, mit dem ich noch keine zehn Kilometer gefahren bin.

Probefahrt

Die Zeit vergeht wie im Flug. Es ist März 2015, und schon in zwei Wochen soll es losgehen. Vielleicht ist es keine schlechte Idee, mal eine Probefahrt zu unternehmen? Von Haarlem nach Amsterdam finde ich eine gute Entfernung: 21 Kilometer. Bei der Gelegenheit kann ich auch gleich mal bei Vakantiefietser vorbeischauen. Der Laden ist auf Fernreisen mit dem Fahrrad spezialisiert und scheint mir deshalb ein gutes Endziel.

Frohen Mutes steige ich auf. Während ich eine herrliche grüne Route entlangfahre, bei der die Kaninchen vor meinen Rädern davonspringen, frage ich mich, wieso ich nicht schon eher auf die Idee gekommen bin, nach Amsterdam zu radeln. Bis mir schmerzhaft klar wird, warum. Es ist schwer, sauschwer. Erschöpft und klitschnass komme ich anderthalb Stunden später bei Vakantiefietser an. Ich kann nicht mehr. Ich bin so abgekämpft, dass ich für den Rückweg den Zug nehme. Noch mal 21 Kilometer schaff ich echt nicht.

Beschämt starre ich kurze Zeit später aus dem Fenster. Was mache ich hier eigentlich? Bei Vakantiefietser haben sie mich überhaupt nicht ernst genommen. Sie haben mich mit lauter Informationen überhäuft und allerlei Dinge genannt, von denen ich noch nie gehört hatte, aber ohne die ich offenbar nicht auskomme. Ein KOGA-Fahrrad, unplattbare Reifen, eine Rohloff-Nabe: unentbehrlich. Handschuhe, Fahrradhose, Klickpedale mit Spezialschuhen: absolut notwendig. Ebenso wie Fahrradcomputer, GPS-Geräte und teure Programme, um Routen herauszusuchen. Ob ich mir überlegt habe, ein Satellitentelefon mitzunehmen?

Ich bin völlig durcheinander. Offenbar kann ich nicht Rad fahren, habe auch nicht die richtige Ausrüstung und meine Vorbereitungen waren völlig ungenügend. Und dann habe ich noch einen Rat bekommen, von dem ich nicht weiß, was ich damit anfangen soll: »Achte darauf, nicht länger als ein Jahr wegzubleiben, sonst kannst du nicht mehr zurück.«

Nimm das Leben nicht zu ernst

Ich bin noch nie sonderlich sportlich oder stark gewesen. Ich bin zwar öfter als Frau allein gereist und habe auch wild kampiert, aber Rad fahren mit einem Zelt ist dann noch mal eine ganz andere Nummer. Habe ich meinen Traumberuf für etwas aufgegeben, das ich gar nicht kann?

»Was für ein Unsinn«, sagt meine Freundin Janneke, als ich ihr meine Zweifel anvertraue. »Du kannst alles lernen. Weißt du noch, was Pippi Langstrumpf immer sagt? *Das haben wir noch nie probiert, also geht es sicher gut.*«

Darüber muss ich ziemlich lachen und sage: »Und Kermit der Frosch sagt: *Nimm das Leben nicht zu ernst, du kommst ja doch nicht lebend raus.*« Wir lachen über die Tiefgründigkeit, die sich hinter diesen albernen Sprüchen verbirgt. »Du hast recht«, sage ich. »Ein Mangel an Fähigkeiten oder an Talent hat mich bisher noch nie aufgehalten.« Die Angst davor zu sterben, ohne je richtig gelebt zu haben, überwiegt. Ich muss es einfach tun. Außerdem habe ich überall herumposaunt, ich würde eine Fahrradreise unternehmen, und wenig wirkt so motivierend wie die Aussicht auf einen Gesichtsverlust. Ich kann es ja zumindest mal probieren, nicht wahr? Und wenn es nix ist, drehe ich wieder um. Zumindest ist es das, was ich jedem erzähle. Für mich fühlt es sich an nach: jetzt oder nie. Ich will so schnell wie möglich los. Vielleicht auch, um keine Zeit dafür zu haben, es mir doch noch mal anders zu überlegen?

Noch ein Weilchen zusammen

Ich schleppe die letzten Dinge, die ich aufbewahren will, runter in den Keller. Um dort hinzukommen, muss ich den Wohnbereich von Janneke betreten. Sie ist meine beste Freundin und mietet die unterste Etage bei meinem Vater im Haus.

»Tamar, was hältst du davon, wenn ich dich auf dem Fahrrad bis zur belgischen Grenze begleite?«, fragt sie, als ich meinen Umzugskarton bei ihr die Treppe hinuntertrage.

»Das wäre super!«, rufe ich sofort. »Aber wie? Mit deinem alten Omafahrrad? Du hast ja nicht mal Gänge!«

»Na und?«, reagiert sie nonchalant. »Hauptsache, du und ich sind noch ein paar Tage zusammen.«

Ich schaue sie kurz ungläubig an und stelle dann den Umzugskarton ab, um sie zu umarmen. Noch ein paar Tage zusammen mit Janneke, bevor ich allein weiterradeln muss? Das finde ich eine ganz fabelhafte Idee.

An den darauffolgenden Tagen macht sich Janneke bereit. Sie hat ebenfalls kein KOGA-Fahrrad, keine Rohloff-Nabe oder Klickpedale, aber das kümmert sie nicht. Sie stopft ein paar warme Klamotten in eine Plastiktüte, während ich all meine Dinge noch mal durchgehe. Sie liegen ausgebreitet vor mir auf dem Boden. Eine Tasche für die Campingausrüstung, eine Tasche mit Kleidung, eine Tasche für die Kochausrüstung und Essen. Solang es in meine Taschen passt, darf es mit. Den Rest verkaufe ich, gebe ich weg, und wenn es wirklich niemand haben will, landet es im Müllcontainer meines Vaters. Bevor ich aufbreche, will ich Tabula rasa machen.

Aufbruch

»*Prachtvoll und mitreißend will ich leben!*«, sind die Worte, mit denen Hendrik Marsman sein Gedicht *De grijsaard en de jongeling* (Der Greis und der Jüngling) beginnt. Mein Vater, der Greis, und ich, der Jüngling, haben das Gedicht oft gemeinsam gelesen, und der folgende Satz ist dabei immer bei mir hängen geblieben: »*Nur ein Herz, das gegen die eigenen Rippen schlägt, ist ein anständiges Herz von anständigem Maß.*« Ich habe nie ganz begriffen, was Marsman damit genau meinte, aber ich habe es immer aufgefasst als Ansporn, meinen eigenen Träumen nachzujagen. Daran denke ich an dem Tag, an dem Janneke und ich aufbrechen.

Es ist der 28. März 2015, und wir stehen draußen im Regen bei meinem Vater vor der Tür. Janneke hat ihr Gepäck in schwarzen Mülltüten hinten auf ihr Omafahrrad gebunden und wird mit mir bis zur belgischen Grenze mitfahren. Danach muss ich allein weiterradeln. Wie lange? Wohin? Warum? Ich weiß nur, dass ich einmal erleben will, was es heißt, wirklich frei zu sein. Frei von Terminen und Deadlines, von Verpflichtungen und Besitz. Herausfinden, was das Leben noch zu bieten hat.

Mein Vater kann mit alledem nichts anfangen. Er sieht uns an, liebevoll und tieftraurig zugleich. Es ist, als ob er noch etwas sagen will, es aber herunterschluckt. Es wurde auch alles schon gesagt. »Seid vorsichtig, ja? Nicht mit fremden Männern mitgehen!«

Es ist kalt und schüttet wie aus Kübeln. Mein Vater zieht seine warme Weste dichter um den Körper, als ob er sich selbst festhalten wolle, nun, da er mich loslassen muss. Er schaut mich betrübt an, und Regentropfen mischen sich in seine Tränen. Ich werde ihn schrecklich vermissen. Doch davon kann ich mich nicht abhalten lassen. Ich muss es tun. Ich kann einfach nicht anders. Ich hoffe, dass er das versteht.

Ich möchte sagen »bis bald«, aber das wäre gelogen. Keine Ahnung, wie lange ich wegbleibe. Ein paar Wochen? Monate? Vielleicht sogar Jahre? Also sage ich noch einmal, wie sehr ich ihn liebe, und halte ihn fest, ehe er mich wegschiebt. »Geh du mal.«

Ich will nicht mehr. Ich bekomme Panik und würde viel lieber mit ihm zurück ins Haus gehen. Mein ganzer Körper bebt vom heftigen Weinen, und ich sehe fast nichts mehr durch meinen Tränenschleier. »Komm, Tamar«, sagt Janneke sanft und stellt ihre Füße auf die Pedale. Ich blicke noch einmal zu meinem Vater, dann tue ich es ihr nach, und wir fahren in Schlangenlinien davon. Weg von allem, was ich weiß und kenne, und hinein ins Unbekannte.

Die Probe aufs Exempel

Den ganzen Tag sind die Wetterbedingungen suboptimal. Es regnet ununterbrochen, und der Wind ist beißend und kalt. Ich fühle mich schuldig, weil ich Janneke das antue, und finde es selbst auch nicht wirklich toll. »Solang wir weiterfahren, bleiben wir schön warm«, ermutigt mich Janneke. »Wir lassen uns doch nicht von ein paar Regentropfen verrückt machen? Wir sind schließlich aus Holland!« Ich lächele. Ich liebe ihre Abenteuerlust und ihren stets positiven Blick auf die Dinge.

Wir lassen Haarlem hinter uns und sind unterwegs nach Belgien. In südliche Richtung. Zumindest ungefähr. Wo wir schlafen, werden wir sehen. Erst mal ein Stück radeln.

Als ob es nicht schon schwer genug wäre, beginnt der Wind am Nachmittag, noch heftiger zu wehen. So sehr, dass wir vom Weg geblasen werden. Dem entgegenkommenden Verkehr können wir gerade noch so ausweichen. Lastwagen schlingern bereits hupend um uns herum. Nach dem zigsten Windstoß lande ich auf der anderen Straßenseite im Gras. Janneke kommt zu mir. »Tamar! Du wärst fast im Graben gelandet!«, ruft sie erschrocken. Als ich mich umdrehe, stelle ich fest, sie hat recht.

»Das ist lebensgefährlich!«, rufe ich laut, um den Wind zu übertönen. »Lass uns irgendwo eine Pause einlegen und einen Plan schmieden.« Ich deute auf den Wasserturm ein Stück vor uns. Sie nickt und hilft mir, mein schweres Fahrrad wieder aufzurichten, und schiebt ihr Rad hinter meinem Richtung Turm.

»Das ist völliger Wahnsinn, Jans«, sage ich, als wir dort angekommen sind. »Wir sind schon fünf Stunden unterwegs und kaum vorwärtsgekommen. Das schaffen wir nie! Ist deine Unterhose noch trocken?« Wir sind beide bis auf die Knochen nass, und alles ist durchgeweicht. Unsere Regenjacken haben den Kampf verloren und sind auch von innen klatschnass. Ich seufze und lehne den Kopf gegen den Turm. Ich zittere. Mir ist eiskalt, ich bin todmüde und weiß kurz nicht mehr, was ich tun soll. Aufzugeben ist ein verführerischer Gedanke, aber in Anwesenheit von Janneke spreche ich ihn nicht aus.

»Vielleicht müssen wir was essen?«, schlägt Janneke vor, die Essen stets als Lösung betrachtet.

Wir essen ein paar Müsliriegel, und tatsächlich: Allmählich kehrt unsere Energie zurück, und wir schmieden, nun etwas gestärkter, einen Plan. »Was, wenn wir unsere Fahrräder im Windschatten an der Deichseite durchs Gras schieben? Das könnte gehen …« Es ist unfassbar anstrengend, aber die einzige Möglichkeit vorwärtszukommen.

An diesem Abend finden wir einen Campingplatz, der sogar geöffnet ist. Wir haben eben erst Zoetermeer passiert und das Büro, in dem ich die vergangenen Jahre bei der Bundespolizei gearbeitet habe. Es ist seltsam, dieses Kapitel nun sowohl metaphorisch als auch buchstäblich hinter mir zu lassen. Die Mord- und Sexualstraftaten, die Spezialeinheiten, die interessanten Schulungen und spannenden Verhöre – das alles habe ich auf einen Schlag aufgegeben. Nun gehört es der Vergangenheit an. Ob ich gut daran getan habe? Darüber will ich vorläufig nicht nachdenken.

Wir haben fünfzig Kilometer zurückgelegt und sind müde und durchgefroren. Froh, dass wir nicht mehr Rad fahren müssen, hängen wir unsere nassen Klamotten im Toilettengebäude des Campingplatzes zum Trocknen auf. »Schau nur, wie verwildert wir schon aussehen!«, rufe ich erschrocken angesichts meines Spiegelbildes. Ich sehe aus wie eine triefnasse Katze mit struppigen Haaren, aber eine, die überglücklich ist, als sie ein Paar trockene Socken aus ihrer Tasche fischt.

Wir machen Eintopf aus den entlang des Weges gesammelten Kartoffeln und wilden Brennnesseln und öffnen eine Flasche Wein, um unseren ersten Tag zu feiern. »So, Jans, du hast dir echt schönes Wetter ausgesucht, um mit mir zu radeln, aber den ersten Tag haben wir schon mal überlebt!«

»Allerdings!«, sagt Janneke. »Prost! Auf uns!«

»Weißt du was?«, sage ich, »wir betrachten dieses Sauwetter einfach als Test. Das Universum will testen, ob wir aus dem richtigen Holz geschnitzt sind. Und das sind wir doch, nicht wahr?«

»Wir werden's dir schon zeigen!«, ruft sie einem imaginären Wettergott im Himmel zu.

Das ist natürlich großspuriges Gerede und leicht gesagt, nun, da wir im Trockenen und Warmen sitzen, aber ich werde mich an diesen Satz noch oftmals erinnern, wenn ich völlig am Ende bin: »Das ist nur ein Test, Tamar, halte durch, du wirst gewinnen!«

Es kostet uns drei Tage, um die Grenze zu Belgien zu erreichen, wo Janneke von unserem gemeinsamen Freund Erwin abgeholt wird. Zusammen essen wir noch ein Stück Kuchen, und nach einer letzten Umarmung fahren sie weg. Janneke winkt so lang, bis ich sie nicht mehr sehen kann, und dann kann ich nicht länger die Starke spielen. Mit einem Mal fange ich an zu hyperventilieren, und Tränen strömen mir nur so über die Wangen. Mein gesamter Körper bebt. Schlagartig begreife ich, was ich tue, wie viel ich aufgebe, aber ich weiß eigentlich nicht so genau, wofür. Was mache ich hier? Warum fahre ich nicht einfach mit ihr zurück nach Hause? Warum war ich so versessen darauf, allein herumzuziehen?

In einem Schaufenster betrachte ich mein Spiegelbild. Ich erkenne mich kaum wieder. Eine Herumtreiberin, eine verirrte Träumerin. Ein Mädchen mit einem viel zu schwer bepackten

Fahrrad und offenkundig null Ahnung, was sie da eigentlich tut. Auf einmal bin ich allein, fühlt es sich plötzlich real an, muss ich alles »selber machen«. Das, was ich so sehr wollte, fühlt sich nun wie ein regelrechter Albtraum an.

Doch es gibt kein Zurück mehr. Also stelle ich meine Füße fest auf die Pedale und radele weiter. Das Abenteuer fängt an.

Ist das ein Zeichen?

Ich habe keine Route und keinen richtigen Plan, außer dass ich versuchen will, zu Ostern in La Besace in Frankreich zu sein. Mein Saxofonlehrer organisiert dort jährlich ein Musikwochenende, und ich hoffe, dabei sein zu können. Ich tippe den Zielort in der Fahrradrouten-App OsmAnd ein und sehe, dass ich mich ranhalten muss, wenn ich es rechtzeitig schaffen will.

Im Sturm schlingernd fahre ich weiter. Die Minuten werden zu Stunden, und mit den Gedanken noch bei meinem Abschied schrecke ich auf, als ich ein lautes, knackendes Geräusch höre. Ich drehe mich um und sehe einen großen Baum in meine Richtung fallen. *SCHEIIIIISSE!*, denke ich. Ich fluche nie, aber die Gefahr kommt so schnell auf mich zu, dass es das Einzige ist, was mir in den Sinn kommt. Ich trete so fest in die Pedale, wie ich kann, und der riesige Baum kracht einen Meter hinter mir mit einem dumpfen Knall auf den Weg. Ich spüre, wie der Boden erzittert. Äste und Holzsplitter fliegen umher, aber wie durch ein Wunder werde ich nicht getroffen.

Hinter mir geht ein Auto voll in die Bremsen. Ich schaue mich erschrocken um. »Alles okay mit dir?«, ruft die Fahrerin mir zu. »Ja, alles okay«, rufe ich stotternd, »ich setze, ähm, nur, äh, kurz … meinen … Helm auf.« Ich versuche mit zitternden Händen, den Helm von meinem Gepäck loszumachen. Ich weiß zwar, dass der mich nicht gerettet hätte, aber das ist die einzige Reaktion, zu der ich im Augenblick imstande bin.

Die Frau dreht um, und ich fahre weiter, während ich mich frage, warum ausgerechnet mir das passiert. Ich habe kaum meine Reise begonnen und wäre um ein Haar gestorben. Ist das ein Zeichen? Haben die Götter mir in den vergangenen Tagen deutlich machen wollen, dass ich eine falsche Entscheidung getroffen habe? Dass ich besser umkehren sollte? Ist es gar kein Test, sondern eine Warnung? Warum bin ich immer so eigensinnig? Ich radele langsam, unsicher, ob ich weiterwill, aber zwinge mich, in die Pedale zu treten.

Schlafen bei Fremden

Heute radele ich lange Zeit, in der Hoffnung, einen schönen Schlafplatz zu finden. Ein Fleckchen für mich allein, in einem Wald oder einem Park an einem dahinplätschernden Bächlein. Nur habe ich auch nach stundenlangem Fahren noch immer nichts gefunden. Öffentlicher Grund ist rar. Aber es gibt jede Menge Äcker. Ich sollte bei einem der Bauernhöfe nachfragen, aber das traue ich mich nicht.

Noch ein kleines Stückchen, denke ich, beim nächsten Bauernhof probiere ich es, oder beim übernächsten. Ich schäme mich, fühle mich, als würde ich andere Leute anbetteln. So bin ich nicht, und so will ich mich nicht fühlen. Aber ich bin auch erschöpft und durchgefroren und humpele mit letzter Kraft zur Tür, um zu klingeln.

Als ob der hünenhafte Bauer bereits auf mich gewartet hätte, reißt er die Tür sofort sperrangelweit auf. »Hallo, junge Dame. Was kann ich für dich tun?«, fragt er mit polternder Stimme, wodurch ich mich noch kleiner fühle als ohnehin schon.

Ich hole tief Luft und richte mich auf, in dem Versuch, nicht allzu erbärmlich auszusehen. »Na ja, es ist so«, sage ich zögerlich, »ich unternehme eine Fahrradreise und suche einen Schlafplatz. Kann ich eventuell, vielleicht, sofern es nicht zu viel verlangt ist, möglicherweise eine Nacht bei Ihnen auf der Wiese zelten?«

Er sieht mich an, mein Fahrrad, sein Land, und nickt. »Klar, such dir ruhig ein Plätzchen«, und schließt die Tür.

Ich seufze tief. Ich habe es getan. Ich habe geklingelt und tatsächlich einen Schlafplatz. Es fühlt sich an wie ein Sieg. Erleichtert fange ich an, mein Zelt aufzubauen, während der Regen mir in Strömen in den Nacken läuft. Das kann mir egal sein, schon bald werde ich im Trockenen in meinem Zelt sitzen und kann mich endlich etwas ausruhen.

Zumindest male ich mir das aus, als ich den Bauern wieder auf mich zukommen sehe. »Meine Frau fragt, ob du mit uns essen willst. Und wir haben drinnen noch ein Bett. Vielleicht möchtest du auch erst mal duschen?« Ich traue meinen Ohren kaum und nehme das Angebot begierig an. »Sehr gern!« Eine warme Dusche ist in diesem Moment mein allergrößter Wunsch.

Als ich rosig aus der Dusche komme, stellt der Bauer große, dampfende Pfannen auf den Tisch: Fritten mit Mayo, Bohnen und *Stoofvlees,* ein flämischer Eintopf. Ich stelle eine mitgebrachte Flasche Weißwein dazu und eine Packung *Stroopwafels.* Letzteres kennt der Bauer nicht, deshalb bleiben die Sirupwaffeln unangerührt. Ich hebe das Glas, um auf unsere Begegnung anzustoßen. »Ich bin froh, dass ich geklingelt habe. Das habe ich noch nie gemacht, so einfach bei Fremden zu übernachten«, sage ich.

»Und wir sind froh, dass du hier bist. Bis nach Singapur radelst du? Das muss ich unseren Kindern erzählen!«, sagt der Bauer. Der Abend schreitet voran, und eine um die andere Frage stürmt auf mich ein.

Die Bäuerin interessiert sich vor allem für meine Familie und fragt, ob die auch so abenteuerlustig ist.

Ich fange an zu lachen. »Nein, nicht wirklich. Mein Vater ist mal per Anhalter mit einem Fischimbisswagen von IJmuiden bis nach Paris gefahren. Das war damals schon allerhand, aber heute setzt er mehr auf Sicherheit. Wenn ich mal wieder auf verrückte Ideen komme, sagt er immer: ›Bist du sicher, dass das eine so gute Idee ist?‹«

»Und deine Mutter?«

»Die findet ziemlich toll, was ich alles so mache, aber eigentlich sprechen wir nicht so oft miteinander.« Ich erzähle, dass meine Eltern sich haben scheiden lassen, als ich 15 war. »Ich habe eine Halbschwester, die fünf Jahre älter ist und zu dem Zeitpunkt schon zu Hause ausgezogen war. Mein Zwillingsbruder Jasper und ich sind bei meinem Vater wohnen geblieben. Seither habe ich meinen Vater erst so richtig gut kennengelernt, und dafür bin ich enorm dankbar. Er ist großartig. Er hat mir beigebracht, was bedingungslose Liebe ist.«

»Und deine Mutter, wo ist die?« Sie löchern mich mit Fragen, wollen alles wissen.

Ich zögere kurz, dann beschließe ich, offen zu sein. Die Tatsache, dass ich sie nicht kenne und ich morgen früh wieder abreise, gibt mir Sicherheit. »Nach der Scheidung ist der Kontakt zu meiner Mutter komplett abgebrochen. Fast zehn Jahre lang haben wir nichts von ihr gehört. Vergangenes Jahr rief sie plötzlich an. Sie wohnt inzwischen in Südfrankreich, und wir bauen allmählich wieder einen Draht zueinander auf. Wir haben jede Menge, über das wir uns aussprechen müssen, aber ich bin froh, dass sie wieder Teil meines Lebens ist.«

Keine Ahnung, warum ich ihnen das alles erzähle. Es rutscht mir raus, noch ehe ich an ihren Gesichtern ablesen kann, dass sie nicht wissen, was sie darauf sagen sollen. »Aber das ist nicht so schlimm!«, versuche ich, sie zu beruhigen, »das hat mich zu dem Menschen gemacht, der ich heute bin, und damit bin ich sehr zufrieden.«

Sie schauen mich prüfend an. Ich weiß nicht, ob sie Mitleid mit mir haben, mich seltsam finden, meine Reisepläne gutheißen oder vielleicht von allem ein bisschen. Wie auch immer, es ist nett hier in dem Bauernhaus, und mit einem zufriedenen Gefühl beschließe ich, ins Bett zu gehen.

Vor dem Schlafengehen jedoch rufe ich meinen Vater an und erzähle ihm, dass alles bestens läuft; den Vorfall mit dem Baum lasse ich unter den Tisch fallen.

Eine neue Welt

Ich bin müde, mein Hintern tut mir weh, meine Beine zittern. Ich bin in den vergangenen Tagen mehr Fahrrad gefahren als in meinem ganzen Leben, und mein Körper kämpft sichtlich. Jeden Tag kostet es mich größte Mühe, mich zu motivieren und weiterzufahren, nicht einfach zusammenzusacken und ein paar Tage auszuruhen. Es ist erst einen Monat her, dass ich nach zwanzig Kilometern auf dem Rad erschöpft den Zug nach Hause genommen habe, aber nun zwinge ich mich dazu, innerhalb von drei Tagen noch mal zweihundert Kilometer zurückzulegen. Am kommenden Wochenende ist Ostern, und dann will ich in La Besace sein für das Musikfestival, bei dem auch meine gute Freundin Floor sein wird.

»Komm schon, Tamar, jeder Meter zählt«, sporne ich mich selbst jedes Mal an, so lange, bis ich fix und fertig an meinem Ziel ankomme.

»Wie schön, dass du da bist!«, ruft Floor, als sie mir die Tür aufhält. »Komm rein, wie geht's dir? War es schwer?«

»Na ja«, sage ich und spiele meine Herkulesaufgabe herunter, »es war schon anstrengend, aber das macht jetzt nichts mehr. Ich bin da, lasset das Fest beginnen!«

Was ich ihr nicht erzähle, ist, dass ich sowohl physisch als auch mental ausgelaugt bin. Dass ich mir tagelang Sorgen gemacht habe, ob ich meinem Körper nicht zu viel abverlange. Ob ich mir unterwegs einen Platten hole oder einen Unfall baue. Ob ich es schaffe, abends die Kälte aus meinen Knochen zu vertreiben, und ob ich einen Schlafplatz finde. Ob ich irgendwo vorbeikomme, wo ich meine Wasserflaschen auffüllen kann. Ob ich mich traue, allein draußen zu schlafen. Was ich tun soll bei unerwünschtem Besuch. Ich erzähle nicht, dass ich gemerkt habe, wie neurotisch ich eigentlich bin, überhaupt nicht so tough, wie ich mich gebe, und dadurch enttäuscht von mir selbst bin.

Floor hat von alledem keinen Schimmer, als sie an diesem Abend konstatiert, ich hätte vor nichts Angst. Wir stehen zusammen in der Küche und machen den Abwasch, als sie sagt: »Viele Menschen träumen von so was, was du machst, wagen aber den Schritt nicht. Und du tust es einfach. Das finde ich so toll an dir!«

Kurz bin ich stolz, weil sie so über mich denkt, doch dann muss ich ihr gestehen, dass mehr dahintersteckt. »Ich wünschte, das wäre wahr«, sage ich. »Ich fürchte mich total oft und habe in der Vergangenheit unter Angststörungen gelitten.«

»Angststörungen?«, sagt Floor erstaunt. »Was meinst du damit? Das hast du nie erzählt.«

Zuerst erzähle ich ihr, womit ich schon von klein auf kämpfe. »Als Kind hatte ich fast jede Nacht Albträume, später entwickelte ich Klaustrophobie. Ich traute mich nicht in den Fahrstuhl, hatte Todesangst in Bussen und bekam Beklemmungsgefühle in Menschenmassen. Ständig hatte ich vor irgendetwas anderem Angst, bis ich schließlich gar keinen Auslöser mehr brauchte, um Angst zu empfinden. Einfach so aus dem Nichts bekam ich Panikanfälle.« Floor sieht mich fragend an. »Diese Tamar hast du nie gesehen. Inzwischen geht es mir gut.«

Es ist verrückt, dass ich so offen darüber spreche, aber jetzt traue ich mich auf einmal. Als ob es mir nichts mehr ausmacht. Als ob ich mich wegen nichts mehr schäme.

»Und wie läuft das ab, so eine Panikattacke?«, fragt Floor.

Ich versuche, es zu erklären. »Wenn ich das habe, fange ich an zu schwitzen, zu hyperventilieren, dann klopft mein Herz schneller. Ich fühle Stiche im Körper, vor allem rund ums Herz, als würde jemand mit Messern auf mich einstechen. Ich zieh mich dann komplett in mich selbst zurück, hab kaum noch auf dem Schirm, was um mich herum geschieht. Mein Hals schnürt sich immer mehr zu, das Atmen fällt mir schwer, und ich bin überzeugt, dass ich gleich sterbe. Manchmal falle ich dann in Ohnmacht, und wenn ich aufwache, fängt es wieder von vorn an. Echt grauenvoll.«

»Gott, wie furchtbar. Hast du das oft gehabt?« Floor hat in der Zwischenzeit ein Küchentuch genommen, kommt aber kaum zum Abtrocknen.

»Das hat irgendwann in der Pubertät angefangen und kam in Schüben«, erzähle ich weiter. »In manchen Monaten war es ruhig, manchmal hatte ich zehn Panikattacken pro Tag. Das war nicht nur Furcht einflößend, sondern auch enorm ermüdend. Manchmal lag ich tagelang groggy auf der Couch. Völlig ausgeknockt.«

Floor schaut so besorgt, dass ich darüber lachen muss. Inzwischen finde ich es eine lustige Geschichte, aber Floor sieht mich mitleidig an. Genau die Reaktion, die ich vermeiden wollte, und der Grund, aus dem ich das nie jemandem erzählt habe. Erzähle ich es jetzt vielleicht deshalb, damit ich das alles ein für alle Mal loslassen kann?

»Und die Ärzte? Konnten die nichts tun?«, fährt Floor fort. Ich zucke mit den Schultern.

»Ich habe alle durch: Allgemeinärzte, Neurologinnen, Kardiologen, Psychologinnen, Psychiaterinnen. Sie wussten sich keinen Rat, was mich betrifft. Körperlich kerngesund und geistig topfit. Ich wusste haargenau, dass es irrationale Ängste waren, aber gegen die Ohnmacht halfen keine Gedanken, gegen das Herzrasen kam ich nicht mit dem Verstand an. Mein Vater leidet auch darunter. Er sieht es als physisches Gebrechen. Er denkt, dass irgendein Botenstoff im Gehirn fehlt, dass es eine körperliche Einschränkung ist wie blind sein oder taub. Aber sich deshalb davon abhalten lassen? Niemals.«

Ich erzähle Floor, dass mein Vater mir beibrachte, dass man trotz Angst auch jede Menge erreichen kann. Sich nicht trauen und es trotzdem tun ist die Lebensweisheit, die er mir mitgegeben hat. »Damit habe ich herumexperimentiert, und es funktioniert!«

Also erst recht in den Fahrstuhl steigen, oder in den Bus. Meinen Ängsten entgegentreten, um sie unter meinen Füßen zu zermalmen. »Seine Ängste zu überwinden, kann süchtig machen.«

Offenbar gehen Ängste mitunter Hand in Hand mit einer kräftigen Portion Mut, können ihn womöglich sogar wecken und anregen. Ich begann, Gefahren nicht nur nicht aus dem Weg zu gehen, sondern sie erst recht zu suchen, als ob ich all die Jahre voller Angst kompensieren müsste, als ob ich mich selbst davon überzeugen müsste, wie stark ich bin.

»Hast du das noch immer?«, fragt Floor, »denn ich finde überhaupt nicht, dass du so rüberkommst. Du bist einfach tough. Motorradfahren, Fallschirmspringen, weite Reisen und jetzt das.«

Ich bin sprachlos. Offenbar kennt sie eine ganz andere Tamar als ich. Irgendwie finde ich es auch schön, dass sie nun erfährt, wer ich wirklich bin.

»Nein, inzwischen muss ich niemandem mehr etwas beweisen«, sage ich und zucke mit den Schultern. Es entsteht eine unangenehme Stille. Ich schäme mich fürchterlich, aber es erleichtert mich auch ungemein, ihr das endlich alles zu erzählen. »Manchmal habe ich Angst, dass es wieder zurückkommt, vor allem jetzt auf Reisen wäre das ziemlich blöd. Aber ich fühle mich gut und gehe einfach davon aus, dass ich geheilt bin.«

Floor holt eine Flasche Wein und bedeutet mir, ob ich auch ein Glas will. »Ja, gern«, sage ich mit einem tiefen Seufzer und rücke dicht an Floor heran auf der Stufe vor der Küche, wo wir zu zweit noch plaudern und lachen.

Frühlingsgefühle

Nach drei schönen Tagen nehme ich Abschied, und Floor verspricht mir, mich später auf meiner Reise zu besuchen. Ich kann ihr nur nicht sagen, wann ich ungefähr wo sein werde. Als sie mich fragt, wohin ich radele, sage ich »Singapur«, aber eigentlich fahre ich einfach drauflos, nach überall und nirgendwo. Ohne Route, ohne Plan. Ich werde schon sehen, wohin der Wind mich weht.

Mit jedem Tag fällt mir diese Form des Reisens leichter. Ich schlafe im Wald oder frage jemanden, ob ich auf seinem Land übernachten darf. Die Distanzen, die ich täglich zurücklege, nehmen in rasantem Tempo zu, und ich merke, dass ich immer fitter werde. Die paar Tage ausruhen in La Besace haben mir gutgetan.

Es hilft natürlich, dass das Wetter endlich besser geworden ist. Die Sonne scheint, um mich herum strecken tapfere kleine Krokusse ihre Köpfchen aus der Erde, alle Zeichen stehen auf Frühling. Die Jahreszeit der hoffnungsvollen Erwartungen, der Geburt und des Erwachens von neuem Leben. Meinem neuen Leben!

Unbemerkt gewöhne ich mich an den Rhythmus meines neuen Daseins. Radeln, essen, an einer Blume riechen, mit einem Fohlen einen Schwatz halten, noch mehr radeln, schlafen und am nächsten Tag alles von vorn. Fähigkeiten wie ein Zelt aufbauen, navigieren und ein Feuer machen, die ich bei den Pfadfindern gelernt und bei verschiedenen Urlauben ausgebaut habe, kommen mir nun zugute. Nur die mentale Anpassung lässt am längsten auf sich warten. Mich der Freiheit hingeben glückt mir noch nicht recht. Ich wünschte, mein Gehirn wäre so frei wie ein Vogel, doch es tastet noch immer ängstlich um sich, auf der Suche nach Halt. Nach einer Route, einem Ziel, einem Plan. Wo soll ich schlafen? Wo kann ich Essen kaufen? Wie viele Kilometer sind es noch? Was, wenn ich es nicht schaffe? Was ist Plan B? Und Plan C? Und D? Ich werde mir schmerzhaft bewusst, dass ich keineswegs so unbeschwert bin, wie ich gehofft hatte.

Um nicht die zigste Nacht allein im Wald schlafen zu müssen, melde ich mich bei Couchsurfing an – einer Internetplattform, auf der Menschen Fremden aus aller Welt einen kostenlosen Schlafplatz in ihrem Zuhause anbieten. Dabei geht es nicht ums Geld, sondern um Begegnungen, das Kennenlernen neuer Leute, um den Austausch von Erfahrungen zwischen verschiedenen Kulturen. Einer der Musiker vom Musikwochenende in Frankreich hat mich darauf hingewiesen und erzählte, dass es auch speziell etwas für Radreisende gibt: Warm Showers. Ich melde mich für beides an und schaue mir die Profile von Menschen an, die mir interessant erscheinen, und schicke ihnen Anfragen: »Darf ich heute Abend bei dir schlafen?«

Pierre reagiert prompt: »Ich habe eine Schlafcouch für dich. Was meinst du, um wie viel Uhr du hier bist? Ich würde etwas zu essen machen. Isst du Fleisch?«

Es gefällt mir auf Anhieb, dieses Netzwerk, und plötzlich habe ich ein Ziel. Ich rechne aus, wie lange ich bis zu ihm brauche, und muss mir keine Sorgen mehr machen, ob ich einen Schlafplatz finde. Auch wenn ich mich frage, wieso sich Pierre eine Wildfremde ins Haus holt. Ist es wirklich so eine gute Idee, allein bei einem Mann zu übernachten? Ich beschließe, dass es auch nicht gefährlicher ist, als bei einem Bauern zu klingeln oder im Wald zu zelten, und gebe ihm einen Vertrauensvorschuss. Außerdem stehen in seinem Profil mehrere Bewertungen, die ihn als äußerst sympathisch beschreiben. »Danke für dein Angebot. Ich habe Köchin gelernt, soll ich für dich kochen?«, schicke ich zurück. Ich habe Lust, wieder mal zu kochen, in einer richtigen Küche mit Töpfen und Pfannen und Gewürzen und einem Ofen. Glücklicherweise ist Pierre einverstanden.

Später werde ich noch oft für Menschen kochen. Das mache ich gern, vor allem wenn ich bei ihnen zu Besuch bin. Ich habe das Gefühl, ihnen für ihre Gastfreundschaft etwas zurückgeben zu können. Zu Gast sein ist toll, aber auch immer ein wenig unangenehm.

Schachmatt

Es war schön bei Pierre, und ich habe beschlossen, solche Anfragen öfter zu senden. So werde ich von Menschen in ihr Zuhause eingeladen, sehe, wie sie wohnen, was sie machen, und habe das Gefühl, das Land wirklich kennenzulernen und nicht nur hindurchzureisen. Ich bin jetzt seit drei Wochen unterwegs, und heute zelte ich auf einem Hügel mit kilometerweiter Aussicht. Unter einem jahrhundertealten Kastanienbaum schaue ich über das französische Land. Zwischen endlosen Weiden sehe ich kleine Dörfchen, wie ich schon viele durchquert habe. Ausgestorbene Dörfer – die Menschen, die dort wohnten, sind in die Großstadt gezogen, und die Häuser sind im Laufe der Zeit überwuchert, die Natur hat sie sich zurückgeholt. Ich verstehe, weshalb Maler gerade diese Motive suchen und warum Menschen bei einem solchen Anblick zur Ruhe und Besinnung kommen. Ich bleibe kurz sitzen, um innezuhalten.

Die Ruhe und den Raum nutze ich, um mir zu überlegen, wie ich diese Form von Leben möglichst lange aufrechterhalten kann mit dem bisschen Geld auf meinem Konto, ohne dass ich nachdenken muss, wie ich bald wieder welches verdiene.

Ich beginne mit dem Unterscheiden von dem, was ich brauche, und dem, was ich nicht brauche. Ich streiche Dinge wie Coffee to go, Biertrinken in der Kneipe oder auswärts essen im Restaurant. Eine Kranken- und Reiseversicherung hingegen finde ich durchaus vernünftig, und meinen Telefonvertrag lasse ich noch so lang weiterlaufen, bis ich irgendwann Europa hinter mir lasse. Da ich keine Wohnung miete, habe ich sonst keine Fixkosten, aber es kommt auch kein Geld mehr rein.

Vorher hatte ich ein festes Gehalt und dachte darüber nach, wofür ich das alles ausgeben könnte. Nun berechne ich alles in »Käsestunden«. Während des Studiums hatte ich einen Nebenjob in einem Käseladen und setze nun jedem Preis die Anzahl an Stunden entgegen, die ich dafür im Käseladen arbeiten müsste. Nehmen wir an, ich möchte mir neue Klamotten kaufen oder in einem Hotel übernachten. Wie viele Stunden müsste ich dafür im Käseladen arbeiten, und ist es mir das wert? Meine Methode funktioniert, denn meist lautet die Antwort »Nein«, und so lebe ich sparsam.

Nur beim Essen knausere ich nicht und versuche, alles regional zu kaufen. Unterwegs bei Bauern beispielsweise und am liebsten biologisch. Besser für die Erde, besser für die Tiere und auch für meinen eigenen Körper.

Auf dem großen Marktplatz von Straßburg sitze ich und genieße ein wohlverdientes französisches Käsebrötchen, als mir etwas auffällt. Ein Stück weiter sehe ich neben der großen Kathedrale einen Mann mit ungewaschenen Haaren und zerschlissener Kleidung auf einem kleinen Teppich sitzen. Vor ihm liegt ein Schachbrett, und er scheint Passanten einzuladen, mit ihm zu spielen. Ich gehe hin, um mich als potenzielle Kandidatin anzubieten. Früher habe ich viel Schach gespielt und gemeinsam mit meinem Zwillingsbruder an so manchem Turnier teilgenommen. Ich liebe dieses Spiel, weil man für seinen Misserfolg weder fehlendes Glück noch ungünstige Karten verantwortlich machen kann. Außerdem kann man es mit jedem Menschen auf der Welt spielen, ganz unabhängig davon, ob man die Sprache versteht. »*Bonjour,* ich bin Tamar. Willst du spielen?«, frage ich in meinem besten Französisch und nachdem er genickt hat, setze ich mich im Schneidersitz ihm gegenüber.

Während er die Figuren aufstellt, betrachte ich ihn. Seine Kleidung ist wahrscheinlich genauso schmutzig wie meine, seine Haare sind ebenfalls ungekämmt. Noch vor einem Monat trug ich enge Röcke und hohe Absätze bei meiner Arbeit. Nun schlafe ich im Wald, bin durchgeschwitzt und habe seit einer Woche nicht mehr geduscht. Auf einmal wird mir bewusst, wie sehr ich diesem Vagabunden gleiche.

Der Mann spricht gutes Englisch und erzählt mir geduldig seine Geschichte, während er seinen ersten Zug macht. »Menschen haben mitunter Mitleid mit mir, wenn sie mich hier so sitzen sehen, und wollen mir Geld geben, aber das nehme ich nicht an. Ich bin kein Bettler.« Genau wie ich hat er sich ganz bewusst für ein Vagabundendasein entschieden. Er spielt lieber Schach, anstatt im Hamsterrad des modernen Lebens mitzulaufen. Später unterstreiche ich in meinem Tagebuch: *Entscheide dich für dein Glück, ungeachtet dessen, was andere davon halten.*

»Gut gespielt, junge Dame«, sagt er eine halbe Stunde später, nachdem er mit seiner Dame nach vorn gezogen ist und mein Gegenangriff mit den Türmen nichts genützt hat, »aber du bist schachmatt.«

Zuhause

Drei Tage später. Es ist vier Uhr nachmittags, als ich das perfekte Zeltlager entdecke. Für mich eine angenehme Ausrede, um früher Feierabend zu machen. Ich habe inzwischen gelernt, dass man einen schönen Schlafplatz nicht so einfach links liegen lassen sollte. Sie sind rar, man verbringt dort viel Zeit und für diesen Tag ist er dein Zuhause.

Zuvor habe ich mitunter den Fehler gemacht, weiterzuradeln, um noch ein paar Kilometer zurückzulegen, und bekam dafür die Quittung, indem ich eine traurige Nacht hinter einer Tankstelle, versteckt hinter einem Gebüsch oder viel zu nah an einer viel befahrenen Straße verbrachte.

Diesen Fehler mache ich heute nicht. Stattdessen dringe ich tiefer in den Tannenwald ein, vor dem ich stehe. Es ist, als würde er nach mir rufen. Allein der Geruch versetzt mich zurück in die Wälder, in denen ich als Kind so viel gespielt habe. Gebannt beobachte ich das Schattenspiel, das die Sonne auf die Erde projiziert. Es geht etwas Magisches davon aus – die Sonnenstrahlen, die zwischen den Zweigen hindurchscheinen, das Ächzen der Bäume im Wind. *Tamar, hier bist du zu Hause,* flüstert der Wald mir zu, und ich weiß, dass es stimmt. Zu Hause ist offenkundig kein Ort auf einer Karte, sondern vielmehr das Gefühl, dass man sich verbunden und geliebt fühlt, geborgen und vertraut.

Neben mir ertönt ein fröhliches »Krükrükrü«. Ein großer Buntspecht schlägt Alarm, und ich sehe ihn gerade noch hinter einem

Baum verschwinden. Er ist schüchtern, und nur wenn ich ganz still bin, späht er kurz um die Ecke. Jetzt, da mein Leben ausschließlich aus Radfahren besteht, habe ich die Zeit, um mich mit diesen Dingen zu beschäftigen. Während meiner Pause recherchiere ich, welche Tiere ich sehe, welche Pflanzen und welche davon essbar sind. Ich schreibe es mir auf, lese es noch mal durch, und wenn ich damit fertig bin, ist immer noch Zeit übrig. Allmählich verfliegt jeder Zeitdruck im Wind. Es gibt keine Uhr, die tickt, ich habe keine Termine, die meine Tage füllen, ich bin frei zu tun, wonach mich in diesem Moment verlangt. Und manchmal ist mir nach Nichtstun.

Ich schiebe mein Fahrrad tiefer in den Wald, in dem ich vorsichtig Tiere ausspähen kann. Ich hoffe auf einen Hirsch, ein paar Kaninchen, vielleicht einen Fuchs. Tiere, die ich in der Stadt nie sah, aber nun immer öfter. Ich wusste nicht einmal, dass ich darauf so erpicht sein würde.

Nachdem ich eine Tasse Tee aus Tannennadeln aufgesetzt habe (fünfmal mehr Vitamin C als ein Glas Orangensaft, sagte man mir), liege ich am Rand eines Feldes und beobachte eine Weile die vorbeiziehenden Wolken. Inmitten der Ruhe der Natur, fern von all dem täglichen Geplapper, ist genügend Zeit für Introspektive. Allein schon deshalb ist diese Reise so wertvoll. Neue Gesichter, neue Einsichten, neue Gedanken. Jeden Tag aufs Neue. Und genug Zeit, um all das zu verarbeiten.

Einsiedler?

Am nächsten Morgen mache ich mir – wie gewöhnlich – Haferbrei und baue dann mein Zelt ab. Ich lade alles auf mein Fahrrad und schaue gründlich nach, ob ich auch nichts vergessen habe. Ich habe bereits meine Handschuhe, ein Radtrikot und ein Handtuch verloren, aber all das habe ich nicht weiter vermisst. Andere Dinge wie Löffel, Messer oder Wasserflasche wären schon ärgerlicher.

Mittlerweile lege ich rund neunzig Kilometer pro Tag zurück. Einfach weil mir das Radfahren inzwischen so sehr gefällt und es mir am Ende eines Tages schwerfällt, damit aufzuhören. Wer hätte das gedacht nach meiner ersten beschwerlichen Tour von Haarlem nach Amsterdam?

Manchmal höre ich Musik oder ein Hörbuch. Manchmal halte ich an, um ein inspirierendes Zitat aufzuschreiben. Manchmal lausche ich einem Französischkurs. Aber meist genieße ich einfach die Geräusche rings um mich herum. Das Knirschen der Reifen auf dem Schotter, das Piepsen von Küken, das Rascheln in Sträuchern. Ich rieche den Frühling und empfinde Vorfreude auf den Tag, der vor mir liegt.

Tagelang kann ich vollauf glücklich sein mit der Welt, so ganz für mich allein, und fühle mich ultimativ zufrieden. Aber nach ungefähr vier Tagen fängt es doch meist an, dass es mir in den Fingern juckt. Dass ich Lust bekomme auf einen Plausch, Sehnsucht nach Interaktion mit anderen Menschen. Nicht übers Telefon, sondern leibhaftig. Mit einem Gesprächspartner aus Fleisch und Blut.

Manchmal sieht man sie, die Einsiedler, die jedes Bedürfnis nach menschlichem Kontakt verloren haben. Vor sich hin murmelnde Fantasten, die unter Menschen genauso einsam sind wie allein unter einer Brücke. Ohne Raum für andere, die ihre Leere füllen könnten. Aber ich finde Menschen und ihre Geschichten interessant, deshalb dauert es meist nie länger als ein paar Tage, bis ich wieder auf Kontaktsuche gehe.

Grenzenlos

Eine Grenze ist nicht einfach eine Linie auf einer Karte, sondern das Tor in eine andere Welt: eine andere Sprache, andere Gerichte, andere Getränke in den Schnapsgläsern und auch eine andere Mentalität. Das merke ich stark, als ich an einem regnerischen

Aprilnachmittag mit dem Fahrrad die Schweizer Grenze überquere. Das Land des Käsefondues, der Taschenmesser und Kuckucksuhren. Hier bezahle ich nicht mehr in Euro, sondern in Franken, und alles ist mindestens anderthalbmal so teuer.

Die Leichtigkeit der Franzosen macht schon bald Platz für die Gehetztheit der Schweizer. Passanten grüßen nicht zurück und tun oft so, als ob ich nicht existiere. Das Unterkühlte der Menschen wird jedoch gebührend wettgemacht durch die Schönheit der Natur. Die Hügel weichen imposanten Bergen mit Nadelwäldern und idyllischen Alpendörfern. Üppigen Blumenwiesen, Wasserfällen und glitzernden Seen. Den Berg hinauffahren fällt mir zwar schwer, aber die Aussicht, die darauf folgt, ist es mehr als wert. Mit jedem Höhenmeter wird auch das Panorama immer spektakulärer.

Auf einem der Gipfel sehe ich Gämsen im Schnee spielen. Eine Alpendohle schaut zu. Ich lerne, die Tiere zusehends besser zu bestimmen, und fühle mich dadurch mehr wie ein Teil von ihnen. Wir sind alle verbunden, wir Menschen sind genauso Teil ihrer Welt wie sie von unserer. Auch wenn man das in der Stadt mitunter vergisst. Es fühlt sich so an, als fände ich hier in den Bergen und Wäldern das Gleichgewicht wieder, als müsste alles so sein. Es fühlt sich gut an, vertraut. Wie zu Hause.

Ein Engel

Ich bin eine, die es genießt, durchweicht und durchgefroren zu sein, die sich genüsslich den Schweiß von der Oberlippe leckt, die freudig jauchzt, wenn ein Gewitter beginnt, und die Götter um mehr bittet. Aber ich bin auch eine, die manchmal einfach nicht mehr weiterweiß. Weil alles wehtut, die Beschwerlichkeiten zu lange andauern und ich niemanden habe, dem ich etwas beweisen muss. Wenn Janneke noch bei mir wäre, hätten wir ihn vielleicht toll gefunden, aber so auf mich allein gestellt, finde ich den heutigen Tag einfach nur schrecklich.

Bereits seit acht Uhr morgens radele ich durch den strömenden Regen auf steilen Wegen durch die Berge. Es ist fast dunkel, und ich habe den ganzen Tag nicht mehr als fünf Minuten verschnaufen können, weil ich sonst erfroren wäre. Ich kann meine kleinen Finger nicht mehr gegen meinen Daumen drücken – ein Anzeichen, dass ich unterkühlt bin – und zittere selbst beim Fahren vor Kälte. Ich denke an die trockene Kleidung in meiner Tasche. Die kann ich aber nicht anziehen, denn dann wird sie triefnass und ich habe nichts Trockenes mehr für die Nacht. Ich darf einfach nicht anhalten. Die Berge sind so abschüssig, dass sich kein Platz zum Zelten eignet, also muss ich mich weiterbewegen, damit mir warm bleibt. Aber ich bin kaputt. Müde, nass, steif vor Kälte. Gegen sieben Uhr bin ich so dermaßen am Ende, dass ich eiskalt am Wegesrand zusammensacke. Ich kann nicht mehr.

Ich bin kurz davor, im Rinnstein friedlich vor mich hin zu sterben, als ein Auto neben mir anhält. »Hi, ich bin Jerôme. Brauchst du Hilfe? Soll ich dich mitnehmen?« Ich schüttele den Kopf. Ich weiß nicht, was er von mir will, und habe keine Energie, um nett zu tun. Oder mich notfalls aus einer misslichen Lage zu befreien. »Nein, geht schon, danke«, sage ich und rappele mich auf, um widerwillig wieder aufs Rad zu steigen.

Jerôme fährt weiter, doch ein Stückchen weiter oben sehe ich ihn wieder. Er hat geparkt und bietet mir erneut an, mich mitzunehmen. Ich bin zu durchgefroren, um noch mal abzulehnen, und gebe ihm den Vertrauensvorschuss. Mein Fahrrad kommt in den Kofferraum, und ich nehme auf dem Beifahrersitz Platz. Es ist warm und trocken, und ich bin froh, dass ich mal eine Weile nicht draußen sein muss.

Nach ungefähr zwanzig Minuten sind wir bei seinem Haus. »Geh du mal schön duschen«, sagt er, »hier hast du ein Handtuch. Ich mach dir in der Zwischenzeit was zu essen.« Ich husche ins Bad und will die Tür abschließen, als mir auffällt, dass das Schloss nicht funktioniert. Mein gesamtes Gepäck steht bei meinem Gastgeber im Zimmer, und ich bin hier in einem nicht abschließbaren Bad und kurz davor, mich auszuziehen. Es ist mir äußerst unangenehm, aber ich habe nicht die Energie, daran etwas zu ändern. Kurze Zeit später spüre ich, wie die warmen Wasserstrahlen auf meine durchgefrorene Haut stechen, und ich bleibe so lang unter der Dusche stehen, bis ich wieder vollkommen aufgetaut bin.

Als ich erfrischt und aufgewärmt die Küche betrete, dringt mir der Duft von Pilzrisotto in die Nase. Jerôme lächelt breit. »Schön geduscht? Darf ich dir meine Freundin vorstellen? Wir haben Karten fürs Kino heute Abend, insofern müssen wir gleich los, aber bleib, so lang du willst, hier ist der Schlüssel. Wirf ihn einfach in den Briefkasten, wenn du wieder gehst.«

Ich könnte heulen, so müde, so froh, so erleichtert bin ich. Vielleicht sollte ich Menschen öfter vertrauen?

Nachdem ich abgewaschen, eine Flasche Wein zurückgelassen und einen Zettel geschrieben habe, um mich bei Jerôme zu bedanken, radele ich noch am selben Abend weiter, um ein Stück weiter oben zu zelten.

Du könntest auch zu mir ins Bett?

Die nächsten drei Tage fahre ich in Ruhe weiter, um anschließend in Lausanne bei Delano anzuklopfen, den ich über Couchsurfing ausfindig gemacht habe. »Ich habe schon für uns reserviert«, sagt er ohne Umschweife, als er mich in seinem kleinen Apartment willkommen heißt. »Willst du noch duschen und dich umziehen? Du hast eine halbe Stunde Zeit, dann führe ich dich zum Essen aus.« Ich versuche, ihn davon zu überzeugen, dass ich lieber selbst koche, doch er besteht darauf. »Es ist mein Lieblingsrestaurant, ein Äthiopier.«

Delano ist viel höflicher, als ich gewöhnt bin, und hält mir die Tür auf, als wir beim Restaurant ankommen. »Nichts da, du bist schließlich mein Gast. Was sollen wir bestellen?« Ich lasse ihn aussuchen, aber als das Essen erst einmal auf dem Tisch steht, falle ich wie ein ausgehungertes Wildschwein darüber her, während Delano zusieht, auch ein wenig isst und mir vor allem Fragen stellt. Wie lange ich schon unterwegs sei? Was ich alles erlebt habe? Ob mich niemand begleiten wollte? Ob ich einen Freund habe? Als wir das Abendessen mit einem abessinischen Kaffee abrunden, stellt er endlich die Frage der Fragen: »Wieso hast du eigentlich die Niederlande verlassen?« Die Frage wird mir oft gestellt, und ich finde sie immer schwierig zu beantworten.

»Ich musste einfach«, sage ich. »Ich wollte frei sein. Eigentlich lief alles bestens, aber ich wollte einmal mit Abstand betrachten, was ich so mache, und sehen, was die Welt noch so für mich bereithält. Ich ergründe und beobachte alles, was mir begegnet, also pass auf, was du mir erzählst«, scherze ich. »Ich sauge alles wie ein Schwamm auf.«

Delano lacht. »Ich bin also bloß dein Forschungsobjekt! Zufälligerweise lese ich gerade Spinoza. Er sagte: *Ich habe mich sorgfältig bemüht, die menschlichen Handlungen nicht zu belachen, nicht zu betrauen und nicht zu verabscheuen, sondern zu verstehen.* Das ist es, was du machst!« Delano hat recht. Das ist genau, worum es bei dieser Reise geht: darum, alles hinter mir zu lassen und die Welt in aller Freiheit zu erkunden. Zu verstehen, wieso Menschen so handeln, wie sie handeln, und warum sie welche Entscheidungen treffen. Ganz unvoreingenommen und aufrichtig interessiert.

Es gefällt mir sehr, was Delano erzählt. Er ist intelligent, belesen und stellt die richtigen Fragen. »Also analysierst du jeden, dem du begegnest?«, sagt er und zupft an seinem dünnen Bart. »Ergründest du auch dich selbst?«

»Ja, klar«, antworte ich. »Mehr noch, das mache ich ständig. Auf dem Fahrrad und in meinem Zelt habe ich alle Zeit der Welt, um nachzudenken. Zum Beispiel darüber, warum bestimmte Menschen mir wehgetan haben. Ich versuche, sie zu verstehen und ihnen anschließend zu vergeben. Ich denke auch über jeden nach, den ich womöglich verletzt habe, und vergebe mir selbst. Manchmal schreibe ich eine E-Mail oder einen Brief, um Dinge aus der Welt zu schaffen, um Menschen zu sagen, dass ich sie liebe. Es ist eine äußerst therapeutische Reise!«

Der Abend schreitet voran, und wir haben uns noch immer allerhand zu sagen. Wir reden über Dostojewski, Gedichte von Kafka und die großen Philosophen. Es ist erfrischend, nach all der körperlichen Betätigung einfach mal nur meinen Geist die Arbeit machen zu lassen.

Schließlich sind wir die Letzten, die das Restaurant verlassen, und machen noch einen langen Spaziergang über den Boulevard. Als wir endlich zurück sind, bin ich k.o. und beginne sofort, meine Matratze aufzupusten. Delano schenkt uns zwei Gläser Whisky ein und reicht mir eins. Mit der freien Hand streicht er mir eine Strähne aus dem Gesicht. »Bist du dir sicher, dass du nicht bei mir im Bett schlafen willst?« Ich schaue ihn erschrocken an. »Ich mache auch nichts. Versprochen. Es ist einfach nur bequemer als auf dem Boden.«

»Nein, danke, auf dem Boden ist prima«, sage ich und versuche, deutlich zu sein, ohne die Stimmung zu verderben.

An diesem Abend nimmt er den Korb hin, aber in den darauffolgenden Wochen erhalte ich beinahe täglich ausführliche Liebeserklärungen, ellenlange E-Mails und Gedichte. »Ich weiß es einfach, Tamar, wir beide gehören zueinander.« Meine Abweisung kann er nicht akzeptieren. Seiner Meinung nach lasse ich die Liebe meines Lebens ziehen. Und ich bin es leid, dass er nicht loslassen kann und damit eine potenzielle Freundschaft unvermeidlich zerstört.

Heimweh

Es ist eine Woche her seit meinem Abschied von Delano. Ich bin durch die Berge nach Genf geradelt, um das CERN zu besuchen:

der Teilchenbeschleuniger, mit dem Wissenschaftler versuchen, den Urknall zu simulieren. Im vergangenen Jahr habe ich mich eingehend mit Quantenmechanik beschäftigt und viel mit meinem Vater und einigen Freunden darüber geredet. Wie gern würde ich jetzt mit ihnen am Küchentisch sitzen bei einem guten Glas Wein und darüber sprechen, was ich in Genf gesehen und erfahren habe: über die Stringtheorie, andere Dimensionen und außerirdisches Leben. Außerdem möchte ich ihnen erzählen, wie meine Reise bisher verläuft, wie viel ich bereits gelernt habe und wie sehr ich an der Erfahrung gewachsen bin. Dass ich mich immer wohler fühle, so ganz allein im Wald. Ich möchte ihnen von all den besonderen Menschen erzählen, die ich getroffen habe. Nicht am Telefon, sondern von Angesicht zu Angesicht.

Je mehr ich daran denke, desto mehr vermisse ich meinen Vater. Und auch meine (Halb-)Schwester, meinen Bruder, meine Freunde, eine Waschmaschine. Zum ersten Mal fühle ich mich wirklich einsam und wische mir die Tränen von der Wange. Ich weine, weil ich mein Zuhause vermisse, aber gleichzeitig auch weit weg davon sein will. Weil ich weiß, dass ich nicht zurückwill. Ich habe gerade erst von der Freiheit gekostet und bin auf den Geschmack gekommen. Es ist herrlich, ein Leben zu führen, in dem Zeit keine Rolle spielt, in dem es so etwas wie »müssen« nicht gibt, in dem ich keine Erwartungen erfüllen muss und sein kann, wer ich an diesem Tag sein will.

Diese Reise ist in vielerlei Hinsicht gut, insofern ist es okay, wenn ich weine. Ich bin auf dem richtigen Weg, und manchmal vermisse ich einfach mein Zuhause ein wenig.

Gute Vorbereitung

Die ersten morgendlichen Sonnenstrahlen bringen das Grün meines Zeltes zum Leuchten, wie ich es viele Male gesehen habe. Jedes Mal ist es wieder magisch. Ich finde es wundervoll, dem

Schauspiel der tanzenden Farbkontraste zuzuschauen. In meinem Zelt fühle ich mich sicher und geborgen wie im Mutterleib, und so bleibe ich noch kurz liegen, denn draußen regnet es. Was soll ich tun? Den Tag im Zelt verbringen oder doch das Zelt nass einpacken und damit Schimmel riskieren? Von meinem Schlafsack aus zünde ich den Gaskocher unter dem Vordach an. Erst mal eine Tasse Tee.

Als es kurz darauf trocken ist, beschließe ich, alles einzupacken und aufzubrechen. Es dauert aber nicht lange, bis es wieder zu schütten beginnt. Immer mehr, immer heftiger. Regenrinnen entlang der Straße verwandeln sich in reißende Flüsse, und der Regen schlägt so hart auf dem Asphalt auf, dass er mir in die Augen spritzt. Meine Regenkleidung hält ihn zwar ab, aber konserviert auch den Schweiß darunter. Schon bald bin ich patschnass und kühle schnell aus. Ich wünschte, ich wäre liegen geblieben in meinem Zelt.

Auf meinem Handy schaue ich nach, wie spät es ist, und sehe, dass ich eine neue Nachricht habe. Mein Handy habe ich seit Tagen nicht mehr eingeschaltet, aber die Nachricht ist erst vor Kurzem eingegangen. »Tamar, es regnet so sehr, dass die Menschen sogar aus ihren Häusern evakuiert werden«, lese ich. »Komm bitte zu mir zum Übernachten, draußen ist es nicht sicher. Außerdem würde ich mich freuen, dich kennenzulernen. Ich gehe nächstes Jahr mit dem Rad auf Weltreise.« Matthias hat auf Warm Showers gesehen, dass ich in der Gegend bin, und lädt mich zu sich ein. Die Nachricht kommt genau im richtigen Moment. Dankbar schreibe ich zurück, dass ich vorbeikomme.

»Ich weiß nicht, was ich sonst hätte tun sollen. Draußen kommt echt ein Sturzbach vom Himmel«, sage ich, als ich zwei Stunden später meine Kleidung zum Trocknen aufhänge.

»Bleib, so lang du willst. Am besten zeige ich dir gleich mal meine Vorbereitungen.« Matthias hat vor, »auch« nach Singapur zu radeln, und hat ganze Excel-Tabellen ausgearbeitet. »In dieser Tabelle steht die Anzahl an Kilometern, die ich pro Tag fahren will, hier steht, wo ich schlafen kann, dort, wo ich einkaufen gehen kann, und hier, wie lange ich gedenke zu bleiben.«

Schaudernd blicke ich auf die ausgebreiteten Karten. Ich kann es nicht fassen, er hat wirklich an alles gedacht! Das ganze Ziel meiner Reise ist gerade, *keinen* Plan zu haben. Wenn jeder Tag bereits durchkalkuliert ist, wie soll man da ein Abenteuer erleben? Entweder muss man sich ständig krampfhaft an den Plan halten oder laufend davon abweichen. Was, wenn das Wetter nicht mitspielt, man irgendwo eingeladen wird, das Rad kaputtgeht, man krank wird? Es gibt so vieles, das man nicht in der Hand hat.

Trotz meiner anfänglichen Ablehnung hänge ich gebannt an seinen Lippen. Er hat seine Reise viel besser vorbereitet als ich und weist mich auf Probleme hin, die ich selbst noch gar nicht auf dem Schirm hatte. »Hier kannst du dein Visum für Turkmenistan beantragen«, sagt er und deutet auf eine Karte. »Wenn du Glück hast, darfst du fünf Tage bleiben, ansonsten drei. In dieser Zeit musst du fünfhundert Kilometer bei Gegenwind überwinden.«

Den ganzen Abend lang höre ich Matthias und seinen Ausführungen zu. Bis mir irgendwann der Kopf schwirrt vor lauter Informationen und ich mich wieder genauso fühle wie nach meinem Besuch bei Vakantiefietser: unvorbereitet, naiv, übermütig und ein wenig dumm.

Nie aufgeben

Es ist bereits früher Nachmittag, als ich den langen Weg bergauf antrete. Da es die vergangenen zwei Tage ununterbrochen geregnet hat, bin ich bei Matthias geblieben und habe nur den heutigen Tag, um die Alpen zu passieren. Für morgen ist nämlich Schnee vorhergesagt, dann wird der Simplonpass, der einzige Bergpass, der derzeit offen ist, geschlossen.

Ich bin noch nie auf so einem hohen Berg Fahrrad gefahren, und jedes Mal, wenn ich denke, gleich bin ich da, geht der Weg hinter einer Kurve doch noch weiter. Alle paar Hundert Meter halte ich an, um kurz zu Atem zu kommen, und ich frage mich, wie ich das je schaffen soll. Beinahe jeden Tag gibt es auf dieser Reise Momente, in denen ich daran denke aufzugeben. Und jeden Tag erstaunt es mich, dass ich doch mehr kann, als ich dachte, und dass ich es eigentlich total genieße, bis an den Rand der völligen Erschöpfung zu gehen. Die Hormone, die dabei ausgeschüttet werden, das Gefühl, sich selbst bezwungen zu haben, und die Erkenntnis, dass ich immer fitter werde, geben mir einen Kick.

Als ich schließlich auf der anderen Passseite hinuntersause, kann ich es nicht lassen, laut »Yihaaaaaa!« zu rufen. Es liegt wohl in der Natur dieser Reise, dass man ab und an merkwürdige Dinge tut. So rolle ich johlend nach Italien. Wieder ein neues Land mit neuen Erfahrungen und neuen Menschen. Allesamt meine Freunde, ich muss sie nur noch kennenlernen.

Rettung in letzter Minute

Nach einer herrlichen Nacht an einer zauberhaften Stelle radele ich weiter hinunter und passiere den prächtigen Lago Maggiore mit großen Villen ringsum, vielen »Zugang verboten«-Schildern und riesigen Hecken. Nur mit Mühe finde ich einen Platz, wo ich mein Zelt aufschlagen kann, und auch erst, nachdem ich eine stattliche Gebühr an den Eigentümer eines Campingplatzes gezahlt habe, der ansonsten völlig verlassen daliegt. Ich gebe mich geschlagen, freue mich aber schon darauf, die bewohnte Welt wieder gegen die Wildnis einzutauschen.

Zuerst will ich mir aber Mailand anschauen, wo ich am nächsten Tag hineinradele. Dort, in der großen Stadt, merke ich erst, was das Outdoorleben mit mir gemacht hat. Alles, was ich noch vor einem Monat normal fand, ist mir fremd geworden. Der Lärm der Autos und der Sirenen bereitet mir Kopfschmerzen, von den Abgasen wird mir schlecht, und ich sehne mich nach der Ruhe der Berge und des Waldes. Offenbar können nur vier Wochen jede Menge verändern.

Mailand ist reich, eine Stadt des Luxus, der Mode, des Sehens und Gesehenwerdens. In der sich alles um Geld, Status, Besitz und andere bedeutungslose Dinge dreht. Früher habe ich mich daran weniger gestört, aber nun widern mich die Schaufenster mit den teuren Gucci-Slippern an. Die großen Neonreklameschilder, die mich zum Konsumieren verleiten sollen. *Mehr, mehr, kauf mehr!*, scheinen sie zu rufen. Mir wird bewusst, dass ich ein wenig vergessen hatte, dass diese Welt auch existiert, ich fühle mich völlig fehl am Platz. Und zwischen den Menschenmassen auch etwas einsam. Auf dem Land sprach mich jeder an, hier hingegen verspürt niemand das Bedürfnis, mit einer Fremden zu reden.

Der beeindruckenden Architektur und romantischen Atmosphäre, die die Stadt zweifellos ebenfalls hat, schenke ich zunächst keine Beachtung. Schnell radele ich zu Rodrico, der mich über Couchsurfing zu einem Drink eingeladen hat.

»Tamar? Ich hatte eigentlich erst morgen mit dir gerechnet«, sagt er, nachdem ich die Bar gefunden habe, in der er arbeitet, und mich nach ihm durchgefragt habe.

»Ach echt? Das ist ja seltsam.« Ich greife nach meinem Handy und lese mir noch mal unsere Nachrichten durch. Tatsache, wir hatten Freitag ausgemacht.

»Heute ist erst Donnerstag«, konstatiert er. Ich könnte mich selbst in den Hintern beißen. Es ist nicht das erste Mal, dass ich mich im Tag vertue. Doch es scheint ihn nicht weiter zu kümmern, und er schenkt mir ein Glas Champagner ein. »Ich muss zwar noch eine Stunde arbeiten, aber setz dich doch.«

Eine Stunde später setzt sich Rodrico zu mir. Er ist nett, witzig und erzählt äußerst unterhaltsam von seinen Erfahrungen auf der Seidenstraße. Ob ich auch vorhabe, dorthin zu fahren? Ich zucke mit den Schultern. »Vielleicht schon, erzähl mir mehr!« Das macht er gern. Ich finde es angenehm, mir seine Geschichten anzuhören, ohne dass er nach meiner fragt. Die kenne ich ja selbst zur Genüge und muss sie nicht unbedingt ständig wiederholen.

Rodrico ist gut darin, enorm spannende Anekdoten zu erzählen, aber er hat auch etwas Merkwürdiges, Mechanisches an sich. Ich versuche, es zu benennen, kann aber nichts greifbar Seltsames an ihm entdecken. Als er vorschlägt, mir den Rest des Gebäudes zu zeigen, stimme ich unbekümmert zu und gehe ihm nichts ahnend die Treppe hinterher.

»Hier, setz dich doch zu mir«, sagt er, als wir in seinem Zimmer ankommen, und klopft neben sich aufs Bett. Das mache ich lieber nicht und bleibe stattdessen auf dem Fensterbrett sitzen, während er mir das Ohr abkaut. Als er schließlich auch mir eine Frage stellt und ich ihm erzähle, dass ich für die Polizei gearbeitet habe, wird die Situation äußerst unangenehm. »Die letzte Couchsurferin habe ich hier auf dem Bett erwürgt«, sagt er grinsend und hält sich die Hand vor den Mund. Er sagt es im Scherz, doch ich finde das gar nicht witzig. »Du bist doch Profilerin? Und, was hältst du von mir?«

In mir sträubt sich zwar alles, aber ich will meinen Gastgeber nicht vor den Kopf stoßen, also steige ich auf seine Witzeleien ein. »Erwürgt? Soso. So einer sind Sie also. Alles, was Sie sagen, kann vor Gericht gegen Sie verwendet werden.« Insgeheim nehme ich mir vor, künftig vorzugeben, ich sei Kindergärtnerin.

Dann deutet er plötzlich auf meine Füße, die ich eben im Waschbecken im Bad gewaschen habe und die nun in einem sauberen Paar Slipper stecken. »Ich hab schon den ganzen Abend heimlich deine hübschen Füße angeschaut. Darf ich die vielleicht mal anfassen?«

Ich bin zu Tode erschrocken. »Ähm, lieber nicht«, stammele ich. Doch noch ehe ich etwas dagegen tun kann, hält er schon meinen Fuß in den Händen und beginnt, an meinem großen Zeh zu lecken. Sanft und sinnlich, als ob er mit ihm Liebe machen würde. Ein Adrenalinstoß durchfährt meinen Körper. Panik. Was soll ich tun? Mir wird bewusst, wie gefangen ich hier drinnen bin. Rodrico sitzt zwischen mir und der geschlossenen Tür. Unten in der Bar läuft die Musik so laut, dass mich niemand hören würde.

Ich will meinen Fuß zurückziehen, aber nicht Risiko laufen, Rodrico zu verärgern. Eine unbeschwerte Atmosphäre beibehalten, das ist jetzt wichtig, und dann einen Plan aushecken. »Hey, das kitzelt«, rufe ich, »du bist echt speziell, was?« Ich richte mich auf und reibe mir über die Zehen. Ich hasse es, dass ich nicht wütend sein darf, ihm nicht einfach eine runterhauen und aus dem Zimmer stürmen kann. Das scheint mir keine gute Idee zu sein, denn wer weiß, was er dann macht. Mir wird bewusst, wie unvorsichtig ich gewesen bin. Habe ich die Situation unterschätzt, weil ich bislang nur positive Erfahrungen gemacht habe?

»Ich würde vorschlagen, du bleibst heute Nacht hier«, sagt er beinahe schon befehlend. »In meinem Bett ist genug Platz für zwei«, fügt er hinzu, während er neben mir auf dem Fensterbrett eine Line Kokain legt.

Erstarrt schaue ich zu. Tausend Gedanken gehen mir durch den Kopf, vor allem aber: *Nichts wie weg hier. Sofort!*

Und dann klingelt es an der Tür. Gespannt beobachte ich, was er jetzt vorhat. Als er mir bedeutet, dass ich aufstehen und zur Tür mitgehen soll, hole ich erleichtert Luft. Das ist meine Chance. Ich schnappe mir meine Tasche, und sobald er die Tür öffnet, mache ich mich mit so wenigen Worten wie möglich auf und davon. Zurück zu meinem Fahrrad, das ein Stück entfernt geparkt steht. Wie eine Besessene düse ich mitten in der Nacht durch Mailand, bis ich in einem riesengroßen Park ein ruhiges Fleckchen finde, wo ich sicher übernachten kann, weit weg von diesem Perversling.

Romeos und Casanovas

Trotz dieses Fehlstarts liebe ich Italien. Die Sprache, die Leidenschaft und vor allem das Essen. Lasagne und Tiramisu, Parmesan und Gorgonzola, Montepulciano und ganz viele Focaccias.

Nachdem ein Fahrradmacher mir geholfen hat, Taschenträger auf meiner Vordergabel zu befestigen, lasse ich Mailand hinter mir und fühle mich sofort deutlich wohler. Man kann den Unterschied regelrecht riechen. Es ist der Geruch nach Sommer, nach gemähtem Gras, Pollen, Blüten und frischen Kräutern. Der Geruch nach neuen Begegnungen und unberührter Naturlandschaft. Ich bin unterwegs zum Comer See. Laut dem Fahrradmacher soll ich mir das nicht entgehen lassen. »Es ist ein Y-förmiger, azurblauer Alpensee«, erzählte er mir, »mit ringsum wilden, spitzen Bergen. Dort gibt es eine Kirche aus dem Jahr 1632, die allen Fahrradfahrern gewidmet ist und in der du für eine reibungslose Fahrradreise beten kannst.« Das scheint mir nach der Erfahrung mit Rodrico durchaus vernünftig.

Unterwegs zum See sehe ich am Wegesrand regelmäßig spärlich bekleidete Damen. Sie sitzen auf Plastikstühlen, allerdings nicht unter einem Sonnenschirm, und warten auf einen Kunden. Ich habe Mitleid mit ihnen und halte jedes Mal an, um mit ihnen zu plaudern und ihnen etwas anzubieten: Wasser, Obst, Nüsse, was auch immer ich bei mir habe. Ich wünschte, mein Italienisch wäre besser, damit ich mich mit ihnen unterhalten könnte. Über das Leben, die Natur oder gar über italienische Männer. Denn der italienische Mann ist ein besonderer Schlag.

Männer, die an mir vorbeikommen, machen Knutschgeräusche, obszöne Gesten oder rufen mir nach. Ich bin natürlich leichte Beute, so allein als Frau unterwegs auf einem Fahrrad. Mindestens einmal pro Tag hält ein Auto auf meiner Höhe, das Fenster geht runter, und man ruft mir etwas zu. »*Non capisco, non parlo italiano, mi scusi*«, rufe ich zurück. Dann macht der Fahrer eine Handbewegung. Ob ich mit ihm vögeln will?

Auch wenn ich zwischendurch eine Rast einlege, kommt früher oder später jemand auf mich zu. »*Ciao bella.*« Anfangs denke ich noch, dass die Männer ganz unschuldig nur mit mir quatschen wollen, bis sie einfach versuchen, mich zu küssen, und wütend werden, wenn ich nicht mit ihnen mit nach Hause gehen will. »Hau ab, Junge. Geh deiner Mutter auf den Sack und nicht mir!«, rufe ich ihnen hinterher. Die Mutter mit reinzuziehen ist die beste Art, einen italienischen Mann zu beleidigen.

Ich hasse es, mich so aufführen zu müssen, so bin ich nicht, und ich finde es auch ein wenig unheimlich, dort auf den einsamen Wegen, ganz allein. Aber es geht nicht anders. Romeos und Casanovas gibt es hier offenbar nur im Märchen.

Egotrip?

Es ist inzwischen Mai, und ich rufe meinen Vater an. Zuerst haben wir jeden Tag miteinander gesprochen, nun telefonieren wir ungefähr einmal pro Woche.

»Hast du dich endlich gefunden?«, fragt er übers Telefon. Er hat ein Händchen dafür, mich zu ärgern, wenn er mir eigentlich sagen will, dass er mich liebt. »Lass mich raten, alles läuft bestimmt fantastisch, stimmt's?«, fügt er neckend hinzu. Dieses Wort verwende ich nämlich stets und ständig, um zu beschreiben, was ich erlebe.

Seiner Meinung nach verhalte ich mich beinahe manisch, und er fragt sich, ob nicht vielleicht eine Depression dahintersteckt. Das kann ich mir beim besten Willen nicht vorstellen. Ich lache und erzähle ausführlich von meinen neuesten Abenteuern. Nur das mit den Männern lasse ich weg, denn ich will nicht, dass er sich Sorgen macht. Also sage ich: »Ja, Papa, alles fantastisch. Und ja, ich bin schön vorsichtig, trage brav einen Schal und schaue immer nach links und rechts, bevor ich die Straße überquere.

Aber mal im Ernst, Pap, ich hab mich noch nie so gut gefühlt! Ich bin inzwischen superfit, gehe zu Bett, wenn ich müde bin, und esse, wenn ich Hunger habe. Mein Leben besteht nur noch aus Rad fahren, essen und schlafen. Das ist so angenehm ruhig! Ich muss niemandem Rechenschaft ablegen und treffe lauter nette Leute. Pap, ich fühle mich wie ein Kindergartenkind, das mit staunenden Augen alles zum ersten Mal sieht. Ich bin einfach verliebt!«

»Oje, ist es wieder so weit?«, sagt mein Vater, halb lachend, halb seufzend, »und wie lange, glaubst du, wird diese Phase dauern?«

»Tja, das weiß ich nicht«, antworte ich, »aber das Schöne ist ja: Das ist völlig egal! Wenn ich es satthabe, mache ich einfach was anderes. Ich bin vollkommen frei zu tun, worauf ich Lust habe.«

Ich höre beinahe, wie er die Augenbrauen hochzieht, als er sagt: »Schon ein bisschen ein Egotrip, hm?«

Darüber muss ich kurz nachdenken. »Ähm, ja, ein bisschen schon, glaube ich. Aber weißt du, Pap, wenn jeder ein bisschen mehr an sich selbst denken würde, wäre an alle gedacht. Ich finde es wunderbar, dass ich wirklich nichts mehr *muss*, und ich gönne es jedem, einmal diese Erfahrung zu machen.« Zuletzt habe ich irgendwo gelesen: *»Indem man sich von allem Müssen befreit, begegnet man sich selbst.«* Ich glaube, diesen Spruch nun endlich zu begreifen.

In dieser neu gewonnenen Ruhe und Leere lerne ich mich selbst besser kennen. Wer ich bin, wenn ich allein bin, wenn ich mit anderen zusammen bin, wenn mir kalt ist oder ich Angst habe. Was mich interessiert, was ich schön finde, womit ich mich wohl- und womit unwohlfühle. Was ich noch lernen will, wie ich mehr sein möchte. Indem ich jeden und alles losgelassen habe, nehme ich alles genauer wahr und komme mir selbst näher.

Insofern ja, es ist ein Egotrip, aber meiner Meinung nach ein wertvoller, und er darf gern noch ein wenig andauern.

Die Dinge sind, wie sie sind

Es ist Ende Mai, und ich radele in der sanften Frühlingssonne am Fluss Po entlang. Es ist das erste Mal, dass ich seit drei Tagen keiner Menschenseele begegnet bin, einfach niemandem. Die Einzigen, die mir Gesellschaft leisten, sind ein paar Libellen und die Trauerweiden auf der anderen Uferseite. Ansonsten herrscht Stille. Absolute Stille. Durch die Stille im Außen wird es still in meinem Inneren. Ich wusste nicht, dass ich ein solches Bedürfnis danach hatte, ab und zu mal länger niemanden zu sehen. Vielleicht weil die Natur nichts von mir erwartet und ich einfach nur sein darf?

Das gilt es auszunutzen. Wenn ich einen hübschen Platz für mein Zelt entdecke, ziehe ich mich aus und hüpfe nackt in den Fluss, um anschließend am Ufer kurz wegzudösen. Es ist herrlich hier. Ein plätschernder Bach, Blumen im Gras, ein schützendes Blätterdach. Alles ist so selbstverständlich. Der Fels, auf dem meine Füße ruhen, die Wellen im Wasser und auch das Butterblümchen, das neben mir in voller Blüte steht. Nirgends ist Zweifel, Sehnsucht, ein unbestimmtes Gefühl. Ich bin die Einzige, die Fragen hat. Was ist der Sinn des Lebens? Warum tun wir, was wir tun? Ist Glücklichsein das höchste Ziel im Leben, und darf ich danach streben? Hier am Fluss tun diese Sinnfragen schlicht nichts zur Sache. Hier sind die Dinge einfach so, wie sie sind: Alles ist still und gleichzeitig in Bewegung. Der Baum, unter dem ich zelte, ist nicht glücklicher oder trauriger mit mir oder ohne mich. Der Fluss kümmert sich nicht um meine Stimmung. Und wenn ein Reiher nach einem Frosch schnappt, ist das weder gut noch schlecht. Auch wenn der Frosch das womöglich anders sieht.

Alles, was ich einst wichtig fand, verschwindet. Das Urteil von anderen trifft mich nicht mehr, der Schmerz schwindet und gerät in Vergessenheit. Seit ich mit dem Rad unterwegs bin, fühlt sich das Leben leichter an. Die Streitereien innerhalb unserer Familie, die beendete Beziehung mit Frank, all die Ängste – ich kann mich noch gut an sie erinnern, doch sie können mir nichts mehr anhaben. Stress, Liebeskummer, Geldsorgen. Das alles wirkt klein und nichtig, betrachtet man das große Gesamtbild, das die Natur vor mir skizziert.

Betrachte das Leben von der sonnigen Seite

… dann fällt der meiste Regen neben dir. Viele Menschen fragen mich, ob es nicht gefährlich ist, als Frau allein mit dem Rad zu reisen. Vor allem, wenn sie hören, dass ich keine Ahnung habe, wo ich am Abend übernachte, und dass ich oft ganz allein im Wald schlafe. Inzwischen habe ich allerdings gelernt, meine Ängste rational zu analysieren und mich zu fragen, wovor genau ich Angst haben sollte. Meine Sorgen hebe ich mir lieber für den Moment auf, wenn der Bär leibhaftig vor mir steht.

Ja, ich hatte schon mal einen platten Reifen, aber den habe ich einfach geflickt. Furcht einflößenden Männern bin ich im Wald noch nie begegnet. Ich wurde auch noch nie mitten in der Nacht weggeschickt. Ich habe es immer geschafft, mich warmzuhalten, und musste keinen Tag ohne Wasser oder Essen zubringen. Wenn ich keinen geeigneten Schlafplatz finden konnte, fragte ich Einheimische, ob ich bei ihnen auf ihrem Land schlafen durfte. In neun von zehn Fällen lautete die Antwort nicht nur »Ja«, sondern wurde ich auch zu ihnen nach Hause eingeladen: »Wir hätten noch ein Bett frei. Und magst du mitessen?« Als Frau bin ich vielleicht verletzlicher, aber es scheint auch meine größte Stärke zu sein. Denn jeder findet es riskant, wenn ich allein unterwegs bin, und erbarmt sich meiner.

Regelmäßig denke ich an die Worte meines Vaters, die er mir all die Jahre eingebläut hat und die ich immer besser begreife. Er sagt stets: »Ein Mensch leidet am meisten an dem Leiden, das er fürchtet.« Das rufe ich mir oft in Erinnerung. Ich leide lieber an einem echten, greifbaren Leiden als an all den schrecklichen Dingen, die in meiner Vorstellung existieren.

Außerdem will ich nicht Risiko laufen, meine Ängste selbst zu erfüllen: Ein negativer Blick auf die Dinge kann erst recht negative Ereignisse hervorrufen. Viele Menschen finden mich sicherlich unrealistisch oder naiv, aber ich sehe mich selbst als optimistische Realistin. Ich nehme meine Sorgen ernst, stelle sie in der Wirklichkeit auf die Probe und wäge meine Optionen ab, aber lasse sie niemals die Überhand gewinnen. Ich gehe vom Guten aus, was mir stets leichter fällt, weil in der Tat immer alles glattgeht. Es geht mir besser, wenn ich die Dinge von der sonnigen Seite betrachte, davon ausgehe, dass am Ende alles gut wird, und damit die Chance darauf vergrößere. Damit habe ich bereits gewonnen. Jeden Morgen sage ich mir beim Aufstehen, dass heute ein schöner Tag wird, dass ich interessante Leute treffen und einen hübschen Schlafplatz finden werde. Ich habe mich entschieden, daran zu glauben, bis das Gegenteil bewiesen ist.

Diese Locken

Nach drei Tagen vollkommener Ruhe tauche ich in eine komplett andere Welt ein: in das so romantische wie touristische Venedig, wo ein gewisser Mario mein Leben auf den Kopf stellt.

Enge Jeans, schwarzes Hemd und wunderschöne lange, schwarze, gewellte Haare. Wow, diese Locken! Er studiert am Konservatorium und hat ein Zimmer in dem Bed and Breakfast gemietet, in dem ich heute Abend schlafe. Er ist ebenso hoch wie breit, und ich würde locker in seine muskulösen Arme passen. Als ich die Unterkunft betrete, steht er sofort auf. »Mario«, sagt er und streckt mir die Hand entgegen. Sein Händedruck ist fest und gleichzeitig samtweich. Die Hände eines Musikers.

Ich habe gerade meine Freundin Floor an der Bushaltestelle abgeholt. Es ist schon zwei Monate her, seit ich sie in Frankreich gesehen habe, und wir wollen ein paar Tage zusammen hier verbringen.

Verlegen blicke ich zu Boden. Meine dreckigen Füße ragen unter meinen unrasierten und mit Schlammspritzern bedeckten Beinen hervor. Auf meinem Unterschenkel prangt wie ein Tattoo ein dauerhafter Abdruck der Fahrradkette. Ich habe meine Fahrradhose noch an, mit so einem dicken Waschleder zwischen den Beinen, und mein Trikot ist fleckig vom getrockneten Schweiß. Ich fühle mich alles andere als sexy, und mit dem Auftauchen von Mario wird mir mein Äußeres auf einmal überaus bewusst. Ich wünschte, ich hätte erst kurz geduscht und ein hübsches Kleid dabei. *Sei ganz normal, Tamar,* sage ich zu mir. *Schönheit kommt von innen. Sei einfach du selbst. Weder übertrieben nett noch übertrieben schüchtern.*

»Ich bin Tamar, schön, dich kennenzulernen«, sage ich knapp und richte mich dann an Floor. »Wie war die Reise?«

Während Floor erzählt, habe ich das Gefühl, dass er mich weiterhin ansieht. Aus dem Augenwinkel erhasche ich seinen Blick. Ich wage nicht zurückzuschauen. Diese Augen. So groß, so tief, so dunkel, so voller Lebenslust. Sie werfen so viele Fragen auf, und ich tue alles, um sie zu vermeiden.

»Es ist offensichtlich, dass er dich mag«, sagt Floor, als wir am nächsten Tag durch die Stadt laufen. Durch die Gassen, über die Brücken, am Markusdom vorbei. »Ach was, das bezweifele ich doch sehr, außerdem bin ich nicht interessiert. Ich will schließlich mit dir eine schöne Zeit haben!« Ich tue so, als ob mir die Augen und die Locken und die Leidenschaft, mit der er spricht, nicht aufgefallen wären, und wir sind für den heutigen Tag voll und ganz Touristinnen. Wir machen Fotos und stehen vor dem Rialto Schlange. Wir betrachten die Auslagen in den Schaufenstern, trinken Cappuccino und gehen ausgiebig essen. »Weißt du, Floor, erst jetzt, wo ich weit weg von Freunden und Familie bin, begreife ich, wie wichtig sie mir eigentlich sind. Warum musste ich alles zurücklassen, um das zu erkennen? Ist es das berühmte ›Absence makes the heart grow fonder‹? Es ist so schön, dass du hier bist. Ich hatte schon befürchtet, dass ich alle verliere, wenn ich nicht mehr in den Niederlanden lebe. Dass das Leben dort weitergeht und ihr kaum merkt, dass ich weg bin.« Floor lächelt und fegt meine Bedenken beiseite. »Eine Freundschaft geht doch nicht so einfach in die Brüche. Schau mal, ich habe eine Überraschung für dich: Karten für das Konzert im Teatro La Fenice. In einer Stunde geht's los.« Mit diesen wenigen Worten beruhigt mich Floor, und ich kann in aller Ruhe ihre Anwesenheit genießen.

»Schickst du mir eine Nachricht, wenn du gelandet bist?«, bitte ich sie, als ich sie ein paar Tage später in den Bus setze. Sie winkt mir kurz, und ich schaue dem Bus nach, bis er hinter der Kurve verschwindet. Dann gehe ich zurück ins B&B, um meine Sachen zu holen.

»Kannst du nicht noch ein bisschen bleiben?«, fragt Mario, als er mir zusieht, wie ich alles auf mein Fahrrad lade. Sein Englisch ist ausgezeichnet und zugleich enorm sinnlich. »Es gibt noch so schöne Dinge, die ich dir gern zeigen würde.« Ich halte mitten im Packen inne und sehe ihn an. Was hat er da gesagt? Mein Herz rast, mir wird schlecht, und ich weiß nicht, wie ich reagieren soll. »Du hast doch keine Eile? Nur noch ein paar Tage.«

Ich bringe kein Wort hervor, nicke aber leicht, woraufhin Mario meine Taschen wieder die Treppe hochträgt und sie anschließend in seinem eigenen Zimmer abstellt. Ich bin perplex. Was passiert hier? Wieso bringt mich dieser Mann so durcheinander? Was will er von mir? Und ich von ihm? Er ist wunderschön, aber ich bin auf einer Fahrradreise und kann mich doch jetzt nicht an ihn binden? Und trotzdem würde ich nichts lieber tun. Ich möchte ihn am liebsten direkt hier in diesem Zimmer bespringen, ihm die Kleider vom Leib reißen, ihm kräftig in die Haare greifen und überall berühren. Aber er sagt: »Komm, wir gehen raus. Ich habe viel vor.« Er führt mich durch Gassen, erzählt mir zu den verschiedenen Kirchen Geschichten, und wir trinken Wein in seinen Lieblingsbars.

Ich finde ihn süß, cool, scharf, kindisch und erwachsen zugleich. Er ist ein Mann der wenigen Worte, aber wenn er etwas sagt, ist es wichtig, dann wählt er die Worte mit Bedacht und schaut mich zwischendurch an. Einen Augenblick zu lange, sodass es fast schon unangenehm wird, doch gerade als ich meinen Kopf wegdrehen will, spüre ich seine Lippen auf meinen. Endlich. All die Tage habe ich diesen Moment herbeigesehnt. Und die ganze Zeit gleichzeitig gehofft, es würde nie passieren. Weil ich wusste, dass ich ihm nicht widerstehen können würde. Mit zitternden Knien stehe ich da. Wie ein Teenager. Seine großen, muskulösen Arme um meinen kleinen Körper. Lachend genieße ich eine Weile seine Umarmung, und dann laufen wir Hand in Hand zurück zum B&B, wo wir auf der Dachterrasse bis tief in die Nacht quatschen. Wir teilen unsere Ängste, unsere Träume und letztlich auch das Bett. Eine unvorstellbare Entladung. »Bist du dir sicher?«, fragt er noch liebevoll, und ich nicke mit Tränen in den Augen.

Ich kann nicht anders. Ich kenne ihn zwar kaum, aber ich bin verliebt und spiele selbst mit dem Gedanken, dass wahre Liebe vielleicht doch existiert. Mir wird plötzlich bewusst, dass ich die Liebe aufgegeben hatte, seit meine Beziehung mit Frank gescheitert war, aber Mario weiß die mickrige Flamme wieder zu entfachen, und dafür bin ich ihm enorm dankbar. Doch ich kann nicht bleiben.

Nach einer Woche voller ultimativer Romantik kündige ich an, dass ich wirklich weitermuss. Mario sieht mich mit seinen großen Hundeaugen an. Mit seinem unwiderstehlichen italienischen Akzent sagt er: »Tamar, du strahlst, du bist wunderschön, warum ziehst du nicht bei mir ein?«

»Mario, bitte tu das nicht«, warne ich ihn noch halbherzig, in der Hoffnung, dass er stärker ist als ich. »Ich bin ein Vogel, man kann mich nicht zähmen und in einen Käfig sperren. Das, was dir jetzt so gut an mir gefällt, würde dir auch am meisten wehtun.«

Doch Mario sieht keine Probleme. »Was ist das Leben wert, wenn du dich nicht vollständig dem Moment hingeben kannst? Was ist die Liebe wert, wenn du ihr von vornherein nicht traust?«

Ich halte seine Liebe und sein Vertrauen kurz vorsichtig in meinen Händen, wie einen leicht verwundbaren Schatz. Am liebsten würde ich rufen: »Ja, ich will nichts lieber. Als mit dir. Hier. In Venedig. Zusammen sein.« Er öffnet Türen, von denen ich nicht einmal wusste, dass sie existieren. Er lehrt mich, wieder Gefühle zuzulassen, und ich möchte im Spiel der Liebe gern mitspielen. Selbst wenn ich verliere. Aber ich kann nicht. Es ist zu früh. Meine Reise hat eben erst begonnen. Und es ist eine Soloübung.

Hierbleiben ist schlicht keine Option. Ich muss zuerst selbst schwimmen lernen, damit ich nicht in ihm ertrinke. »Es tut mir leid, Mario, aber ich muss weiter.« Er nickt. Er wusste es bereits. »*Ciao bella*«, sagt er und küsst mich ein letztes Mal.

Aus dem Zelt gelockt

Eine große Schlange liegt mitten auf dem Asphalt und zischt mich an. Es ist der 4. Juni, als ich in das dünn besiedelte Slowenien hineinfahre. Wogende Hügel mit Wäldern, Sträucher, Felder, verschiedene Grünschattierungen, so weit das Auge reicht. Hier kann man durchatmen, in der Wildnis. Den geschäftigen Westen lasse ich hinter mir. Zuvor musste ich nach einem passenden Schlafplatz lange suchen und mitunter stundenlang weiterradeln, aber nun ist es egal, wann ich anhalte und wo. Überall finde ich geeignete Plätze, um mein Zelt aufzuschlagen. »Nicht im Wald«, rufen die Bauern, »dort gibt es Bären, Schlangen und Wölfe.« Ich erschrecke, doch als ich mich näher erkundige, stellt sich heraus, dass es halb so wild ist. Die meisten Schlangen sind ungiftig, Wölfe nähern sich selten den Menschen, und einen Bären haben sie noch nie gesehen, nur davon gehört. Sie machen sich gegenseitig verrückt. Und mich dazu.

Ich brauche etwas Zeit für mich, um die Zeit mit Mario zu verarbeiten und darüber nachzudenken, ob ich gerade die Liebe meines Lebens habe ziehen lassen. Ich schlage einen Waldpfad ein, auf der Suche nach einem Fleckchen, wo ich niemanden störe und keinen unerwünschten Besuch bekomme. Ich gehe tiefer in den Wald hinein, und der Pfad wird mit jedem Meter ruhiger, bis er schließlich nicht mehr befahrbar ist. Ich schiebe das Rad über große Steine, immer weiter weg von den Bauern, die mich warnten, nicht zu tief in den Wald hineinzugehen. Bis ich Stunden später oben auf einem Hügel stehe und über die urwüchsige Wildnis blicke. Ich habe mich völlig verirrt, habe keine Ahnung, ob dieser Pfad irgendwohin führt und wie lange es dauert, um wieder rauszukommen, aber ich habe etwas zu essen, Wasser und Zuversicht. Ich schlage mein Zelt auf und genieße die Stille.

Für den Fall, dass es Schlangen gibt, ziehe ich eine lange Hose an. Und Schuhe. Den Bären rufe ich zu: »Hallo! Ich zelte heute Abend bei euch. Seid bitte lieb, ja?« Ich habe gelernt, man muss ihnen Bescheid geben, dass man da ist, und alles, was Geruch verströmt, an einen Ast hängen. Es ist schon eine Portion Nervenkitzel dabei, hier im Bärenland, aber insgeheim hoffe ich, einen zu Gesicht zu bekommen. Denn sie sind wunderschön.

Doch bei Einbruch der Dunkelheit bekomme ich es immer mehr mit der Angst zu tun, und ich bereue, dass ich wieder so tough tun musste. Mein »Ich kann allein im Wald schlafen« weicht einem »Wäre ich bloß auf sicherem Bauernland geblieben«. Ein paar Minuten später höre ich wirklich etwas rascheln und halte den Atem an. Angespannt lausche ich im Liegen auf jedes Geräusch, und es dauert lange, ehe ich einschlafe.

Ein Knall reißt mich aus dem Schlaf und ich schrecke hoch. Wird auf mich geschossen? Ich betaste meinen Körper, spüre aber nichts. Scheinbar wurde ich nicht getroffen. Vorsichtig öffne ich den Reißverschluss vom Zelt ein Stück, kann jedoch draußen nichts erkennen. Es ist stockdunkel. Ich halte den Atem an und spitze die Ohren, ob ich etwas höre. In der Ferne heulen Wölfe. Ein Schauer läuft mir über den Rücken, und im Dunkeln suche ich nach meiner Kopflampe, auch wenn ich nicht weiß, ob es schlau ist, sie anzumachen. Denn dann wissen sie genau, wohin sie zielen müssen. Ich bleibe stocksteif sitzen, doch draußen ist es jetzt totenstill. Als ob selbst die Stille den Atem anhielte.

Ich nehme mein Messer, ziehe den Reißverschluss mit einem Ruck auf und springe nach draußen. »Wer ist da?«, rufe ich laut. »Hallo, komm raus!« Ich zittere und mache mir beinahe in die Hose vor Angst, weiß mir aber keinen besseren Rat. Nichts passiert. Soll ich noch mal rufen? Wenn irgendjemand etwas von mir wollte, würde er doch reagieren, oder?

Später in der Nacht schrecke ich wieder von einem lauten Knall hoch. Diesmal habe ich sofort meine Hose und meinen Pullover an und stehe binnen zwei Sekunden vorm Zelt. Ich leuchte mit der Taschenlampe in den Wald. »Wer ist da? Was willst du von mir? Komm raus, du Feigling, zeig dich!«

Todesstille. Was ist nur los? Ich schnappe mir mein Handy, doch ich habe hier keinen Empfang. Um Hilfe zu rufen hat keinen Sinn. Also krieche ich zurück ins Zelt und kontrolliere die Zeltwand auf Einschusslöcher. Auf einmal sehe ich es: Die Zellen meiner aufblasbaren Matte haben eine nach der anderen den Geist aufgegeben. Die Matte lag an der Zeltwand, deshalb hat sie gebebt, als die Luftpolster zerplatzt sind. Es hat niemand auf mich geschossen. Erleichtert stoße ich einen Seufzer aus und lache dann laut.

Hoher Besuch

»Halt, zurückkommen! Pass!« Ein dicker, gelangweilter Zöllner bringt gerade noch genug Energie auf, um aus seinem Kabuff hinter mir herzuschlurfen. Ich war einfach an dem Schlagbaum vorbeigeradelt. Kroatien ist doch Mitglied der EU? Wozu die Grenzkontrolle? Der Mann murmelt etwas Unverständliches, stempelt meinen Pass und stolpert dann zurück nach drinnen.

Soeben habe ich das ehemalige Jugoslawien betreten. Noch vor zwanzig Jahren wurde hier heftig gekämpft. Heute geht es hier gemächlich zu, als würde die Zeit nur zäh voranschreiten. Wo sich einst Schlachtfelder befanden, stehen heute hübsche Gärten, und die Häuser ähneln eher Bergchalets mit ihren Holzscheitstapeln neben den Haustüren. Alles strahlt Ruhe aus, das finde ich herrlich.

Abends schlafe ich im Wald und gebe mir Mühe, ganz früh aufzustehen. Ich nehme mir vor, jeden Sonnenaufgang mitzuerleben und so bessere Chancen zu haben, wilde Tiere zu beobachten. Inzwischen sehe ich regelmäßig Hirsche, Schweine, Füchse, Schlangen und jede Menge zauberhafter Vögel. Angesichts meiner zunehmenden Vorliebe für unberührte, abgelegene Flecken fühle ich mich hier pudelwohl.

Ich rufe meinen Vater an, um ihm zu erzählen, wie glücklich ich bin. Wie befreiend diese Reise ist.

Nur will er es nicht hören. Geduldig hat er monatelang gewartet, dass ich endlich zur Besinnung kommen und mir klar werden würde, was ich zurücklasse, und reumütig zu ihm zurückkehre. Stattdessen radele ich immer weiter von ihm weg. Er hat es satt. Kein: »Hallo, Schatz, wie geht's dir?«, sondern ein konkretes: »Wo bist du, und wo kann ich dich treffen? Ich komme zu dir.«

Ich mache Luftsprünge und beginne direkt, das Wie, Wann und Wo zu planen. Wir verabreden, uns in Istrien zu treffen. Er wird nach Venedig fliegen und einen Bus mieten, in den wir mein Rad laden können. So können wir eine Weile gemeinsam reisen. Über Airbnb miete ich uns einen hübschen Bauernhof für unsere erste Nacht.

Als ich mich eine Woche später an unserem Treffpunkt einfinde, kommt mir eine niedliche alte Frau entgegen. Sie ist kleiner als ich, läuft ein wenig krumm und hat in einem Weidenkorb mit einem karierten roten Tuch Eier von ihren Hühnern und Rhabarber aus dem Garten. »Das kannst du dir mit deinem Vater teilen.«

»Darüber wird er sich sehr freuen, danke«, sage ich errötend und weiß, dass ich genau den richtigen Ort gefunden habe. Ich möchte meinem Vater so gern dieses Leben zeigen. Wir hatten zu Hause bis auf einen Kaktus keinerlei Pflanzen. Und selbst den haben wir totgekriegt. Auf den Knien haben wir das Unkraut zwischen den Fliesen im Garten weggekratzt, und nur unsere Katze konnte sich frei rein- und rausbewegen.

Es ist bereits dunkel, als mein Vater endlich eintrifft. Ich habe ihn schon drei Monate nicht mehr gesehen. Er sieht anders aus, und doch auch wie immer. Mein Vater. Der Mann, den ich am meisten liebe und den ich so schrecklich vermisst habe. Seine Wärme, seinen zynischen Humor und auch die Art, wie er redet. »Warum müssen die blöden Slowenen auch noch ein paar Meter Strand besitzen, das ist doch total verwirrend?«, sagt er aufgeregt. »Nach Italien kommt Kroatien, aber auf den Schildern stand immer Slowenien, also bin ich wieder umgekehrt. Noch einmal quer durch Triest. Das ist doch trist! Mein Handyakku war leer, deshalb konnte ich es nicht nachschauen. Letztlich habe ich es selbst herausgefunden. Na ja, jetzt bin ich ja da.« Ich höre ihm lächelnd zu, bis er sich entspannt. »Kind, wie schön, dich wiederzusehen. Dünn bist du geworden. Sollen wir irgendwo was essen gehen?«

Wilde Feigen

Wir laden mein Rad hinten in den Bus, um eine Woche durch die Gegend zu fahren. Vorbei an der rauen Küstenlinie mit dem azurblauen Wasser, vorbei an Dörfern, die hoch oben auf dem Fels thronen, und einem Hinterland, in dem Gemüse auf roter Erde angebaut wird, das abends auf unserem Teller landet. Wir sind im Land der weißen Trüffel, der saftigen Früchte und von herrlichem, vollmundigem Wein.

Von den Menschen unterwegs habe ich gelernt, was man aus der Natur essen kann, und nun zeige ich meinem Vater, was hier wächst. Wir pflücken Pflaumen, Maulbeeren und wilde Feigen, und ich erzähle ihm stolz, dass ich schon lange nicht mehr in einem Supermarkt war. »Ich fahre hundert Kilometer am Tag und lebe beinahe ausschließlich von Obst und Gemüse, von Nüssen und ein bisschen Schokolade.«

»Von Luft und Liebe also?«, sagt mein Vater neckend.

Seit wir uns wieder in die Arme geschlossen haben, haben wir ununterbrochen geredet. Ich ärgere ihn, er ärgert mich, und wir quasseln an einem Stück.

»Ich habe dich vermisst«, sage ich und erzähle ihm im gleichen Atemzug, dass mir die Reise guttut. Wenig Besitz, kein Plan, einfach nur das große Nichts genießen. Ich verspüre kein Verlangen, alles tun und besichtigen zu müssen. Ich will einfach nur das Zusammen*sein* mit ihm genießen. »Pap, ich bin noch nie so arm gewesen, aber ich habe mich noch nie so reich gefühlt.«

Er grinst. »Ja, klar, so lang ich den Kaffee für dich bezahle. Sollen wir noch einen nehmen?« Ich nicke. Eigentlich brauche ich keinen Kaffee mehr, aber mit ihm will ich noch hundert trinken.

Ich genieße unser Wiedersehen so sehr, dass der Gedanke, dass er bald wieder geht, bei mir Stress auslöst. Das ist der endlose Konflikt von mir Papakind, mit dem ich ständig kämpfe. Ich würde gern mit ihm zurück nach Hause. Das heißt, eigentlich würde ich wollen, dass ich das wollte. Aber die harte Wahrheit ist, dass ich es nicht will. Ich habe mich verändert und passe nicht mehr in die Niederlande. Gefangen in meiner eigenen Freiheit.

Beinahe grenzenlos

Nachdem ich meinem Vater in Triest hinterhergewinkt habe, radele ich zurück nach Istrien und anschließend über die kroatischen Inseln, an der Küste entlang und dann durch Bosnien. Ich bin auf dem Weg nach Montenegro, das ich hoffe, heute zu erreichen. Zehn Tage lang hat es mich beschäftigt, und zehn Tage lang wollte ich niemanden sehen und sprechen. Ich wollte allein sein und den Abschied von meinem Vater verarbeiten. So allein in der Natur sammele ich langsam wieder Kraft, um ihn loslassen zu können und allem gewachsen zu sein, was dieses Abenteuer mir bietet.

Eine Hitzewelle beispielsweise. Es ist inzwischen Juli, es sind vierzig Grad, und der von mir anvisierte Grenzübergang liegt hoch oben auf einem Berg. Der Weg dorthin bietet keinerlei Schutz vor der Gluthitze der Sonne. Der Wind ist wie ein heißer Föhn. Das letzte bisschen Wasser in meiner Trinkflasche befindet sich beinahe am Siedepunkt. Ab und zu sehe ich ein Gebäude, wo ich hoffe, Wasser zu finden, aber wenn ich näherkomme, stellt es sich jedes Mal als leer stehend heraus. Keine Menschen, nichts, um den Durst zu löschen, nur ein kurzer Ruhemoment im Schatten.

Auf halbem Weg den Berg rauf rieche ich Rauch. Ich schaue mich um und merke, dass es ein Waldbrand ist. Einer der vielen Waldbrände in diesem Sommer. Der Rauch schlägt mir auf die Lungen, und durch den Wassermangel fange ich sofort an, ein wenig verschwommen zu sehen. Ich frage mich, ob ich den Aufstieg wirklich hätte angehen sollen. Kann ich irgendwo Wasser finden? Kommt das Feuer nicht immer näher? Es gibt niemanden weit und breit, der mir eventuell helfen könnte.

Es ist bestimmt die Hitze, die mich halluzinieren lässt, aber als sich ein Schmetterling auf meinen Lenker setzt, ist es, als wollte er mich beruhigen. Ob er vor den Flammen weggeflogen ist? Will er mir etwas sagen? Ich fange an, laut mit ihm zu sprechen:

»Wo du schon mal hier bist … Kannst du mir nicht helfen, über diesen Berg zu kommen?« Der Schmetterling beginnt, mit den Flügeln zu flattern. Ich traue meinen Augen kaum, es ist wirklich, als würde er mir helfen. Den gesamten Weg nach oben bleibt er auf meinem Lenker sitzen, und gemeinsam erreichen wir die Spitze.

Die Grenzkontrolle scheint verlassen. Als ich gerade dabei bin durchzufahren, kommt jemand heraus. Eine schwerfällige Frau in einer zu großen Uniform. Sie sieht aus, als ob sie hier schon seit zehn Jahren gelangweilt vor sich hinstarrt und jeden Besucher emotionslos dorthin zurückschickt, von wo er gekommen ist. Bestimmt wird sie mir gleich erklären, dass dieser Grenzübergang geschlossen ist. Ich hoffe nicht, denn dann wüsste ich nicht, was ich tun soll. Ich muss wirklich weiter und Wasser finden.

»Komm rein«, sagt sie, ohne die Miene zu verziehen. Es klingt wie ein Befehl, so monoton kommen ihr die Worte über die rot angemalten Lippen. Mein Blick wandert über ihre ungekämmten Haare, abgeknabberten Fingernägel und ungeputzten Schuhe. »Wo kommst du her?«, fragt sie, anfänglich scheinbar desinteressiert, doch dann: »Aus Amsterdam?! Allein? Wirklich wahr?!« Ihre verrauchte Stimme klingt nun etwas wacher, und ein vorsichtiges Lächeln umspielt ihren Mund. »Hier hast du ein Glas kaltes Wasser. Soll ich deine Flaschen auffüllen? Möchtest du Eis rein haben?« Sie hat keine Ahnung, wie glücklich sie mich damit macht.

Einer unsicheren Zukunft entgegen

Da stehe ich nun. An der Grenze zu Montenegro. Vor ein paar Wochen wusste ich noch nicht einmal, wo das liegt. Ich kenne niemanden, der je hier gewesen ist, und habe noch nie etwas darüber gehört. Vielleicht zieht es mich deshalb magisch an. Montenegro bedeutet »schwarzer Berg«. Das klingt unheilvoll, deshalb schiebe ich zunächst ganz vorsichtig einen Zeh über die Grenze. Nichts passiert. Ich setze meinen ganzen Fuß auf. Immer noch nichts. Dabei hatte ich auf einen Trommelwirbel gehofft, Konfetti, eine Sahnetorte. Es ist nämlich das zehnte Land, das ich betrete, nach den Niederlanden, Belgien, Luxemburg, Frankreich, der Schweiz, Italien, Slowenien, Kroatien und Bosnien. Mir stecken inzwischen viertausend Kilometer in den Knochen. Es fühlt sich nach einem Meilenstein an, doch ich habe niemanden, mit dem ich das feiern kann, und es bleibt beängstigend still.

Auf Warm Showers habe ich gesehen, dass es nur einen einzigen registrierten Montenegriner? Montenegrianer? gibt. Ich brauche zwar nicht unbedingt eine Unterkunft, bin aber auf seine Geschichte gespannt. Wer ist dieser Božo? Wie lebt er wohl? Ich stelle mir vor, dass er mir bestimmt jede Menge über dieses unbekannte Land erzählen kann. Er hat zwar noch nicht auf meine Nachricht reagiert, aber seine Adresse steht auf der Website, und so radele ich ungerührt einfach darauf zu. Wenn es nicht klappt, kann ich immer noch weiterfahren.

Am Nachmittag antwortet er schließlich, und nach drei Tagen Rad fahren klopfe ich an seine Tür. Der junge Božo erwartet mich bereits. Zusammen mit seiner 16-köpfigen Familie. Ich werde wie eine Königin empfangen. »Willst du Tee? Hier, nimm ein paar Kekse, setz dich doch.« Beinahe alles mit Händen und Füßen, außer Božo spricht niemand Englisch.

Er stellt mir seine Mutter vor, eine Frau mit Kopftuch und langem Rock. »Sie ist Muslimin«, erklärt er mir. Sein Vater ist orthodox und er selbst Atheist.

»Und wie finden deine Eltern das?«, frage ich ihn, doch laut ihm spielt das für sie keine so große Rolle. »Wusstest du, dass in meiner Heimatstadt Haarlem eine Kirche zu einer Brauerei umfunktioniert wurde?« Ich erzähle ihm von unserer Jopenkerk. Er ist kurz still und scheint nicht recht zu wissen, ob er mir glauben soll oder nicht. Lachend zeige ich ihm Fotos unserer Bierkirche, die er sich mit einem Kopfschütteln ansieht.

Dann ruft er seine Familie herbei, damit sie sich das anschauen. »Das wäre hier undenkbar!«

Brüder, Cousins, Tanten, Onkel – alle wollen sie wissen, was mich hierher verschlagen hat, zu ihnen, so weit von zu Hause entfernt. Warum ich weggegangen bin. Warum ich mit dem Rad fahre. Warum niemand mit mir mitgekommen ist. Nur Božo versteht meinen Abenteuerdrang. Er selbst macht auch Touren, die seine Eltern nicht begreifen.

Als er mich im Schlepptau mitnimmt, um mir die Umgebung zu zeigen, beichtet er mir, dass seine Eltern glauben, ich sei verwirrt. Dass sie wollen, dass ich bleibe, dass ich bei ihnen besser aufgehoben bin als da draußen in der bösen Welt. »Meine Mutter will deinen Vater anrufen, um zu sagen, dass du in Sicherheit bist.«

Das überrascht mich keineswegs, Alleinsein ist nach wie vor tabubehaftet. Wenn ich meine Geschichte erzähle, reagiert der eine mit Bewunderung, die andere gesteht mir, sie hege den gleichen Traum, aber genauso viele haben Mitleid mit mir. Immer wieder flehen mich vor allem meine Gastgeberinnen an, bei ihnen zu bleiben.

Der junge Božo ist dagegen überglücklich, in mir eine Verbündete gefunden zu haben. Er kämpft bereits sein Leben lang mit dem Druck seiner Familie. Von ihm wird erwartet, eines Tages den Eisenwarenhandel seines Vaters zu übernehmen, dabei will er einfach nur Rad fahren, weg aus seiner kleinen, beengten Welt. Neidisch lauscht er meinen Berichten und löchert mich mit Fragen.

Nachdem wir geangelt und ein Festmahl zubereitet haben, kommt Božo mit einem Geschenk an. »Es ist bei uns Brauch, Gästen bei ihrer Abreise etwas mitzugeben«, sagt er mit einem

Grinsen. »Ich denke, über das hier wirst du dich sehr freuen.« Er stellt einen Schuhkarton auf meinen Schoß. Irgendetwas bewegt sich darin, ich höre und rieche etwas. Der Karton wippt auf meinen Beinen. Vorsichtig öffne ich den Deckel und begegne Zombia.

»Ein Albino!«, ruft Božo begeistert, »unser erstes Albinokaninchen. Für dich!« Er sieht mich aufgekratzt an, neugierig darauf, wie ich es finde.

»Ich fass es nicht! Was für ein schönes Geschenk!« Ich hebe sie hoch, spiele kurz mit ihr und betrachte sie. »Meint ihr das ernst? Darf ich sie behalten?! Aber wie soll das gehen? Ich kann sie doch nicht auf dem Rad mitnehmen!«

»Warum nicht?«, ruft Božo empört. Er wirkt beleidigt. »Guck, wir haben extra einen stabilen Karton genommen, den binden wir auf deinem Rad fest.« Noch ehe ich etwas einwenden kann, machen sich Božo und seine Brüder bereits ans Werk. Ich weiß zwar nicht, ob sie mich veräppeln wollen, lasse es aber auf einen Versuch ankommen.

Ich bin überglücklich mit Zombia. Die ganze Familie hat mir zum Abschied hinterhergewunken, doch ich bin nicht mehr allein. Ab und zu streckt sie ihr flauschiges Köpfchen über den Rand des Kartons. »Ich werde dir die Welt zeigen!«, rufe ich ihr zu und mache regelmäßig Pausen, um sie grasen zu lassen oder sie mit Wurzeln und Salat zu verwöhnen. Ich könnte kaum glücklicher sein.

Aber Zombia ist nicht glücklich. So sehr ich es mir auch wünschen würde, eine Weltreise mit dem Rad ist nichts für ein Kaninchen. Nachdem ich sie drei Tage lang so gut wie möglich versorgt habe, schreibe ich Božo, dass ich sie zurückbringen komme. Nicht, weil ich sie nicht lieb hätte. Sondern gerade *weil* ich sie lieb habe. Und möchte, dass es ihr gut geht.

Manchmal muss man das loslassen, was man liebt. Ob es meinem Vater mit mir wohl genauso ergangen ist?

Wie ein Raubtier

Ohne Zombia fühle ich mich auf einmal einsam. Es ist erstaunlich, wie schnell man an etwas oder jemandem hängt. Ich fühle mich fast so einsam wie damals, als ich Mario verließ oder meinen Vater verabschiedete. Liebe ist etwas Wunderbares, kann aber auch sehr schmerzhaft sein.

Ich zelte unter einem Feigenbaum, mein heutiger Zufluchtsort inmitten des Waldes. Der Baum sorgt gut für mich. Zwanzig Feigen habe ich genascht, und am nächsten Morgen pflücke ich den Rest. Jeden Tag halten Menschen mit ihren Autos an, um mir tütenweise frisches Obst zu schenken. Es ist Erntesaison. Sie müssen die Früchte loswerden und lassen sich auch nicht von den vielen Plastiktüten abhalten, die bereits an meinem Lenker baumeln. Nektarinen, Kirschen und Wassermelonen verspeise ich sofort. Selbst pflücke ich unterwegs Trauben, Maulbeeren und wilde Pflaumen. Ich pflanze alle Steine ein, gebe sie der Natur zurück und hoffe, sollte ich irgendwann noch mal diese Route entlangfahren, überall Obstbäume wachsen zu sehen. Mit so viel Gratisessen um mich herum radele ich durchs Land, ohne einen Cent auszugeben.

Ich bin auf dem Rückweg nach Kroatien. Es wird das siebte Mal sein, dass ich die Grenze überquere, und ich kenne inzwischen fast alle Wege in- und auswendig. Ich liebe Kroatien und finde es nicht schlimm, wieder zurückkehren zu müssen. Diesmal, weil meine Studienfreundin Anne mich besuchen kommt. Sie fliegt nach Split, und ich werde ihr ein Fahrrad organisieren, damit sie ein paar Tage mit mir mitfahren kann. Ich schlage ihr vor, von Sarajevo aus zurückzufliegen. »Das sollten wir doch schaffen?«

»Durch Bosnien? Ich muss kurz überlegen«, hatte sie mir überraschend geantwortet. Offenbar gibt es eine offizielle Reisewarnung, und vor allem ihre Schwiegereltern machen sich Sorgen. Ich finde das unsinnig und gehe davon aus, dass alles glattgeht. Ich wurde schon so oft vor Ländern gewarnt, die sich hinterher als völlig harmlos herausstellten. Aber wer bin ich, Anne zu sagen, dass nichts passieren wird? Plötzlich bin ich nicht mehr nur für mich selbst verantwortlich, sondern auch für meine Freundin, die weniger Erfahrung mit solchen Abenteuern hat. Glücklicherweise ist sie stur und nüchtern und beschließt, trotzdem mitzukommen, und spricht mich vorab von jeglicher Schuld frei, sollte uns doch etwas zustoßen.

Um Anne rechtzeitig zu erreichen, muss ich ordentlich Gas geben. Es gibt nur ein einziges Problem. Ein klitzekleines Problem, das mit jeder Stunde größer wird. Heute Morgen habe ich mein letztes Essen aufgebraucht, und ich halte die Augen offen nach dem nächsten Geldautomaten und/oder Geschäft. Am späten Nachmittag habe ich noch immer nichts gefunden und inzwischen ziemlichen Hunger, aber niemand will meine Euros annehmen. Letztendlich halte ich an einer kleinen Raststätte, in der mir die Kellnerin sagt, dass ich nicht mit EC-Karte bezahlen kann und sie auch keine Euros akzeptieren. Während ich nach einer Lösung suche, werde ich von einer Gruppe Männer und Frauen mit deutschem Akzent an ihren Tisch gerufen. Sie haben mich vorbeiradeln sehen und verwickeln mich in ein Gespräch.

»Wir machen auch eine Rundreise, genau wie du«, sagt eine herausgeputzte Dame mit rotem Lippenstift, der einen Abdruck auf ihrem Weinglas hinterlassen hat. »Wir besichtigen zehn Länder in fünfzehn Tagen, und nein, wir zelten nicht, sondern schlafen ganz normal in einem schönen Hotel, aber wir machen auch Bootstouren – ein echtes Abenteuer.« Mein Magen knurrt, meine Beine fangen an zu zittern, und mein Blick schweift ab. Auf dem Tisch stehen die Überbleibsel eines üppigen Mittagessens. Ob sie schon fertig sind mit essen? Ich sehe die Kellnerin vorbeilaufen und stelle mir vor, wie ich sie am Arm festhalte, sollte sie auf die Idee kommen abzuräumen. Vielleicht gehen diese Leute ja bald, und ich kann heimlich die Reste essen?

Erschrocken über meine eigenen Gedanken schäme ich mich in Grund und Boden. Wie konnte ich es nur so weit kommen lassen? Und dann tue ich es einfach. Während der letzten Sätze der Frau war ich gedanklich abgeschweift, doch nun sehe ich sie an. Wahrscheinlich wie ein Raubtier, wie eine Katze, die mit einer Maus spielt, und frage: »Seid ihr schon fertig mit essen? Dürfte ich vielleicht ...?«

Ich brauche nicht zu Ende zu sprechen. »Ja, natürlich, setz dich zu uns!« Es wird ein zusätzlicher Stuhl geholt und ein Getränk für mich bestellt. Während wir uns angeregt miteinander unterhalten, esse ich alles bis auf den letzten Krümel auf. Ich habe mich noch nie so geniert, aber ich bin auch noch nie so glücklich über etwas zu essen gewesen.

Sonnenstich

Es ist Juli, Hochsommer, und die Hitze ist inzwischen unerträglich. Ich trinke acht Liter Wasser pro Tag und esse große Tüten Chips, um das Salz, das ich durchs Schwitzen verliere, direkt wieder aufzufüllen. Ich sollte mittags im Schatten eine Rast einlegen. Das erzählt mir mittlerweile jeder, den ich treffe. Ich nehme es mir auch jeden Morgen vor, aber dann radele ich doch wieder stur durch die Mittagshitze. Das geht gut, merke ich jedes Mal. Bis ich einen Sonnenstich bekomme. Ich habe Kopfweh, hämmerndes Kopfweh, und bin so geschwächt, dass ich mich auf die Wiese neben einer Kirche auf den Rücken legen muss. Direkt hinter einer kleinen Mauer im Schatten, dort, wo mich niemand sehen kann. Schon morgen kommt Anne, doch solang ich allein bin, bleibt mir nichts anderes übrig, als in die Wolken zu starren. Den ganzen Tag lang. Nach oben schauen. Jede Bewegung fällt mir schwer. Also bleibe ich vorläufig liegen.

Beim ersten Morgenrot werde ich im Gras wach, das nass vom Tau ist, noch immer in der Fahrradkleidung, in der ich gestern umgekippt bin. Als ich aufstehe, fühlen sich meine Beine etwas schlapp an, aber der Kopfschmerz ist verschwunden. Mit meinen fettigen Chipshänden kann ich gerade so den Wasserhahn auf dem Kirchhof aufdrehen, und ich wasche die vergangenen Tage von mir ab.

Es ist noch vor sechs Uhr, als ich in den Tag starte. Ich muss vierzig Kilometer nach Split fahren, ein Fahrrad für Anne kaufen und sie heute Abend von der Bushaltestelle abholen.

Ein großer blonder Typ um die dreißig mit einer Tasse Kaffee in der Hand schließt gerade den Fahrradladen auf, als ich angefahren komme. Ich erzähle ihm, dass ich ein günstiges Fahrrad brauche, um damit nach Sarajevo zu kommen, irgendwas Gebrauchtes.

»Nach Sarajevo?«, fragte er erstaunt und schüttelt den Kopf. »Wir verkaufen keine Gebrauchträder, das macht niemand hier, nur online findest du so was, aber die Seite ist auf Kroatisch. Sprichst du das?«

An meinem Gesichtsausdruck liest er ab, dass dem nicht so ist und ich Hilfe brauche. Er winkt mich in sein Büro, um zusammen die Anzeigen durchzuschauen. Dann greift er zum Telefon. »Dieser Mann spricht kein Englisch, aber er hat drei Fahrräder bei sich stehen. Ich denke, die werden nicht viel hermachen, aber einen Versuch ist es auf alle Fälle wert.«

Ein alter, hagerer Mann mit Krampfadern, einer Flaschenbodenbrille und den Resten seines Frühstückes im Bart bedeutet mir, ihm zu folgen. Durch eine Gasse ins Gebäude, wo er mich in den Keller führt. Ich hoffe nur, dass das auch der Mann ist, mit dem ich verabredet bin. Dass er mir ein Fahrrad verkaufen will und keine anderen Absichten hat.

Wir sind bei der allerletzten Box angelangt, und er dreht den Schlüssel im Schloss. Noch immer hat er mich keines Blickes gewürdigt und gestikuliert, dass ich reingehen soll. Es ist dunkel. Er läuft hinter mir her, macht die Tür zu und bückt sich vornüber, um den Lichtschalter zu finden. Mir ist überhaupt nicht wohl bei der Sache. Alles in mir schreit, dass ich nicht hätte mitgehen dürfen.

Doch als das Licht angeht, sehe ich drei Fahrräder vor mir. »Also, welches willst du haben?«, scheint sein fragender Blick zu besagen, denn er verliert kein Wort. Sie sehen alle drei schlechter aus, als ich erwartet hatte, aber nach einer raschen Inspektion wähle ich das am wenigsten marode. Ich will so schnell wie möglich raus aus diesem stinkenden Verschlag mit diesem stinkenden Mann. Zurück zu meinem eigenen Fahrrad, das mit all meinem Gepäck bepackt unbewacht auf der Straße steht.

Knallgrün ist das Monster, das ich am Abend Anne vorstelle: »Das ist Hulk, sieht er nicht toll aus? Dein neuer bester Freund!« Sie mustert es, als sei es ihr größter Feind. »Das Ding hat ja nicht mal einen Gepäckträger.«

»Ich packe dein Gepäck einfach auf mein Rad, und unterwegs kann ich alles reparieren, das wird schon«, versuche ich, sie zu überzeugen. Ich habe die Bremsen und die Gangschaltung bereits eingestellt, den Sattel gerichtet und die Reifen aufgepumpt. Nur weiß ich mir keinen Rat mit den wackelnden Pedalen, und bevor wir losfahren, schauen wir noch mal bei meinem großen blonden Freund vorbei.

»Hey, es hat geklappt, du hast ein Rad!«, sagt er mit einem Lachen, als er sieht, wie wir angefahren kommen.

»Ja, alles wegen dir. Ich wollte mich bedanken«, sage ich und überreiche ihm eine Flasche Wein. Er läuft rot an, sieht uns zum Abschied hinterher und versichert uns, dass die Pedale bis Sarajevo durchhalten.

Der Hulk

Keine fünf Minuten nach unserer Abfahrt hören wir einen lauten Knall. Der Hulk hatte noch gar keine Chance, sich zu beweisen, und ist schon jetzt jämmerlich gescheitert. Anne hat einen Platten!

Zurück bei unserem Fahrradmacher bauen wir einen neuen Schlauch ein, und eine halbe Stunde später sind wir endlich unterwegs. Ich fahre voraus, Anne dicht hinter mir. Aus der Stadt raus, hinein in das Velebit-Gebirge, bis ich Anne auf einmal nicht mehr im Rückspiegel entdecken kann. Ich drehe mich um. Keine Anne. Ich rufe. Immer noch keine Anne. Ich fahre zurück und sehe sie dort stehen. Mit dem Pedal in der Hand winkt sie mir zu. »Ähm, Tamar«, sagt sie zögerlich, »was machen wir denn jetzt?«

Ich denke nach und tue dann, was mir Janneke beigebracht hat. »Lass uns erst mal hinsetzen, etwas essen und dann überlegen wir uns einen Plan.« Ich wühle in meinen Taschen auf der Suche nach Müsliriegeln, aber noch ehe ich sie gefunden habe, hält ein Auto an.

Anne deutet auf das Pedal ihres Fahrrads, und binnen fünf Minuten sitzen wir zusammen mit dem Hulk und meinem Rad auf der Rückbank auf dem Weg zu einem Fahrradladen. Kurz danach landen wir in einem Café, und letztlich werden wir von einer Familie eingeladen, bei ihnen im Garten zu schlafen. Ob wir noch ein Bierchen mit ihnen trinken wollen, fragen sie uns. Und ob wir Lust auf Hähnchen hätten?

So läuft es fast jeden Tag. Während Anne ihren grünen Freund argwöhnisch beäugt und ich mir Sorgen mache, sie würde bereuen, hergekommen zu sein, scheint gerade der elendige Anblick des Hulk – und wahrscheinlich auch die Tatsache, dass wir zwei Frauen sind – uns jede Tür zu öffnen. Wir können an keiner Terrasse vorbeifahren, ohne ein »Kommt, trinkt was mit uns« zu hören, oft gefolgt von: »Ihr könnt heute Abend auch bei uns schlafen. Dann werfen wir den Grill an und machen ein Fest!« Untereinander wird darüber gestritten, wer die beste Dusche hat, die beste Aussicht oder die beste Matratze für uns. Die Reisewarnung finden wir inzwischen immer absurder. Auch wenn man noch die Einschusslöcher in den Wänden sieht und wir lieber nicht im Wald zelten, weil dort nach wie vor viele Landminen liegen, werden die Umstände allemal wettgemacht durch eine Bevölkerung, die scheinbar alle Zeit der Welt hat.

Wir entgehen der allgegenwärtigen Gastfreundschaft, indem wir ein paar Tage durch den Naturpark Blidinje radeln. Bis Anne gern mal duschen würde. Unterwegs zum nächstgelegenen Dorf bleibt sie auf einmal doch wieder liegen. »Jetzt hat er endgültig den Geist aufgegeben.« Sie steht zum vierten Mal mit dem Pedal in der Hand da. Die ersten beiden Male hatten handwerklich geschickte Männer das Ding noch anschrauben können, das dritte Mal wurde es angeschweißt, aber nun ist die ganze Tretkurbel abgefallen.

Ich muss lachen. »Der Hulk gibt sich geschlagen! Seine letzte OP hat wohl nichts genützt, dabei sind wir so kurz vorm Ziel. Nur noch dreißig Kilometer. Tja, dann heißt es wohl zu Fuß weitergehen.«

Ich zucke mit den Schultern, doch Anne hat eine Idee. Sie läuft ein paar Meter zur nächsten Kneipe und fragt, so laut sie kann, den ersten Mann, den sie sieht, ob er einen Fahrradmacher kennt. Das ganze Lokal verstummt. Alle starren sie an, und einer nach dem anderen beginnt, ihr behilflich sein zu wollen.

Ein Mann in Sportkleidung kommt auf uns zu. »Wo liegt denn das Problem?« Ein anderer kennt jemanden und ruft einen Freund an. Der andere will den Hulk übernehmen und bietet uns eine Mitfahrgelegenheit nach Sarajevo an. Zuvor aber eine Übernachtung in seiner osmanischen Villa.

Der Hulk wird kurzerhand auf das Autodach gebunden, und schon fahren wir mit unserem Gastgeber mit, der Oberschenkel vom Umfang meiner Taille hat. Seine Arme platzen beinahe aus dem viel zu engen Oberhemd.

»Nur Männer vom Balkan kommen mit so was davon«, kommentiert Anne trocken, als unser Gastgeber mit einer Art Flammenwerfer das Feuer anzündet.

»Immerhin kann er Feuer machen«, sage ich lachend, während Anne ihr Glas Rakija, ein Obstbrand, erneut auffüllen lässt.

Nach einem geselligen Abend verabreden wir, dass wir am nächsten Morgen nach Sarajevo aufbrechen. Doch dazu kommt es nicht.

Denn erst einmal muss Kaffee getrunken werden. Viel Kaffee, wie auf dem Balkan üblich. Nachdem er die ersten beiden Tassen runtergekippt hat, will unser Gastgeber uns noch das Dorf zeigen, wo wir einem Freund von ihm einen Besuch abstatten. Dort trinken wir Kaffee. Anschließend laufen wir an der Kirche und der Moschee vorbei und trinken noch einen Kaffee auf einer Terrasse. Wieder zu Hause wird erneut das Feuer angeworfen, und dann trinken wir einen letzten Kaffee. Diesmal mit Rakija. So geht das in Bosnien.

(Un)Geeignet

Als wir in Sarajevo ankommen, nehmen wir feierlich Abschied vom Hulk und bedanken uns für das schöne Abenteuer. Ein Abenteuer, das, gerade weil der Hulk total ungeeignet war, noch viel schöner wurde. Weil wir den Sprung wagten und nicht genau wussten, ob es gut ausgeht.

Wir stehen auf einem Platz, auf dem mit lebensgroßen Figuren Schach gespielt wird. Die Leute sind mit vollem Ernst dabei, und als das Spiel fast zu Ende ist, ruft Anne dem Gewinner zu: »Die nächste Runde spielt sie gegen dich!« Anne deutet auf mich. Ich erschrecke. Gegen solche Profis habe ich nicht den Hauch einer Chance, und freiwillig hätte ich mich niemals in diese Löwengrube begeben. »Ich dich auch«, sage ich zu Anne und meine es ernst. Genau wegen solcher Aktionen liebe ich sie. Vor Jahren hat sie mich mal in Südafrika für einen Bungeesprung von der höchsten Brücke angemeldet, als ich gerade kurz auf dem Klo war. Sie war es auch, die mich zu meinem ersten Fallschirmsprung ins Flugzeug schleifte, als ich mich nicht traute, und einmal haben wir unseren besten Freund für seinen Junggesellenabschied nach Riga entführt, um dort mit Kalaschnikows zu schießen. Sie ist immer für ein Abenteuer zu haben, und darum habe ich sie so gern an meiner Seite.

Der Gewinner der Schachpartie ist einverstanden und beginnt, seine Schachfiguren zu ordnen. Ich tue es ihm nach. Die Figuren sind so groß, dass ich teilweise auf einen Laternenpfahl klettere, um mir einen Überblick zu verschaffen. In dem Wissen, zum Scheitern verurteilt zu sein, halte ich mit äußerster Konzentration das Spiel so lang wie möglich am Laufen. Die Anspannung in der Luft ist zum Greifen. Immer mehr Leute scharen sich um das Spielfeld und schreien Anweisungen. Allerdings auf Bosnisch, sodass ich mir die Ohren zuhalte, um in Ruhe nachdenken zu können. Soweit ich das beurteilen kann, sind sie auf meiner Seite, aber mit Sicherheit kann ich das nicht sagen. Nach rund einer Stunde muss ich meine Niederlage einräumen, und nachdem der Gewinner mir die Hand geschüttelt hat, ziehe ich mit Anne weiter. Es ist unser letzter Abend, und ich frage sie, was ihr an unserer Tour am besten gefallen hat.

»Puh, eigentlich alles«, sagt sie. »Das Abenteuer. Nicht zu wissen, was als Nächstes kommt, die atemberaubende Natur, das Schlafen unter freiem Himmel und all die verrückten Leute, die wir getroffen haben.« Sie denkt kurz nach und fügt hinzu: »Aber am schönsten finde ich, dass wir uns die Zeit füreinander genommen haben.«

Glück existiert hier nicht

Anne ist auf dem Weg nach Hause, und ich bin unterwegs zu einem Ort, dessen Name mit einem dunklen Kapitel der Geschichte verbunden ist. Eine schmerzhafte Erinnerung an Geschehnisse, die gerade einmal zwanzig Jahre zurückliegen. Beim Durchqueren der Wälder, die dem Ort vorausgehen, kann ich mir kaum vorstellen, dass sich hier Gefechte abgespielt haben, sich hier der größte Genozid in Europa seit dem Zweiten Weltkrieg ereignet hat.

Der Kontrast ist überwältigend. In den vergangenen fünf Monaten war ich umringt von Liebe und Glück, traf ich nette

Menschen, die ich nach ihren größten Träumen befragte, war die Welt sonnig und voller Farbe. Nun stehe ich in einem Museum und höre Geschichten vom Überleben und begreife, dass die Welt nicht immer nur schön ist. Hier ist alles düster, schwer, schmerzhaft.

Srebrenica ist ein Ort, an dem es kein Glück mehr gibt, wo die Menschen nicht mehr lachen können und alle Hoffnung verloren ist. Einst war es eine pulsierende Stadt mit über vierzigtausend Einwohnern, heute ist es ein fast vollkommen zerstörtes Dorf mit Tausenden Menschen, die mehr tot als lebendig scheinen. Die Wände sind übersät mit Einschusslöchern, die Erde ist getränkt von Blut. Ein schwarzer Schleier hängt über der Stadt, in der 1995 mehr als achttausend bosnische Muslime ermordet wurden.

Das alles berührt mich zutiefst, und ich kann die Tränen nicht zurückhalten.

Da kommt ein Mann um die vierzig mit lichter werdendem Haar auf mich zu. »Hallo, ich bin Hassan«, sagt er freundlich. »Soll ich dich herumführen? Ich kenne dieses Museum in- und auswendig.« Zusammen mit 15.000 anderen jungen Männern und Jungs ist er während der Invasion von Ratko Mladić nach Tuzla geflüchtet. Er erzählt mir von den Minenfeldern, den Bomben, dem Kugelhagel, es wurde oft auf sie geschossen. Die Flucht war so gefährlich, dass die meisten sie nicht überlebt haben. Aber wären sie nicht gegangen, wären sie auf jeden Fall ermordet worden.

Hassan lebt in der Vergangenheit. Der Krieg ist für ihn allgegenwärtig. Alles, was er tut, steht in Verbindung mit dem Tod. Dem Tod seines Vaters, seiner Mutter, seiner Onkel, seines Bruders, seiner Stadt. Dass die niederländischen Soldaten, das Bataillon Dutchbat, eine zweifelhafte Rolle bei dem Ganzen spielten, ist für ihn zweitrangig. Schwerer wiegt für ihn, dass es heute, zwanzig Jahre später, noch immer kaum Unterstützung für die Überlebenden gibt. Noch immer gibt es eine unsichtbare Trennlinie zwischen den Serben und den Bosniaken. Noch immer wurden Tausende Leichen nicht gefunden, und nach den Vermissten wurde kaum gesucht.

Hassan hat inzwischen drei Kinder, aber »glücklich werden sie nie sein«, so erzählt er, »dafür leben wir zu sehr in der Vergangenheit.«

Als er mir anschließend das Grab seines Zwillingsbruders zeigt und mich fragt, ob ich regelmäßig mit meinem Zwillingsbruder spreche, bricht es mir das Herz.

Ich kann nicht mehr, ich muss hier weg. Ich schlucke meine Tränen hinunter, bedanke mich bei Hassan für seine Zeit und wünsche ihm alles Gute. Ich habe meinen Bruder Jasper schon seit Wochen nicht mehr gehört. Vermutlich weiß er nicht einmal, wo ich stecke. Sofort schicke ich ihm eine Nachricht, dass ich ihn liebe, und versuche dann vergeblich, all das Elend von mir abzustreifen, während ich nach Serbien weiterfahre.

Guča

Zwei Tage lang konnte ich nicht aufhören zu weinen. Wie kann der Mensch so grausam sein? Wie bringe ich das mit der Wärme zusammen, die ich die vergangenen Monate erfahren habe? Mein Menschenbild ist völlig durcheinander.

Doch ich gönne mir auch keine Zeit, um alles zu verarbeiten. Denn ich bin unterwegs nach Guča – ein kleines Dorf in Serbien, wo normalerweise der Hund begraben liegt, aber morgen ein weltberühmtes Blechblasinstrumentenfestival beginnt. Ich werde eine von insgesamt sechshunderttausend Besuchern sein. Schon seit Jahren hatte ich gehofft, einmal dabei sein zu können, und diese Chance lasse ich mir nicht entgehen. Ein ziemlich krasser Kontrast, aber bestimmt tut mir die Ablenkung gut.

Und tatsächlich, ehe ich mich's versehe, habe ich mich mit einer Gruppe von Spaniern angefreundet, die mich als die Rad fahrende

Schachspielerin aus Sarajevo wiedererkennen. Gemeinsam ziehen wir los, teilen schon bald geschwisterlich unsere Mahlzeiten und Getränke und tanzen bis in die frühen Morgenstunden zu der fröhlichen Musik, die aus Trompeten, Saxofonen und Hörnern durch das Dorf schallt. Über Srebrenica verliere ich kein Wort. Drei Tage halte ich durch, schiebe die Gedanken beiseite und halte mich wacker inmitten der schunkelnden Menge. Bis ich vor lauter Alkohol und Schlafmangel nicht mehr kann. Ich beschließe, das Festival hinter mir zu lassen und weiterzuziehen.

Als ich aus dem Tal rausradele, schwitze ich puren Rakija aus, trete aber tapfer in die Pedale. Auch wenn ich noch immer grob Singapur anvisiere, habe ich vorläufig ein neues Ziel: Griechenland. Ich dachte, ich hätte endgültig Abschied von meinem schönen Italiener Mario genommen, aber nun fragt er mich, ob wir uns in Griechenland treffen. Auch diese Chance ergreife ich mit beiden Händen, obwohl diese Woche allmählich einer emotionalen Achterbahn gleicht, die kein Ende zu nehmen scheint, und ich mich frage, wie viel ich noch aushalten kann.

Skopje

Ich habe keine Fahrkarte, keine Dinare und weiß eigentlich nicht, ob man Fahrräder im Bus mitnehmen darf. Aber mit dem Rad schaffe ich es niemals in zwei Tagen bis nach Thessaloniki, wo ich mit Mario verabredet bin.

Der Busfahrer hat mich noch nicht gesehen, also schiebe ich schnell mein Fahrrad in den Gepäckraum und gehe dann lächelnd auf ihn zu. »Ein Ticket nach Thessaloniki bitte«, sage ich so freundlich wie möglich.

»Gehört das Rad dir?«, fragt er sofort. Es ist ihm also doch aufgefallen.

»Ja«, sage ich, ohne es weiter zu erklären. »Ich muss morgen in Thessaloniki sein. Darf ich mitfahren?« Er seufzt tief. »Sie würden mir eine große Freude machen«, versuche ich, ihn zu überzeugen.

»Na gut, dann mal los«, murmelt er grimmig. Er ist sichtlich nicht begeistert, auch nicht darüber, dass ich nur Euros habe. Kopfschüttelnd nimmt er mich dennoch mit. Erleichtert steige ich in den Bus, suche mir einen Platz und schlafe schon bald ein.

Ich habe die ganze Fahrt verschlafen, als abends um elf durch die Lautsprecher durchgesagt wird, dass wir in Skopje angekommen sind. »Bitte denken Sie an Ihr Gepäck!«

Es fühlt sich merkwürdig an, so schnell zu reisen. Heute Morgen war ich noch beim Festival, und nun stehe ich in Skopje. Es fühlt sich an, als wäre ich heute unsichtbar. Als wäre ich gar nicht wirklich hier. Denn niemand weiß, dass ich hier bin, und ich weiß so gut wie nichts über dieses Land. Es fühlt sich an, als würde ich am nächsten Tag in Griechenland wach werden, und ganz Nordmazedonien wäre nur ein Traum gewesen.

Der erste Bus nach Thessaloniki geht morgen früh um sechs Uhr. Das heißt, mir kommt die Aufgabe zu, in der Zwischenzeit irgendwo einen Schlafplatz aufzutreiben. Nachdem ich eine Weile durch die Stadt gestreift bin, frage ich eine Gruppe junger Leute, ob sie einen guten Platz wissen, wo ich ein paar Stunden schlafen könnte.

»Ja, da vorn ist ein Park«, sagt der Junge mit den knalligsten Klamotten, »aber du kannst auch bei uns pennen, wir haben eine Hängematte im Garten und einen Schuppen, in dem du dein Fahrrad einschließen kannst. Wir laufen noch ein Stück durch die Stadt, willst du mitkommen?«

Ich bin todmüde, lasse mir aber auch diese Chance nicht entgehen und schlendere mitten in der Nacht mit einem Haufen betrunkener Hippies durch eine unbekannte Stadt.

Ich komme aus dem Staunen nicht mehr raus. Da stehen extravagante kitschige Gebäude neben klassischen griechischen Fassaden und historische osmanische Prunkbauten zwischen grauen Betonklötzen. Ich plaudere ein wenig mit ihnen und versuche, das Gespräch so oberflächlich wie möglich zu halten, bis der Älteste mich doch fragt: »Wer bist du eigentlich? Und was machst du hier?«

Ich denke kurz gut nach, während er eine Strähne seiner Dreadlocks aus seinem Bier fischt. Ich weiß nicht genau, was ich antworten soll. Früher hätte ich gesagt, dass ich Köchin bin, Kriminalpsychologin oder Motorradfahrerin. Darauf war ich stolz, dahinter konnte ich mich verstecken. Doch die Tamar bin ich nicht mehr. Zum ersten Mal fühle ich mich wirklich weit weg von zu Hause, von früher, von meinem früheren Ich, aber ich weiß auch noch nicht so richtig, wer ich jetzt bin. Wenn all diese Schichten wegfallen, bleibt nur noch eins übrig: ich. *Ich* bleibe immer *ich,* und niemand anders. Aber wer bin ich? Das ist es letztlich, was er von mir wissen will. Manchmal sage ich, dass ich Weltenbummlerin bin oder Vagabundin, doch auch das trifft es nicht ganz. Ich bin alles Mögliche, weiß nur nicht genau, was. Was antwortet man auf eine solche Frage? Wer bin ich ohne jede Ausschmückung, als Person, als Gast, als Mensch?

»Tamar. Ich bin Tamar«, antworte ich, einfach ein Mensch. So ungefähr, mehr oder weniger, genau wie jeder andere auch. Vielleicht ein bisschen mehr dies und ein bisschen weniger das, aber im Großen und Ganzen ziemlich durchschnittlich. Ein Mensch mit Gefühlen, Träumen, Wünschen und ab und zu einem Kater. Eigentlich, wird mir klar, bin ich niemand im Nirgendwo, und irgendwie beruhigt mich das.

Griechenland

Einen Tag später stehe ich in Thessaloniki. Ich bin nervös vor meinem Wiedersehen mit Mario. Ich merke, dass ich noch sehr verliebt in ihn bin und nicht recht weiß, was mich erwartet. Als er mich umarmt und küsst und mich fragt, ob wir nicht zusammen zum Berg Olymp radeln wollen, um ihn zu besteigen, geben beinahe meine Beine nach. Meint er das ernst? Das klingt so gar nicht nach ihm. Ich hätte erwartet, dass er lieber in ein warmes Hotelzimmer einchecken, fein essen gehen und gemütlich am Strand flanieren will. Ich hingegen bin verrückt nach Bergen, möchte sie am liebsten alle erklimmen, und die Vorstellung, gemeinsam mit Mario den sogenannten Sitz der griechischen Götter zu besichtigen, lässt mich förmlich dahinschmelzen. Ich sehe ihn schwärmerisch an und recherchiere umgehend, wo ich ein Fahrrad für ihn herbekomme.

Zwei Tage lang radeln wir die Ägäische Küste entlang und beginnen dann mit dem Anstieg. »Hier spüre ich Aphrodite«, sage ich zu Mario in einer romantischen Bucht, als wir die Lichter an der Küste funkeln sehen. Er schlingt seine Arme um mich. »Aphrodite ist die Göttin der Liebe, der Musik und der Schönheit. Das ist es doch letztlich, worum es im Leben geht.« Er nickt. Darum dreht sich sein Leben, um diese drei Themen, und ich möchte damit verschmelzen.

Obwohl es für Mario gewöhnungsbedürftig ist, wild zu campen und Rad zu fahren, hat er noch immer Lust, Zeus persönlich die Hand zu schütteln, als wir in dem Dörfchen Litochoro ankommen. Hier starten die meisten Bergsteiger ihre Tour auf den 2.918 Meter hohen Olymp. Wie sich herausstellt, ist es unvorstellbar schwierig, Informationen über die Route oder topografische Karten zu bekommen. »Ich geh da noch mal kurz rein«, sage ich zu Mario und deute auf das zigste »Tourist Information«-Schild.

Hinter dem Tresen sitzt ein Mann, der sich als Mister Paris vorstellt und sagt, dass er uns bereits auf den Rädern gesehen habe. »Ihr könnt eure Fahrräder und das Gepäck, das ihr während der Besteigung des Olymps nicht braucht, gern hier abstellen. Dann besorge ich euch eine Karte«, sagt er erstaunlich hilfsbereit. Wir übernachten am Fuß des Berges, damit wir am folgenden Morgen noch vor Tagesanbruch aufbrechen können. Der Berg ist unwirtlich, das Wetter schlägt ständig um, und mit jedem Schritt fühlen wir uns kleiner. Wir laufen lange und weit und hoch, bis wir ein gutes Stück oberhalb der Baumgrenze endlich eine Berghütte entdecken. Dort übernachten wir, bevor wir am Morgen auf den Gipfel gehen.

Wir fallen auf mit unseren Slippern (ich) und Sneakern (Mario), während ein Tourist nach dem anderen in voller Bergsteigermontur in der Hütte eintrudelt. Verwundert betrachten wir ihre Helme, Eispickel, Seile und Sicherheitsvorrichtungen. »Ich hoffe nur, dass wir das alles nicht brauchen werden«, sage ich einigermaßen besorgt.

Am nächsten Morgen verlassen wir als Letzte die Hütte mit der Abmachung, uns das Ganze einfach mal anzuschauen. »Wenn es zu gefährlich ist, kehren wir wieder um, okay?«

Zu unserem Erstaunen geht das Laufen prima, bis wir schließlich auf die gefährlichen letzten dreihundert Höhenmeter stoßen. Auf einmal ist es super steil, felsig und mega riskant. Vorsichtig beginnen wir, auf Händen und Füßen das letzte Stück hochzuklettern. Uns wird klar, dass wir bei nur einem einzigen Fehltritt den Berg hinabstürzen könnten, regelmäßig erinnern uns Schilder daran, auf denen die Namen von Menschen stehen, die es nicht geschafft haben. Falls etwas schiefgeht, könnte es lange dauern, bis uns jemand vermisst, deswegen bestehe ich darauf, dass mir Mario die Nummer seiner Mutter gibt und ich ihm die meines Vaters.

Vorsichtig klettern wir weiter. Steine rutschen unter uns weg und krachen in den Abgrund. »Darum tragen die also alle einen Helm!« Anstatt mich von dem Risiko abschrecken zu lassen, finde ich es großartig und ziehe mich Meter um Meter begeistert hinauf. Mario hingegen fällt immer weiter zurück und bleibt letztlich ganz stehen.

»Ich geh zurück zum Weg«, sagt er. »Ich warte dort auf dich. Mach du dein Ding, aber ich komme nicht mit.« Ich überlege, mit ihm mitzugehen, aber er ermutigt mich weiterzugehen. Es ist tatsächlich nur noch ein kleines Stück, und ich verspreche, schnell zurückzukommen.

Die Aussicht auf dem Gipfel ist der Wahnsinn. Das Ägäische Meer, endlose Berge, halb Griechenland liegt vor mir. »Was für ein schöner Ausblick!«, rufe ich aufgekratzt vier Kletterern entgegen, die mit ihren Führern auch gerade oben angekommen sind. Ich wünschte, ich wäre ein Vogel oder zumindest ein Paraglider und könnte jetzt wegfliegen, aber dann denke ich an den schönen Mario, der unten auf mich wartet.

Kurze Zeit später sehe ich ihn. Neben dem Weg, wo wir uns verabredet haben. Mein Mann, den Blick in die Ferne gerichtet, sitzt tief in sich ruhend da und wartet auf mich. Als er mich sieht, steht er erleichtert auf. Ich küsse ihn und wühle mit den Händen durch sein Haar. »Komm, wir gehen zurück«, sage ich. »Mister Paris hat uns gerade eine Nachricht geschickt, er lädt uns für eine Nacht in sein Hotel ein.« Er schaut mich mit großen Augen an. Auch er versteht nicht, warum ein Fremder sich so um uns bemüht, aber freut sich wie ich auf ein warmes Bett und eine warme Dusche.

Noch zwei Tage darf ich dort mit Mario verbringen, und ich bin immer mehr von ihm beeindruckt. Er inspiriert mich, weil er so sehr in sich selbst ruht. Er folgt keiner Strömung, schwimmt aber auch nicht gegen den Strom. Er ist, wer er ist, verstellt sich nicht und lässt sich von seinem Herzen leiten. Er ist emotional, aber auf erwachsene Art. Mit einem Fokus auf alles, was schön ist: schöne Orte, schöne Menschen, schöne Gedanken, schöne Musik. Das hoffe ich beibehalten zu können, wenn ich ihn wieder verlasse. Denn mit ihm nach Hause gehen will ich noch immer nicht, und diesmal bittet er mich nicht einmal darum. Er sieht auch ein, dass jeder von uns einen anderen Weg gewählt hat. Er will noch ein paar Jahre am Konservatorium studieren, ich will weiter radeln. Wir versprechen, in Kontakt zu bleiben, vielleicht bietet sich ja in der Zukunft eine Chance.

Obwohl es äußerst traurig ist, habe ich meinen Frieden damit gemacht. Anstatt um die Liebe zu trauern, die ich zurücklasse, bin ich dankbar für die zwei Monate mit Mario in meinem Leben. Liebevoll bis zum letzten Kuss.

Vipassana

Das radelnde Dasein ist inzwischen normal für mich geworden. Aus Juli wurde August, aus August wurde September, und ich radele noch immer rund um den Balkan. Inzwischen muss ich nicht mehr mit jedem reden, nicht mehr jede Stadt sehen und bin nicht mehr euphorisch bei jeder neuen Grenze, die ich übertrete. Aber ich genieße es. Genieße die Freiheit, die Natur, das Leben. Nicht wie ein begeisterter Welpe, sondern mehr als erwachsene Frau. Eine Frau, die auf der Suche ist nach mehr Tiefgang und Sinnhaftigkeit in ihrem Dasein.

Von Griechenland aus radele ich zurück hinauf durch Nordmazedonien und weiter nach Bulgarien. Dort habe ich mich für einen Vipassana-Kurs angemeldet – ein Schweige-Retreat, ein zehntägiger Meditationskurs. »Um zu lernen, die Dinge so zu sehen, wie sie wirklich sind. Um negative Verhaltensmuster wie Gier und Ungeduld unter Kontrolle zu bekommen«, las ich im Prospekt.

Als ich an meinem Ziel ankomme, heißt mich eine strenge Deutsche willkommen, gefolgt von: »Alles abgeben«, woraufhin sie mein Handy, meinen Laptop, meinen Notizblock und die Gitarre, die ich gestern gekauft habe, beschlagnahmt. Sie gibt mir ein Dokument zum Unterschreiben, in dem ich verspreche, mich streng an die Regeln zu halten. Mit niemandem reden. Einander nicht ansehen. Um vier Uhr aufstehen. Nach elf Uhr abends nichts mehr essen und von morgens in der Früh bis abends meditieren. Da weiß ich noch nicht, dass wir im Lotussitz meditieren werden, mit siebzig Frauen in einem hässlichen grauen Gebäude eingepfercht. Nachdem wir erst mal in der Falle sitzen, frage ich mich, ob die anderen auch lieber draußen sitzen würden, traue mich aber nicht nachzufragen. Immerhin habe ich ein Schweigegelübde unterzeichnet.

Im Laufe der Tage wird mir immer bewusster, für was ich mich da eingeschrieben habe. Als Kurs kann man das kaum bezeichnen. Es gibt keine Erklärung, keine Lektion, nur ein Video, das wir jeden Abend eine Stunde lang ansehen. Der Mann, der Guru, dem wir zuhören, widerspricht sich regelmäßig oder sagt Dinge, die ich schlicht nicht begreife. Ich will darüber reden, Fragen stellen, diskutieren. Das ist lediglich fünf Minuten am Ende eines Tages erlaubt.

»Setz dich dort auf den Boden«, sagt die Deutsche und nimmt selbst auf einem Stuhl vor mir Platz. So nah, dass ich zu ihr hochschauen muss. »Ich habe gehört, dass du das Gelände verlassen hast?«

Es ist, als sei ich wieder im Kindergarten, als ob mich die Erzieherin maßregelt. Ich war tatsächlich unter der Absperrung hindurchgeschlüpft, morgens früh, als noch alle schliefen. Ich wollte bei Sonnenaufgang meditieren. Tagelang immer nur in diesem Saal, das macht mich wahnsinnig.

»Tu das nicht mehr, sonst muss ich dich bitten zu gehen«, sagt sie streng. »Ich möchte auch nicht, dass du lachst. Das ist kein fröhlicher Prozess.« Ich darf nicht mit Äpfeln werfen, denn das hier sei »kein Spielplatz«, und ich darf kein Yoga machen.

Bevor sie all ihre Verbote weiter herunterspult, frage ich sie, was das Mantra bedeutet, das jedes Mal aus den Lautsprechern ertönt und auf das alle »Sadhu« antworten. Sadhu heißt so etwas wie Amen, aber das Mantra ist auf Sanskrit, und niemand hat mir erklärt, was es bedeutet. Es läuft mir jedes Mal ein Schauer über den Rücken, wenn ich den ganzen Saal »Sadhu« murmeln höre. Als ob sie einer Gehirnwäsche unterzogen werden. Das alles wirkt auf mich wie bei einer Sekte. Die Deutsche gibt keine Antwort, schaut genervt auf ihre Uhr und sagt, dass ich noch eine Minute habe. Ich fahre fort: »Und was ist mit meinem Bett? Die Federn piksen im Rücken. Ich weiß, dass ich hier lerne, das zu akzeptieren. Aber ich habe ein Zelt dabei. Wäre es okay, wenn ich ab sofort darin schlafe?«

Widerwillig stimmt sie zu. Und dann ist die Zeit rum. »Gute Nacht.«

Dass wir keine dicken Freundinnen sind, ist offenkundig. Aber dass sie mich daraufhin durch eine junge Freiwillige beschatten lässt, dass ich für Dinge, die ich nicht getan habe, gemaßregelt werde und dass jemand die Heringe aus meinem Zelt zieht, als es regnet, geht mir echt zu weit. Der Ort, an dem ich gehofft hatte, Glück zu finden, stellt sich als Hölle heraus.

Ich schaue mich im Essenssaal um. Ob es noch mehr gibt, die es hier so schrecklich finden wie ich? Ich erhasche Katies Blick. Ich meine zu sehen, wie die Amerikanerin mir kurz zulächelt, kann das sein? Als sie kurze Zeit später an mir vorbeiläuft, lässt sie eine Serviette auf meinen Tisch fallen. »Heute Abend. Sieben Uhr. Hinter der Scheune. Rauchst du Gras?«, lese ich später heimlich auf Toilette. Nein, normalerweise nicht, aber ich beschließe, Katies Einladung anzunehmen. Für einen Abend pfeifen wir auf alles. Wir lachen uns schlapp, und ich bin froh zu hören, dass sie auch spürt, dass hier etwas nicht stimmt: »Alles Zombies um uns herum!« Dennoch schließen wir einen Pakt, bis zum Schluss zu bleiben. Um alles herauszuholen, was herauszuholen geht.

Nach zehn Tagen, als der Spuk ein Ende hat, dürfen Katie und ich endlich offiziell miteinander reden, und viele der anderen Kursteilnehmerinnen kommen auf uns zu. Sie haben gesehen, wie fröhlich wir waren, wie wir heimlich lächelten und im Wind tanzten. »Ihr habt mir die Energie und die Kraft gegeben, um durchzuhalten«, sagt eine junge Frau, die mir eine Zeichnung überreicht, die sie extra für mich angefertigt hat. Die meisten anderen sind erleichtert, dass sie kurz aus ihrem stressigen Leben erlöst waren. Sie beschreiben Erfahrungen, die ich aus den vergangenen Monaten meiner Fahrradreise kenne: Trauer, Schmerz, Wut fühlen und danach loslassen, vergeben, lieben und letztlich Ruhe finden.

Was ich als Gefängnis empfunden habe, war ihre Befreiung. Der Weg zum Glück ist offenbar für jeden anders.

Permakultur

In Bulgarien bin ich noch nie gewesen, und doch fühlt es sich vertraut an. Es ist Sonntag, ich habe nichts zu essen, und die Geschäfte sind zu, aber ich mache mir keine Sorgen. Ich mache mir nur noch selten Sorgen. In den vergangenen Monaten habe ich gelernt, dass sich meist für jedes Problem schnell eine Lösung findet.

Und so geschieht es. In dem Moment, als ich allmählich echt Hunger kriege, hält ein Auto dicht vor mir. Der Mann hat seine Rückbank gerade vollgeladen mit den Früchten der Bäume am Wegesrand. »Im Kommunismus haben sie lauter Obst- und Nussbäume für die Bevölkerung gepflanzt«, erläutert er. »Wenigstens etwas Sinnvolles haben sie gemacht! Nimm. Willst du auch Brot?«, fragt er. »Und Käse? Und hier, noch ein wenig Wurst, ich hab mehr als genug.« Ich versuche abzulehnen, doch davon will er nichts wissen. Und so habe ich auf einmal genug zu essen für drei Tage.

Die nächsten Tage ist es, als würde ich in der Zeit zurückreisen. Ich radele durch Dörfchen, in denen Menschen mit dem Pferdewagen durch die Straßen fahren, Wasser vom Brunnen auf dem Rücken eines Esels den Berg hochschleppen und ich zelte bei einer Familie im Garten, deren Schwein ständig in mein Zelt kommen will. Als das arme Vieh geschlachtet wird, helfe und esse ich mit. So frisch habe ich Fleisch noch nie gegessen und verschweige, dass ich eigentlich Vegetarierin bin. »Hab Ideale, aber sei kein Idealist«, lautet immerhin mein Lebensmotto.

Eine Woche später komme ich in Izvorche an, wo ein freundlicher Bauer und seine Frau bereits auf mich warten. Ich habe sie über WWOOF gefunden: ein Netzwerk, dank dem man im Tausch gegen Mithilfe auf einem Bauernhof Kost und Logis bekommt, gleichzeitig geht es um den Austausch von Kenntnissen und Begegnung. Katie hat sich inzwischen auch angemeldet und wird morgen ankommen. Ich freue mich darauf, diesen Monat etwas weniger auf dem Fahrrad zu sitzen und etwas mehr zu lernen. »Willkommen! Willst du Tee?«, fragt mich ein freundlich aussehendes Paar mit Gartenhosen und Strohhüten auf den Köpfen. »Hoffentlich macht es dir nichts aus, heute Abend noch in deinem eigenen Zelt zu schlafen? Morgen bauen wir ein Tipi auf.« Ich fühle mich schon jetzt pudelwohl hier.

Nach dem Tee zeigen sie mir ihr Land. Es ist trocken, kahl, öde und tot. Ihr selbst gebautes Häuschen ist abgesackt, und die Bäume, die sie gepflanzt haben, reichen mir gerade mal bis zur Hüfte. Es dürfte noch Jahre dauern, bis sie davon ernten können. Was ihnen an Schönheit um sie herum fehlt, machen sie wett mit ihrer Leidenschaft und Zukunftsvision. Sie haben vor, den hiesigen Wald wieder aufzuforsten, um als Selbstversorger in Harmonie mit der Natur zu leben.

Als Katie am nächsten Tag ebenfalls eintrifft, hilft sie uns, das Tipi aufzubauen, in dem wir anschließend eine Feuerzeremonie abhalten. Wir schmieren uns Lehm ins Gesicht, trommeln auf Djembes und warten, bis der Vollmond genau in die Mitte des Tipis scheint. Dann halten wir uns an den Händen und singen. Ich zwinkere Katie kurz zu nach dem Motto, »Wo sind wir hier schon wieder gelandet?«, aber diesmal herrscht eine deutlich angenehmere Energie.

An den darauffolgenden Tagen tue ich lauter Dinge, die ich noch nie getan habe: Imkern, Bogenschießen und Tomaten ernten. Dass ich Köchin gewesen bin und gern bio esse, steht im Einklang mit dem, was ich hier lerne. Wir stutzen Bäume zurecht, trocknen Senfsamen, schmelzen Wachs, und ich lerne, einen Traktor zu fahren. Wir richten das Haus mit Stroh und Kuhdung wieder her, alles gemäß den Prinzipien der Permakultur.

»Permakultur?«, frage ich meine Gastgeberin, als sich herausstellt, dass ich offenbar die Einzige bin, die das Wort nicht kennt.

»Permakultur ist eine Lebensweise, die sowohl ökologisch als auch ökonomisch nachhaltig ist«, erklärt sie. »Es gibt drei Grundprinzipien: Sorge für die Erde, sorge für den Menschen, und teile gerecht alle Ressourcen.«

Da erst fällt mir wieder ein, dass meine Mutter mir davon erzählte, als sie mich vergangenes Jahr plötzlich anrief. Nach vielen Jahren ohne Kontakt wusste ich nur, dass sie in der Zwischenzeit nach Frankreich ausgewandert war, wo sie als Selbstversorgerin nach denselben Prinzipien lebt. Nun, da ich feststelle, dass das Konzept auch gut zu mir passt, gibt das unserer Beziehung neuen Aufwind, und wir haben jede Menge zu besprechen.

»In Kürze startet unser zweiwöchiger Permakulturkurs«, sagt unsere Gastgeberin eines Abends. »Wollt ihr nicht noch so lang dableiben?« Wenn wir für die Gruppe kochen, dürfen wir den Kurs gratis mitmachen. »Das wird aber harte Arbeit. Wir erwarten 25 Personen, die wir mit Frühstück, Mittag- und Abendessen versorgen müssen.« Alles muss vegan sein, das Gemüse holen wir aus dem Wald und dem Garten, Wasser aus dem Fluss, und gekocht wird auf zwei Gaskochern und draußen auf dem Feuer. Denn es gibt hier keinen Strom.

Je mehr sie über die Bedingungen erzählt, desto mehr wächst meine Neugier. Wenn Dinge schwierig werden, ist mein Interesse meist geweckt. »Challenge accepted!«, rufe ich begeistert.

Katie und ich sind ein gutes Team. Wir arbeiten hart und lernen viel über die Natur, über unsere Nahrungskette, über

Energiegewinnung und alternative Geldsysteme. Als Stadtkind merke ich, wie viel Basiswissen mir fehlt. Ich weiß kaum, woher Milch kommt, ganz zu schweigen davon, was man braucht, bis aus einem Samen eine Frucht erwächst. Das Schönste an dem Kurs finde ich aber die herzliche Verbundenheit mit einer Gruppe von Menschen, die gern ethische Diskussionen führen. Alles dreht sich um die Frage: Warum tue ich, was ich tue, und treffe ich die richtigen Entscheidungen in meinem Leben?

Istanbul

Zum ersten Mal habe ich sechs Wochen lang nicht mehr auf dem Fahrrad gesessen. Die ganze Zeit über bin ich auf dem Bauernhof geblieben, aber nun scheint mir der richtige Moment weiterzuziehen. Mein nächstes Ziel: Istanbul. Katie zieht es in die andere Richtung, wo sie sich in einen Filzmacher verliebt (den sie später heiratet), und ich treffe mich in Istanbul mit einem gleich gesinnten Weltenbummler. Übers Internet hatte ich schon länger Kontakt zu einem jungen Amerikaner, nun begegnen wir uns zum ersten Mal. In den vergangenen Monaten ist er von Portugal aus mit dem Fahrrad nach Istanbul gefahren und hat nun vor, mit dem Rad und allem nach Australien zu fliegen.

»Australien? Was willst du denn ausgerechnet da?«, ärgere ich ihn, meine es aber auch ein wenig ernst. Ich hatte immer das Bild, dass dort alle Backpacker von Hostel zu Hostel pilgern, sich zusaufen, rumvögeln, um dann barfuß zurückzukehren – angeblich »erleuchtet«. »Willst du nicht lieber mit mir durch die Türkei, Iran, die ›Stan‹-Staaten, Indien und weiter nach Singapur?«

Lachend schüttelt er den Kopf und legt mir dann seine Pläne dar, nur um im selben Atemzug zu fragen, ob ich nicht mit ihm mitkommen will. »Man hat mich gebeten, einen Monat lang auf eine Permakulturvilla aufzupassen, die an der Küste liegt. Sie haben dort Surfbretter und Neoprenanzüge, die wir benutzen dürfen. Danach arbeite ich eine Woche bei einem Musikfestival, das wahnsinnig gut zahlt. Die sind immer auf der Suche nach Personal. Und im Januar gehe ich mit ein paar Freunden in Tasmanien klettern. Du bist herzlich eingeladen mitzukommen!«

Kurz bin ich perplex. Ich kenne ihn kaum. Meint er das ernst? »Das klingt total abgefahren! Darüber muss ich nachdenken. Sollen wir erst mal zusammen den Bosporus überqueren?«, schlage ich vor.

Der Bosporus, die Meerenge, die Istanbul in zwei Teile teilt, trennt Europa von Asien, und ich bin froh, dass ich diesen Meilenstein mit jemandem zusammen erleben kann. »Ich bin in neun Monaten ungefähr zehntausend Kilometer geradelt, und jetzt stehen wir in Asien! Das müssen wir feiern!«, rufe ich euphorisch und schleppe meinen Reisegefährten in ein Piercingstudio, wo ich mir meine Nase piercen lasse.

Ein paar Tage später ziehen wir weiter, und ich versuche, eine Entscheidung zu fällen. Wenn ich jetzt weiterradele, bekomme ich bald Probleme, weil die hohen Bergpässe den Winter über geschlossen sind. Es ist besser, irgendwo zu überwintern und später zurückzukehren. Insofern ist das Angebot meines Gefährten vielleicht gar nicht so eine schlechte Idee.

»Hast du dich schon entschieden? Kommst du mit nach Australien?«, fragt er eine Woche, bevor sein Flug geht.

Ich sehe ihn prüfend an, ob er es auch wirklich ernst meint. Nach einem bestätigenden Blick fasse ich den Entschluss. »Gut, ich komme mit dir mit«, sage ich und noch am selben Tag ist mein Visum beantragt. »Ich will nur erst meinen Vater in den Niederlanden besuchen. Flieg du schon mal vor, ich komme nach.«

Reich in Armut

Zehn Tage werde ich in den Niederlanden bleiben und dann nach Australien weiterfliegen. Mit Sack und Pack.

Ich finde es aufregend, nach Hause zu kommen und meine Freunde und Familie wiederzusehen. Zurück in einer Welt, die so anders ist als die Welt, in der ich nun lebe. All die Hektik. Der Stress. Die lange im Voraus getroffenen Verabredungen. Die Fragen. »Was machst du als Nächstes?« »Wie lange bleibst du noch weg?« »Was passt dir denn hier nicht?« Und all die Meinungen. »Man braucht nun mal einen Job.« »Du musst doch irgendetwas Sinnvolles tun.« »Du kannst doch nicht für immer herumstromern.« In einer Welt, in der Leistung mehr zählt als Lebensfreude, gilt ziellos durch die Welt zu reisen als sinnloser Zeitvertreib.

Wie erkläre ich jemandem, dass ich weit unter der Armutsgrenze gelebt (ich habe seit meiner Abreise kaum 1.600 Euro ausgegeben), aber mich reicher als je zuvor gefühlt habe? Wie erkläre ich, dass ich älter, erwachsener geworden bin, aber gleichzeitig auch jünger? Abgehärteter, aber auch sanfter? Dass ich stärker geworden bin, indem ich meine eigene Verletzlichkeit akzeptierte? Wie erkläre ich, dass ich nicht reise, um mich der Welt zu entziehen, sondern damit sich die Welt nicht mir entzieht?

Ich habe Angst. Angst, nicht mehr dazuzugehören, Menschen abzuschrecken mit meinem neuen Weltbild. Angst, allein zu sein inmitten meiner Freunde. Angst, ihnen zu erzählen, dass ich nicht bleiben kann. Angst, dass ich meinen Vater nicht mehr loslassen kann, sobald ich ihn erst einmal in die Arme geschlossen habe.

Es regnet, als ich in den Niederlanden ankomme. Der typische graue Novemberhimmel erinnert mich an den langen nassen Winter, den ich glücklicherweise dieses Jahr nicht miterleben werde. Ich komme nur zu Besuch. Mehr halte ich auch nicht aus, denn der Kontrast zu meiner neu gewonnenen Freiheit ist zu groß. Die grellen Lichter, die Reklame, die ausgetretenen Pfade, über die man den Flughafen verlässt. Schon jetzt vermisse ich meine Freiheit. Im überfüllten Zug denke ich an die Vakantiefietser, die mich vor meiner Abreise warnten: »Wenn du länger als ein Jahr wegbleibst, kannst du nicht mehr zurück.« Ich habe Angst, dass es schon nach neun Monaten so weit ist. Alles fühlt sich falsch an, bis die Haustür meines Vaters in Sichtweite ist.

»Papa! Ich bin wieder da!«, rufe ich ausgelassen, als er die Tür öffnet. Ich versuche, so positiv wie möglich zu klingen, kann aber meine Tränen nicht verbergen. Es sind Tränen der Freude, aber auch der Wehmut, weil mir bewusst wird, dass ich nicht mehr hierhergehöre. Mein Vater streckt die Arme aus, und ich gebe ihm eine lange, warme Umarmung. Ich habe ihn schrecklich vermisst.

»Komm rein, Schatz. Magst du eine Tasse Tee?«

Den Rest des Tages sitzen wir am Küchentisch und reden über Gott und die Welt, und es fühlt sich schon bald so an, als sei ich nie weg gewesen. Meine Geschichten kennt er bereits, die habe ich ihm unterwegs ausgiebig am Telefon erzählt. Auch die Fotos hat er alle gesehen. Deshalb geht es bald wieder um alltägliche Dinge, und ich genieße es, vorübergehend wieder bei ihm zu sein.

Überall und nirgends

Zu Hause sein ist stressig. Innerhalb kürzester Zeit versuche ich, alle zu sehen, was zur Folge hat, dass ich überflutet werde von verpassten Anrufen, neuen Nachrichten, Terminen und einem Wecker. Unaufhörlich muss ich die Zeit im Blick behalten, was bei mir zu Beklemmung führt. Immer mehr sehne ich mich dahin zurück, wo die Uhr keine Rolle spielt, wo man mitunter vergisst, dass Zeit überhaupt existiert. Und dann wird es mir plötzlich klar: Ich habe verdammt noch mal Heimweh. Heimweh nach allem, was es hier nicht gibt. Auch wenn ich weiß, dass ich, wenn ich »dort« bin, das »Hier« vermisse und mehr Zeit mit Freunden und Familie verbringen möchte.

Ich weiß nicht genau, was ich mit diesen Gefühlen anfangen soll. Ich habe mich verloren, so viel weiß ich, aber ich weiß auch, dass ich die richtige Richtung eingeschlagen habe. Also tue ich, was ich tun muss. Ich lache, ich umarme, ich sage Hallo und nehme wieder Abschied. Ich halte den Atem an, bis ich wieder abreise. Nach Sydney, wo ich 22 Stunden später, aber einen Tag früher, lande.

Auf dem Flughafen starre ich einen Moment auf das Schild »Lost and Found«. Genauso fühle ich mich. Unterwegs nach nirgendwo und gleichzeitig überallhin.

TEIL 2

WILDNIS

Wenn du Schlösser in die Luft gebaut hast,
so braucht deine Arbeit nicht umsonst zu sein;
dort gehören sie schließlich hin.
Jetzt baue Fundamente darunter.
– HENRY DAVID THOREAU

MONGOLEI

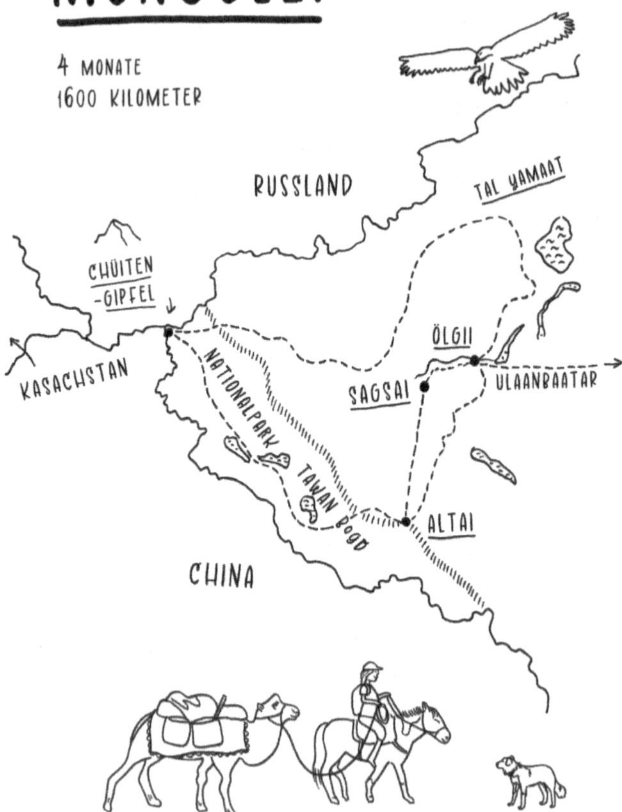
4 MONATE
1600 KILOMETER
RUSSLAND
TAL YAMAAT
CHÜITEN
-GIPFEL
KASACHSTAN
NATIONALPARK
TAWAN BOGD
ÖLGII
SAGSAI
ULAANBAATAR
ALTAI
CHINA

»Australien ist herrlich!«, rufe ich aufgekratzt ins Telefon, als ich zwei Monate später sowohl meinen Vater als auch meinen Bruder an der Strippe habe und sie mich fragen, ob ich nicht langsam die Wüste satthabe. »Noch lange nicht«, sage ich mit einem Lachen. »Diese Sandbank ist viel schöner, als ich sie mir vorgestellt habe!« Ich versuche, ihnen die Weite des Landes zu vermitteln, die unberührte Wildnis, die endlosen Horizonte und die große Vielfalt an Wildtieren. »Ich bin auf riesige Doleritfelsen geklettert, die aus dem Meer ragen! Vor meinem Zelt sind Kängurus langgehüpft, in den Bäumen saßen Koalas, und wir sind nach unserem eigenen Abendessen getaucht. Und auf dem Musikfestival habe ich in einer einzigen Woche so viel Geld verdient, wie ich im gesamten letzten Jahr ausgegeben habe!« Die achttausend Euro, mit denen ich losgezogen war, habe ich nun wieder drin und somit vorläufig keine Geldsorgen. Außerdem gebe ich kaum etwas aus, weil ich bei verschiedenen Permakulturbauernhöfen eingeladen wurde, gegen Kost und Logis bei ihnen zu arbeiten.

Mein Begleiter, dem ich die Reise nach Australien zu verdanken habe, ist nach sieben Wochen wieder nach Hause gefahren, aber für mich fängt das Australienabenteuer gerade erst an. Ich beschließe, so lang hier zu bleiben, wie mein Visum es zulässt.

Ich radele von einem Bauernhof zum nächsten und bleibe jedes Mal ein paar Wochen (manchmal sogar Monate). Ich lerne, Gemüse anzubauen, Schweine zu versorgen, Holz zu hacken, Bier zu brauen, Joghurt zu machen, Hühner zu schlachten und Bienen zu halten. Jeden Tag mache ich etwas zum ersten Mal, und so lerne ich in rund einem Jahr mehr als in meinem ganzen bisherigen Leben.

Dann mache ich noch einen Abstecher nach Indonesien, wo ich von Denpasar nach Jakarta radele, unterwegs viele Vulkane besteige und einheimische Dschungelstämme besuche. Nach zwei Monaten Indonesien fliege ich doch wieder zurück nach Australien, um noch mehr Abenteuer zu erleben: Speerfischen nach Krebsen, Austern am Strand sammeln, zwischen Dutzenden Delfinen segeln und Wakeboarden bei Sonnenaufgang. Ich klettere auf jeden Berg, den ich finden kann, bestaune Tausende Glühwürmchen und schwinge mich an einem Seil durch unzählige Wasserfälle. Ich besuche Aboriginevölker, die tief verborgen im Landesinneren leben, und lerne so viel über essbare Pflanzen, dass ich kaum noch Geld brauche, um zu überleben.

Ich bin so begeistert, dass selbst mein Vater und mein Bruder neugierig werden und mich besuchen kommen. Drei Monate lang darf ich ihnen zeigen, was ich hier so fantastisch finde. »Schau nur, Jasper! Wombats, Opossums, Kookaburras und da ein Emu!«

»Willst du nicht mit uns nach Hause?«, fragt mein Vater, als ich mich mit Tränen in den Augen wieder von ihm verabschiede. Ich zucke mit den Schultern. Ich wünschte, ich könnte Ja sagen, aber ich kann es nicht. So sehr ich ihn auch vermisse, ich komme vorläufig nicht nach Hause. Mein Abenteuerdrang ist längst nicht erschöpft. Mehr noch, ich will es immer wilder und immer mehr. Ich bin süchtig nach dieser Freiheit und süchtig nach dem Abenteuer.

Nach einem emotionalen Abschied von den beiden Männern, die ich am meisten liebe, gehe ich zurück in die Berge, in die Blue Mountains direkt außerhalb von Sydney. Es ist eine wunderschöne Gegend, in der ich einen wunderschönen Mann besuche. Dave habe ich einige Monate zuvor kennengelernt, als ich auf der Suche nach einem Partner zum Klettern war. Das haben wir inzwischen mehrfach getan. Wir haben uns ineinander verliebt, und er hat mich eingeladen, eine Weile bei ihm zu bleiben. Jeden Tag ziehen wir hinaus in die Wildnis, um zu klettern, zu wandern, zu schwimmen und zu zelten. Er ist ein echter *Bushman,* und mit jedem Tag beeindruckt er mich mehr. Ein paar Wochen lang ist alles perfekt, und wir beginnen wirklich, als Team zusammenzuwachsen. Hat diese Freundschaft vielleicht das Potenzial, dass etwas Größeres daraus entsteht? Um das herauszufinden, beantrage ich ein neues Visum, aber nach 15 Monaten in Australien wird es mir nicht mehr genehmigt. Ich muss Dave mitteilen, dass ich nicht bleiben kann.

An meinem letzten Abend bringt mich Dave zu meinem liebsten Aussichtspunkt und wischt mir die Tränen von den Wangen. »Du bist hier jederzeit willkommen, das weißt du.« Er kann nicht mit mir mitkommen, hält mich aber fest im Arm und gibt mir einen hübschen Jadering mit, den ich seither stets bei mir trage.

Es fühlt sich bitter an, zu früh, ich bin noch nicht mit Australien fertig, aber ich weiß, dass ich in sechs Monaten wieder zurückkehren darf, und nutze den Moment, um mich auf einen lang gehegten Traum vorzubereiten. Ein Traum, den Dave leider nicht mit mir teilt, aber er hilft mir liebevoll bei den Vorbereitungen.

In den vergangenen Monaten habe ich eine Obsession mit einem Land entwickelt, das unwirtlicher, wilder, kälter, ursprünglicher und anders ist als alles, was ich kenne. Seit ich vor zwei Jahren, 2015 auf meiner Radtour durch Slowenien, das erste Mal einen Film über das Land gesehen habe, bin ich völlig vernarrt. Ich sah Männer auf Pferden durch eine endlose Landschaft galoppieren. Ich sah verschneite Berggipfel, den weiten blauen Himmel und Steppen, die bis zum Horizont reichten. Ich sah Nomaden, die in weißen Jurten leben, mit ihren Tieren im Zyklus der Jahreszeiten wandern. Ich sah prächtige traditionelle Kleidung, Tanzeinlagen und Männer, die den Kehlkopfgesang meisterlich beherrschen. Und was mich vielleicht am meisten faszinierte: Männer zu Pferd, mit Adlern auf dem Arm, die ins Gebirge reiten, um dort zu jagen. Als ich das sah, war es um mich geschehen, und ich wollte nur noch eins: in die Mongolei. Mit meinen eigenen Pferden zwischen diesen Adlerjägern im Altaigebirge reiten. Nicht einfach nur die Nomaden besuchen, sondern eine Nomadin sein. Und in meinen kühnsten Träumen: vielleicht meinem Nachnamen alle Ehre machen und tatsächlich eine Falknerin werden.

»Was hält dich davon ab?«, fragte mich Dave, als ich ihm das erste Mal davon erzählte.

Ich erklärte ihm die Hürden. »Die Frage ist vielmehr: Was hält mich nicht davon ab? Die Mongolei ist eins der am dünnsten besiedelten Länder der Welt. Das heißt, dass es außerhalb der Hauptstadt Ulaanbaatar, wo die meisten Menschen wohnen, kaum Straßen gibt, keine Läden und kaum Telefonempfang. Zuletzt ist dort sogar die Beulenpest ausgebrochen! Ich spreche die Sprache nicht, kenne niemanden, der mal dort gewesen ist, und last, but not least: Ich kann nicht reiten. Wie soll ich das in Gottes Namen hinkriegen?«

Dave nickte und sagte: »So wie du alles angehst: mit der Tamar-Methode. Du machst einen Schritt nach dem nächsten.«

Unterstützend, wie er ist, ermunterte er mich, Kontakte zu knüpfen. Derweil beschäftigte ich mich mit Erster Hilfe, kaufte den besten Wasserfilter und ein Satellitentelefon mit SOS-Knopf. Ich büffelte bis zum Umfallen Mongolisch und klopfte bei Reitschulen an, um Reitstunden zu nehmen. Dadurch kam ich meinem Ziel zwar näher, hatte aber immer noch nicht recht das Gefühl, bereit zu sein. Es gab noch so vieles, was ich nicht wusste und konnte.

Über mehrere Ecken knüpfte ich Kontakt zu Uka, einer Mongolin in Ulaanbaatar, der ich meinen Plan darlegte. »Kennst du vielleicht jemanden, der mir bei meinen Vorbereitungen helfen kann?« Sie wusste Rat. »Eine Woche bei einem Pferdetrekking-Unternehmen und eine Woche bei einer Nomadenfamilie. Dort kannst du gegen Kost und Logis arbeiten und nebenher jede Menge lernen. Danach setze ich dich in den Bus nach Ölgii, dort wohnt ein Freund von mir, der dir weiterhelfen kann.« Mit Ukas

Hilfe wächst mein Vertrauen, und ich beschließe, es einfach zu tun, zumindest einen Versuch zu wagen.

»Sehr gut, das wird bestimmt großartig!«, sagt Dave, als ich mein Ticket am Vorabend meiner Ausreise aus Australien buche.

»Es wird ernst. Diesen Sommer gehe ich in die Mongolei!«

Drachenboote

Als im Februar 2017 mein Visum für Australien ausläuft, ist es noch tiefster Winter in der Mongolei. Darum gehe ich zuerst drei Monate lang in Thailand und Laos klettern. »Die Felsen dort sind phänomenal! Das wird dir gefallen!«, hatte Dave mir geraten. Und in der Tat, es ist umwerfend. Ich klettere in der Dunkelheit zu Grotten, um dort den Sonnenaufgang erleben zu können, schlafe gesichert auf einer Plattform an einer Felswand, werde von Affen angegriffen und klettere an Orte, die man nur mit dem Boot erreicht. Drei Monate vergehen wie im Flug, und es ist der 27. Mai 2017, als ich endlich ins Flugzeug nach Ulaanbaatar steige.

»Wo ist Ihr Visum für die Mongolei?«, fragt mich der Mann hinter dem Schalter bei meinem Umstieg in Hongkong.

Mein Visum? »Das organisiere ich bei meiner Ankunft auf dem Flughafen«, sage ich und bin mir keiner Schuld bewusst. In Laos gab es nämlich keine mongolische Botschaft, und ich habe recherchiert, was man dann tut. »In solchen Fällen«, las ich online, »können Sie bei Ihrer Ankunft in der Mongolei ein Visum beantragen.« Das sage ich nun zu dem guten Herrn.

»Das geht nur unter besonderen Voraussetzungen, die Sie vorab mit der Immigrationsbehörde abklären müssen und nachdem Sie eine Genehmigung erhalten haben. Wann haben Sie denn mit der Behörde gesprochen?«

»Gar nicht«, antworte ich. Ich wusste nicht, dass das nötig ist.

»Guten Aufenthalt in Hongkong, Frau Valkenier. In Kürze können Sie Ihre Taschen vom Band holen.«

Ich darf nicht weiter mitfliegen. Ich könnte heulen. All meine Vorbereitungen waren umsonst.

Noch immer zitternd stehe ich da und schaue mich perplex um, als sich ein barmherziger Mitarbeiter meiner annimmt. Er stellt sich neben mich und spricht mit sanfter Stimme: »Du hast Glück, dass Hongkong eine mongolische Botschaft hat, da kannst du ein Visum beantragen.« Er hat offenkundig Mitleid mit mir und schickt mir per SMS die Adresse der Botschaft. »Wenn du sofort losgehst, schaffst du es vielleicht noch heute.« Ich bedanke mich höflich bei ihm und mache mich direkt auf den Weg.

Im Bus Richtung Stadt suche ich die Adresse heraus, und erst da fällt mir auf, dass die Botschaft in der Tamar Street liegt! Das ist bestimmt eine Fügung, als wäre es so vorherbestimmt.

Nachdem ich ausgestiegen bin, laufe ich durch den Tamar Park zu meinem Ziel und reiche meinen Antrag bei der Behörde ein. Dort erklärt man mir prompt und ohne weitere Nachfragen, ich könne das Visum in drei Tagen abholen. »Sind Sie sich sicher, dass dann ein Visum in meinem Reisepass steht?«, frage ich noch mal, um mich zu vergewissern, dass ich ihn richtig verstanden habe.

Der Mann nickt. »Drei Tage.«

Erleichtert gehe ich durch die Tür. Draußen hole ich kurz Luft und sehe dann eine SMS von dem Mitarbeiter der Fluggesellschaft. »Hat es mit deinem Visum geklappt? In fünf Tagen geht ein Flug nach Ulaanbaatar. Du darfst mit. Ganz ohne Extrakosten.«

Ich halte inne und lese es noch einmal. Ich kann es nicht fassen. Vor vier Stunden dachte ich noch, dass mein großer Traum geplatzt ist, und nun hat sich alles in Wohlwollen aufgelöst.

Ich rufe meinen Vater an, um ihm zu erzählen, was passiert ist und dass ich nun fünf Tage freihabe, um in Hongkong herumzustreunen. »Weißt du, dass dieses Wochenende das weltberühmte

Drachenbootfestival stattfindet?«, fragt er. »Wie viel Glück im Unglück kann man bitte an einem einzigen Tag haben?«

Stutenmilch

»Hier, nimm etwas *Airag*, dann entspannst du dich«, sagen meine mongolischen Pferdereiseleiter mit einem Lachen und halten mir eine Schale vergorene Stutenmilch hin. Sie schmeckt wie überreifer Joghurt, nur mit Alkohol. Die Entspannung kann ich gut gebrauchen. Vor einer Woche bin ich in Ulaanbaatar gelandet und noch am selben Tag aufs Pferd gestiegen, um eine lange Tour zu machen. Mir schwirrt der Kopf, so viel sehe und höre und lerne ich jeden Tag.

Beispielsweise dass man den Sattel straff anziehen muss, weil es sonst – wie beim Ponyreiten auf der Kirmes – nur eine Frage der Zeit ist, bis man vom Pferd fällt. Und dass man das Führseil des Pferdes niemals loslassen darf, auch wenn man denkt, man geht nur mal kurz Pipi machen. Mein Pferd ist sofort durchgegangen, und es hat meine beiden Reiseführer Stunden gekostet, es wiederzufinden. Ich lerne, dass Pferde lieber durch den Fluss gehen als über die Brücke und dass man sie immer trinken lassen muss, am besten ohne Halfter. Aber fressen dürfen sie nicht jederzeit, zumindest nicht tagsüber, wenn es sehr warm ist. Pferde sind nämlich nicht imstande, sich zu übergeben, und das in der Sonne erwärmte Gras kann in ihrem Bauch gären, woran sie sogar sterben können.

»Und wozu dient der Stapel Steine da?«, frage ich die Jungs, als wir zusammen weiterreiten.

»Das ist ein *Owoo*«, sagt der Ältere. »Meistens sieht man die an bedeutsamen Orten, zum Beispiel an einem Bergpass. Dort leben die Geister des jeweiligen Gebietes. Um sie zu ehren, reiten wir dreimal im Uhrzeigersinn drum herum.« Zwischen den Steinen liegen Briefchen, Kleingeld und inzwischen vertrocknete

Käsestücke neben einem von der Sonne ausgeblichenen Pferdeschädel. Ich drehe gerade meine dritte Runde, als ein Auto angefahren kommt. Einmal beim *Owoo* angelangt, fährt der Fahrer allerdings nicht drum herum. Offenbar findet er, es reicht, stattdessen dreimal zu hupen. »So ist es natürlich schön bequem«, sage ich mit einem Lachen, »akzeptieren eure Geister das?« Meine beiden Führer grinsen und gehen weiter, ohne zu antworten.

»Und was ist damit?«, frage ich, als ich ein Stück weiter Männer in langen Gewändern mit Trommeln neben großen Holzgestellen stehen sehe.

»Das sind Schamanen. Die halten irgendein Ritual ab. Die Tipis da, die werden heute Abend angezündet.«

»Klar, warum nicht«, murmele ich, »willkommen in der Mongolei.« Ich kneife mich fest in den Arm. Träume ich, oder ist das echt?

Gemeinsam ist man stärker

Nach sechs Tagen sind wir wieder im Basiscamp, von wo aus wir gestartet sind. Die Jungs gehen rein und überlassen es mir, die Pferde festzubinden. »Den Knoten weißt du doch noch, oder?«

Ich hatte auf cool gemacht und Ja gesagt, aber nun kämpfe ich mit den Seilen. Wie ging das doch gleich?

»Soll ich dir helfen?«, bietet eine junge, blonde Dame an. Mit einer eleganten Bewegung bindet sie den Knoten. »Bist du Tamar?«, fragt sie. »Ich habe von dir gehört. Bist du diejenige, die eine Solotour durchs Altaigebirge unternehmen will?« Ich nicke, schaue auf ihre abgewetzte Jeans und die Schlammspritzer auf ihrem dicken Wollpullover. Sie sieht so aus, als wäre sie schon eine Weile unterwegs. »Lynnea«, stellt sie sich vor und erzählt, dass sie tatsächlich schon seit ein paar Wochen hier ist. Sie bereitet sich ebenfalls auf eine Solotour vor. »Inmitten der Adlerjäger auf dem eigenen Pferd durch die Berge.«

Im ersten Moment verschlägt es mir die Sprache. Höre ich da meinen eigenen Traum aus dem Mund einer anderen?

»Das meinst du nicht ernst, wie kann das sein?« Lynnea ist ein paar Jahre jünger als ich, kommt aus den USA und kennt sich gut mit Pferden aus. Sie hat schon immer ein eigenes Pferd gehabt und weiß, wie man sie trainieren muss. Und dennoch hat sie Zweifel, ob sie bereit ist für einen Trip allein. »Tamar, ich bin jetzt schon vier Wochen hier. Jeder sagt mir, dass es unvernünftig ist und viel zu gefährlich.«

An diesem Abend zermartere ich mir den Kopf. Wenn sie schon ernsthafte Zweifel an ihrem Vorhaben hat, was in Himmels Namen mache ich dann hier?

Am nächsten Morgen unterbreite ich ihr einen Vorschlag: »Warum reisen wir nicht zusammen ins Altai? Dort können wir uns mit Nurbolat treffen, das ist ein Freund von Uka. Ich habe bereits alles mit ihm besprochen. Er sagt, er kann behilflich sein. Wir könnten uns die Kosten für Transport, Dolmetscher und Führer teilen.« Lynnea scheint zu zögern, woraufhin ich ihr anbiete, zumindest mal anzuhören, was Nurbolat zu sagen hat.

Sie schenkt sich noch eine Schale Milchtee ein und kommt dann mit der erlösenden Antwort: »Gut, lass uns das machen. Es kann nicht schaden, sich dort mal umzuschauen und sich gut zu informieren.«

»Super!«, sage ich erleichtert. Mit Lynnea an meiner Seite fühle ich mich gleich doppelt so stark. Ob es vielleicht Schicksal war, dass wir uns begegnet sind?

Frauenaufgaben

Lynnea und ich verabreden, uns in einer Woche auf den Weg ins Altaigebirge zu machen. Sie will erst noch ein paar Bekannte in Ulaanbaatar besuchen, und ich hatte schon abgemacht, dass ich ein paar Tage bei einer Nomadenfamilie übernachten würde. Ich rufe meinen Vater und Dave an, um ausgiebig mit ihnen zu quatschen und ihnen anzukündigen, dass ich eine Woche lang keinen Empfang haben werde.

Der Weg ist das Ziel, heißt es immer, aber nach fünf Stunden holpriger Fahrt über vielfach unbefestigte Wege bin ich froh, als der Fahrer mir endlich verkündet, dass wir angekommen sind. Das letzte Dorf haben wir kilometerweit hinter uns gelassen, und außer zwei Jurten, vor denen wir nun stehen, gibt es weit und breit nichts außer leere Steppe. Ich weiß, dass das Land rund vierzigmal so groß ist wie die Niederlande und knapp drei Millionen Einwohner hat, wovon die Hälfte in Ulaanbaatar lebt. Aber wo die andere Hälfte dann wohnt, ist mir in diesem Moment ein Rätsel.

»*Sain bain uu*«, sage ich zu meinem Gastgeber und seiner Frau, beide bekleidet mit langer Jacke und Lederstiefeln. Danach wird mir Piari vorgestellt, ein junger Kanadier, der schon seit Jahren jeden Sommer herkommt. Er hält mir bereits die Tür auf. »Geh nur«, sagt er. »Ich hoffe, du magst süßen Milchtee? Und heute Abend gibt es Murmeltier.«

Ich tue so, als hätte ich Letzteres nicht gehört, und gehe hinein. Draußen ist es kalt und rau, aber drinnen ist es schön warm. Es gibt kein fließendes Wasser, keinen Strom und ganz sicher kein Netflix, aber der Ofen brennt. Ich nehme Platz auf dem mir zugewiesenen Hocker, auf den ich exakt mit einer Pobacke passe, und betrachte andächtig, wie das runde Zelt von innen aussieht. Das Gerüst besteht an den Seiten aus einer gitterförmigen und auf dem Dach aus einer strahlenförmigen Holzstruktur, über der eine dicke Filzschicht liegt, abgedichtet mit Segeltuch. Die Tür ist nach Süden gerichtet, und es gibt keine Fenster. Sonnenlicht fällt nur durch eine runde Öffnung im Dach, durch das gleichzeitig das Ofenrohr führt. An den Wänden stehen mehrere Betten, und dahinter sehe ich einen Altar. Als die Mutter eine Packung Kekse öffnet, opfert sie den ersten Keks den Göttern, genau wie meine Reiseführer den ersten Löffel *Airag* stets in die Luft warfen. »Schamanismus und Buddhismus waren unter den Sowjets verboten, aber in alltäglichen Ritualen und Gebräuchen kommt es trotzdem bis heute durch«, erklärt mir Piari, als ich ihn frage, was es damit auf sich hat.

»Nicht durch die Pfosten!«, erklärt er mir, als ich den Arm zwischen den beiden Holzpfählen in der Mitte der Jurte hindurchstrecke, um nach dem angereichten Tee zu greifen. »Und die Schale musst du mit der rechten Hand nehmen, unterstützt durch die linke. Schau mir zu, wie ich es mache.« Es sind die ersten Anweisungen von vielen. »Wenn man eine Jurte betritt«, sagt er, während ich alle Regeln eifrig notiere, »tut man das mit dem linken Fuß und nimmt seinen Hut ab. Nach draußen tritt man mit dem rechten. Du darfst nie auf der Schwelle stehen, und drinnen darfst du nicht pfeifen und nicht mit dem ausgestreckten Finger zeigen. Man geht nie vor Älteren, und man darf die Füße nie in Richtung anderer Personen oder bedeutender Dinge wie Ofen oder Altar ausstrecken.« Offenbar sehe ich zunehmend entmutigt aus, denn Piari beruhigt mich: »Mach dir keine Sorgen, ihnen ist klar, dass du Ausländerin bist, und sie werden dir etwaige Fehler nachsehen. Sie wissen es sehr zu schätzen, dass du es zumindest versuchst.«

Piari spricht Englisch und hervorragend Mongolisch. Er wird in den kommenden Tagen alles für mich dolmetschen und mich vorbereiten auf dieses freie Land mit doch offenkundig jeder Menge Regeln. »Sie sagen, wir sollen mit dem Abendessen helfen, aber zuerst müssen wir die Schafe melken gehen«, übersetzt er und fragt mich, ob ich mitkommen will.

»Natürlich!«, rufe ich begeistert und beginne, meine Ärmel hochzukrempeln. »Meinst du, ich darf auch mal probieren?« Nach einer Einweisung und einigen missglückten Versuchen bin ich endlich erfolgreich. »Jaaa!«, rufe ich. »Es klappt! Ich kann Schafe melken!«

Piari muss lachen. Er kann es nicht und will es auch nicht lernen. »Hier in der Mongolei machen das nur die Frauen. Du bist gut darin. Wenn du so weitermachst, wollen sie dich noch dabehalten!«

Ich nehme sein Kompliment an und verrate ihm nicht, dass ich vergeblich nach einer dritten und vierten Zitze gesucht habe. Weil ich davon ausging, dass Schafe genauso viele Zitzen haben wie Kühe. Ich frage mich, was es noch alles gibt, das ich nicht weiß und wissen sollte.

»Komm, wir gehen rein«, sagt Piari mit einem Lachen. »Ist dir übrigens schon aufgefallen, dass Mongolen keine Zäune haben? Alle Tiere laufen frei herum. Zäune gibt es hier nur für Menschen und auch nur in der Stadt. In der Steppe lebt man glücklicher, das Land gehört niemandem und insofern allen.«

Ich schaue mich um. Er hat recht. Ich sehe nirgends Zäune, Abgrenzungen oder gar Wege. Das Nomadendasein von heute ist nicht viel anders als vor Tausenden von Jahren.

Drinnen schürt die Frau des Hauses den Ofen mit getrockneten Kuhfladen an und kocht die frisch gemolkene Milch, um später daraus Joghurt zu machen. Ihr Mann ist noch irgendwo draußen, während ich dabei helfe, den Teig, den sie knetet, zu kleinen Lappen auszurollen und mit fein geschnittenem Schaffleisch zu füllen. *Buuz* nennt sie das. Piari sitzt daneben und schaut uns zu, auch das ist offensichtlich keine Aufgabe für Männer.

Ende ju(r)t, alles ju(r)t

»Was hat er gesagt?«, frage ich Piari, als unser Gastgeber etwas zu ihm sagt und anschließend mit seiner Frau auf dem Motorrad wegfährt.

»Dass sie in zwei Tagen zurückkommen. Aber seine Eltern wohnen in der Jurte neben uns, sollten wir etwas brauchen.«

Ich streife draußen noch ein wenig umher, um mir die Umgebung genauer anzuschauen. Wo bin ich eigentlich? Die Landschaft ist wahrlich einzigartig. Sie lässt sich mit nichts anderem vergleichen. Diese Ruhe, diese Schlichtheit, dieses karge, grenzenlose Land. Weit in seiner Leere, schön in seiner Hässlichkeit, beeindruckend in seinem Mangel an Sehenswürdigkeiten. *The middle of nowhere,* würden einige sagen, und darum aus meiner Sicht der Mittelpunkt von allem. In dieser überbevölkerten, hektischen, gehetzten Welt ist eine verlassene Jurte für mich das Paradies. Ein Leben in der Steppe ohne moderne Mittel ein Luxus.

Plötzlich sehe ich in der Ferne, wie sich etwas über den Boden bewegt. Lange Sandstreifen scheinen im Wind zu tanzen wie bei einem Ballett und steigen in die Wolken empor. Fasziniert beobachte ich das Naturschauspiel, während die Wand aus Sandkörnern rasch anwächst. »Piari, kommst du kurz raus?«, rufe ich durch die Türöffnung. »Hast du so was schon mal gesehen?« Ich spüre, wie die Windgeschwindigkeit zunimmt, sehe, wie die Sonne hinter einem Schleier verschwindet, und Piari, der sonst recht lakonisch ist, wird kreidebleich und zerrt mich rein ins Zelt.

»Ein Sandsturm! Tamar, mach die Tür zu und deck alles ab, ich werde das Dach abdichten.« Mit diesen Worten rennt er wieder nach draußen.

Auf einmal wird mir bewusst, dass man in dieser verlassenen Steppe nirgendwohin flüchten kann, und ich begreife, wie sehr die Mongolen der Natur schutzlos ausgeliefert sind. »Kann ich etwas tun?«, frage ich noch, aber Piari gibt keine Antwort.

Er füllt einen Kanister mit Wasser und hängt ihn an das Dach. »Ist alles abgedeckt? Das Brot? Der Joghurt? Der Käse? Das Fleisch?« Nervös macht er einen Kontrollrundgang und sieht sich unruhig um.

Auf einmal wird es stockduster. Und mucksmäuschenstill. Ist das die berühmte Ruhe vor dem Sturm? Angespannt blicke ich zu Piari. Er sieht plötzlich viel jünger aus, wie ein verängstigter Welpe, der auch nicht weiß, was ihn erwartet. Das macht mich noch angespannter. Warum mussten unsere Gastgeber ausgerechnet heute verreisen?

Es dauert nicht lange, und auf einmal bebt alles, und es bricht ein Riesenradau aus. Der Sand dringt durch sämtliche Ritzen ins Zeltinnere, fliegt mir in die Haare, in die Augen und vermutlich sogar bis in meine Unterhose. Bedrückt, vorübergehend blind und verängstigt halten wir uns beide mit aller Kraft an den beiden Pfählen fest, die das Dach stützen. Bis wir über uns etwas knacken hören. »Das Holz bricht!«, rufe ich durch den Lärm. »Das Dach gibt nach.« Und einen Moment lang denke ich: *Das passiert mir gerade nicht wirklich, oder? Ich habe meine angeblich so gefährliche Pferdetrekking-Tour noch nicht mal begonnen und werde womöglich gleich von einer Jurte erschlagen?*

Gerade als ich mich frage, ob es noch schlimmer werden kann, geht die Tür auf. Der alte Mann aus der Jurte nebenan bahnt sich einen Weg hinein und bedeutet uns, mit ihm mitzukommen. Uns an den Händen festhaltend, kämpfen wir uns tief gebückt hinter ihm vor. In seiner Jurte sitzt seine Frau schön warm und behaglich neben dem Ofen mit einer Perlenkette in der Hand. Er verbrennt Kräuter, sie murmelt Gebete, und zusammen bezwingen sie so den Sturm. Beide sind erstaunlich ruhig angesichts der Umstände. Wie oft sie das wohl schon mitgemacht haben? Tobt der heftigste Sturm womöglich in mir selbst?

Es fühlt sich an wie eine Ewigkeit, aber laut der Uhr dauert es gerade einmal eine halbe Stunde, bis alles wieder zur Ruhe kommt und wir zurückgehen, um die Schäden zu begutachten. Die Jurte ist nicht zusammengestürzt, aber das Vlies das Segeltuch und die Holzkonstruktion sind arg in Mitleidenschaft gezogen. Doch niemand ist gestorben, und auch die Tiere scheinen unversehrt. »Das gehört nun einmal zum Leben in der Steppe«, sagt unsere Gastgeberin gelassen, als sie am nächsten Tag zurückkehrt und versucht, den Sand vom Käse zu fegen.

Ein neuer Name

Heil wieder zurück in Ulaanbaatar steige ich, nachdem ich meinen Lieben zu Hause von den jüngsten Ereignissen berichtet habe, zusammen mit Lynnea in den Bus nach Ölgii, der letzten richtigen Stadt vor dem Altaigebirge. Innerhalb von 48 Stunden werden wir 1.700 Kilometer zurücklegen.

Nach einer nervenaufreibenden Fahrt durch die smogverseuchte, aus allen Nähten platzende Hauptstadt ist ringsumher nichts als endlose, einsame, karge Steppe. Der sandige Felsboden grenzt direkt an die Wüste Gobi, und in den ersten dreißig Stunden sehen wir keinen Baum, keinen einzigen Fluss und gerade mal eine Handvoll Nomaden.

Die mongolische Steppe liegt fast 1.600 Meter über dem Meeresspiegel, auch wenn das den meisten Mongolen wenig sagt: Sie haben noch nie ein Meer gesehen, wenn nicht aus Staub oder Sand. Mancher würde es wohl hässlich nennen, aber ich finde es hinreißend. Diese Landschaft strahlt eine so unverstellte Reinheit aus, wie ich sie noch nirgends gesehen habe. So weit und leer, dass ich mich weiter entfernt vom Rest der Welt fühle als je zuvor. Weit weg von den Niederlanden und Australien, von Städten und Cappuccinos, von Akten, Versicherungen und Computern. All das ist nicht von Bedeutung für einen Nomaden in der Mongolei.

Ein junger Mann mit Armani-Shirt und -Kappe in der Sitzreihe vor uns braucht rund dreißig Stunden, ehe er seinen Mut zusammennimmt und uns anspricht.

»*What's your name?*«, fragt er schüchtern.

»Lynnea.«

»Und du?«

»Tamar.«

Er stößt seinen Sitznachbarn an und kichert. Flieniea? Dzamara? Er versucht, unsere Namen auszusprechen, aber nach ein paar von Lachen begleiteten Anläufen gibt er auf. Genau wie die meisten Bewohner des Altaigebirges ist der Junge kasachischer

Abstammung und gibt uns kasachische Namen. Fortan gehen wir durchs Leben als Ayculu (ich) und Kunsulu (Lynnea), was »so schön wie der Mond« und »so schön wie die Sonne« bedeutet. Zumindest behaupten sie das. Als wir unsere sämtlichen Kasachisch-Brocken zum Besten gegeben haben und auch mit dem Wörterbuch nicht mehr weiterkommen, dreht er sich um und nimmt das Spiel auf seinem Handy wieder auf. Wir starren derweil aus dem Fenster. Und starren. Und starren.

»*Nur wer sein Ziel kennt, findet den Weg*«, zitiere ich gegenüber Lynnea murmelnd Laotse, als wir nicht mehr wissen, wie wir noch sitzen sollen. Abwechselnd schlafen wir in Fötushaltung, mal auf den Sitzen, mal auf dem Boden. Das war Lynneas Idee und weit weniger unbequem, als ich anfangs dachte.

Unsere Fahrt scheint allmählich ein Ende zu nehmen, als wir endlich die Berge sehen. »Lynnea, wach auf, sieh nur!« Die letzten Stunden unserer Reise drücken wir uns die Nase am Fenster platt. Die Ferne ist näher gerückt. Die trockene Steppe weicht den Bergen. Die immer höher werden. Immer grüner. Und auf den Gipfeln liegt immer mehr Schnee.

Wir sind fast da.

Der Wilde Westen

Ölgii. Die letzte Stadt. Die Endstation der sogenannten Zivilisation und in Lynneas Worten: »Genau wie im Wilden Westen.« Steppenläufer wehen über verstaubte Wege, Kühe laufen zwischen den Zapfsäulen einer Tankstelle hindurch, und streunende Hunde schnüffeln gierig auf der Suche nach abgehackten Ziegenhufen. Das ist der einzige Teil des Tieres, das die Menschen hier nicht essen, deshalb werfen sie es achtlos weg. Frische Milch wird in großen Plastikfässern auf der Straße verkauft, und bei den Metzgern hängen reihenweise gedörrte, weißlich überzogene Pferdewürste wie Gardinen von der Decke.

Anstatt ein Motortaxi zu nehmen, laufen wir in einer halben Stunde vom einen zum anderen Ende der Stadt, wo wir Nurbolat treffen. »Ha, da seid ihr ja! Sollen wir irgendwo Kaffee trinken gehen?« Er redet schnell, sein Englisch ist ausgezeichnet. Er spricht auch Kasachisch, Mongolisch und Russisch und ist allein deswegen für uns unverzichtbar.

»Ich arbeite viel mit Touristen«, erläutert er. Sein Vater arbeitet für die Gemeinde, aber seine Großeltern leben noch von ihren Ziegen. »Vor allem ihre Wolle, der Kaschmir, bringt viel Geld ein«, erklärt er und beschreibt damit in einem Satz die Evolution, die die Mongolei im vergangenen Jahrhundert durchlaufen hat: Hirten tauschen ihre harte Arbeit in der Steppe oft gegen eine Anstellung beim Staat, während ihre Kinder ihr Glück in den Städten suchen.

»Aber schießt mal los, was habt ihr geplant?«, fragt Nurbolat.

»Wir wollen mit unseren eigenen Pferden durch die Berge. Jeder hat zwei dabei. Eins zum Reiten, eins fürs Gepäck. Denn in den Bergen wird es kaum Möglichkeiten geben, etwas einzukaufen, richtig? Wir wollen durch den Tawan-Bogd-Nationalpark, aber darüber hinaus haben wir noch nichts geplant. Kannst du uns weiterhelfen?«

Aufmerksam hört er uns zu und ruft dann: »Wunderbar! Natürlich kann ich euch helfen. Aber Lastpferde? Die werdet ihr hier nicht finden. Wenn ihr das wirklich wollt, müsst ihr sie zuerst trainieren.«

Was sagt er da? Trainieren? Ich kann gerade mal ein wenig reiten, Pferde trainieren ist mir echt eine Nummer zu groß. Lynnea könnte das zwar, aber an der Art, wie er es gesagt hat, entnehme ich, dass er eine bessere Idee hat.

Er schaut erst mich, dann Lynnea an und ruft anschließend mit kindlicher Begeisterung so laut, dass die Kellnerin erschrickt: »Kamele! Ihr müsst Kamele mitnehmen! Die Nomaden hier nutzen alle Kamele. Die sind darauf trainiert, und ich kann euch welche besorgen.«

Ich muss schlucken. Meint er das ernst? Ich habe keine Ahnung von Kamelen. Ich bin als Köchin einmal bei einer Kameltrekking-Reise durch die australischen Flinders Ranges dabei gewesen, aber Erfahrung habe ich nicht.

Vor lauter Nervosität brechen Lynnea und ich in Lachen aus. Ich sehe es schon vor mir: zwei kleine blonde Mädels mit zwei riesigen Kamelen. Wie in Gottes Namen soll das gehen?

»Nurbolat«, sage ich beinahe flehend, »kennst du niemanden, der uns ein paar Tage mit seinen Pferden und einem Kamel in die Berge mitnehmen und uns alles Wissenswerte zeigen kann?« An Lynnea gerichtet sage ich: »Dann wissen wir vielleicht besser, worauf wir uns da einlassen und können uns immer noch überlegen, wofür wir uns entscheiden.«

Nurbolat nickt. »Gute Idee, so machen wir es. Ein Kameltraining. Ja, ich weiß jemanden.« Er greift direkt zu seinem Handy und läuft nach draußen. Zehn Minuten später kommt er triumphierend wieder zurück. »*Za*. Es ist geritzt. Morgen früh geht es los.«

Mongolische Massage

Am nächsten Morgen zuckeln wir in einem grauen russischen UAZ-Bulli durch die Berge. Der Kleinbus erinnert eher an eine Brotdose auf Rädern, aber wahrscheinlich ist es eins der wenigen Fahrzeuge, das diese Offroad-Touren tagein, tagaus überlebt. »Mongolische Massage«, sagt unser stiller, aber freundlich blickender Fahrer grinsend.

Da so ziemlich alles an dem Wagen klappert, kann ich ihn kaum verstehen. Also schweigen wir größtenteils und genießen den Ausblick auf die karge Landschaft. Diese ist so einsam, dass man bei jeder Begegnung mit einem anderen Fahrzeug erst einmal Hände schüttelt, Wodka trinkt und sich, wie es Brauch ist, nach den Tieren und der Familie des Gegenübers erkundigt.

Zumindest erklärt uns das unser Fahrer in wenigen Worten und fährt dann weiter.

Obwohl der Sommer nun wirklich begonnen hat, sind die Berge mit einer dicken Schneeschicht bedeckt und wechseln darunter chamäleonartig die Farbe: lila, rot, orange, grün, grau und wieder orange. Strahlend hell im Tal und immer dunkler nach oben hin. Rostige Pastellfarben gleiten die Bergkämme hinauf, breiten sich aus wie Finger und gehen nahtlos ineinander über. Als ob ein Künstler sich das ausgedacht hätte. Im Gegensatz zum eintönigen Panorama während der langen Busreise verändert sich die Landschaft jetzt fortwährend. Mäandernde Flüsse durchschneiden mit fließender Anmut Täler. Die Natur ist meiner Meinung nach nirgends so rau und pur wie hier.

Schon bald haben wir keinen Handyempfang mehr, und ich schalte zufrieden mein Telefon aus. »Ha, super, mein Handy geht nicht mehr«, sage ich zu Lynnea, die ihr Smartphone bei sich behält, um Fotos zu machen. Ich stecke meins derweil dankbar in die Tasche. Auch wenn ich froh bin über die Möglichkeit, jederzeit etwas nachschauen und mit allen Kontakt halten zu können, finde ich es eigentlich auch ziemlich angenehm, wenn das Ding schlicht nicht geht. Eine Art erzwungene Freiheit. Hier in den Bergen, wo es keinen Empfang gibt, wird es nicht mehr lange dauern, bis ich losgelöst bin von der Außenwelt und jedes Gefühl für Zeit verliere.

Wir sind bereits weit über die letzten unbefestigten Wege hinausgefahren, als ich am Wasser einen auf einem Felsen festgebundenen Adler sitzen sehe. »Stopp!«, rufe ich. »Ich würde mir das gern kurz anschauen. Das ist fantastisch!« Wir sind fast fünf Stunden unterwegs, und ich finde das den optimalen Moment, um kurz zu pausieren. Der Fahrer schaut einigermaßen irritiert und bedeutet mir, dass er weiterfahren will, doch ich bestehe darauf. Ein Adler als Haustier, Eigentum eines Nomaden, das ist zu schön, um daran vorbeizufahren. Lynnea und ich steigen aus und knien uns ehrfürchtig neben den imposanten Vogel. »Ist es also wahr?« Ich schaue Lynnea fragend an. »Gibt es wirklich Nomaden, die Adler halten?« Sie nickt, und schweigend bewundern wir das Tier, bis der Fahrer uns zu sich winkt.

Nachdem wir eingestiegen sind, fährt er noch ungefähr zehn Meter weiter und schaltet dann den Motor ab. Er steigt aus und hält uns höflich die Tür auf. Stimmt irgendwas nicht? Ist das Auto kaputt? »Nein, nein.« Er schüttelt den Kopf und deutet auf die Jurte, neben der wir gehalten haben. »Wir sind da.«

Ausgemistet

Der Adler am Fluss scheint unserem Lehrmeister Herrn Dalaikhan zu gehören. Er jagt mit ihm und ist mehrfacher Weltmeister. Ich schätze ihn auf um die fünfzig. Mir fällt auf, dass seine Haut so dunkel und verschrumpelt ist wie das Leder eines Sattels, der jahrelang in der Sonne gelegen hat. Er trägt eine typisch kasachische Mütze aus schwarzem Filz mit goldenen Stickereien. Mit vergnügtem Blick, Lachfalten und einem breiten Grinsen heißt er uns in gebrochenem Englisch willkommen. Wir antworten in unserem besten Kasachisch: *Salem*. Hallo. *Alaysiz?* Wie geht's? Die Wörter haben wir von dem schüchternen Jungen im Bus gelernt.

»Kommt rein«, sagt Herr Dalaikhan. »*Tschai-siz?*« Wollt ihr einen Tee? Wir nicken, doch bevor wir hineingehen, setzen wir uns Kopftücher auf. Die Kasachen hier sind nämlich Muslime, und wir wollen das respektieren. »Das müsst ihr echt nicht«, hatte uns Nurbolat gesagt, als wir das auch schon in Ölgii gemacht haben, »aber zieht ruhig welche an, wenn ihr bei Nomaden zu Besuch seid, sie werden das zu schätzen wissen.« Unser Fahrer streckt freudig überrascht zwei Daumen in die Höhe, als er unsere Kopftücher sieht, und folgt uns mit hinein.

Dort sitzt die Frau von Herrn Dalaikhan auf einem Hocker neben dem Kachelofen, der in der Mitte der Jurte steht. *Salem,* sagen wir und überreichen ihr eine Packung Kekse. Wir haben unsere Taschen vollgeladen mit derlei Geschenken extra für die Nomaden: essbar, praktisch und schön klein. Uns ist nur allzu bewusst, dass zusätzliches Gepäck hier im Altai vor allem eine Belastung ist. Das habe ich beim Radfahren am eigenen Leib erfahren müssen.

Jedes Kilo extra war eins, das ich zusätzlich den Berg raufschleppen musste. Dadurch merkte ich nicht nur, wie wenig der Mensch eigentlich braucht (Isomatte und Handtuch fand ich beispielsweise überflüssig), sondern auch, wie viel weniger Sorgen man sich macht, wenn man wenig Zeug hat. Je weniger man besitzt, desto weniger kann kaputtgehen, gestohlen werden und desto weniger kann man irgendwo aus Versehen liegen lassen.

Entmisten heißt entlasten, denn alles, was man besitzt, nimmt auch Platz im Gehirn in Anspruch, man muss sich ja darum kümmern. Die Gefahr besteht darin, dass man, ist man besessen von seinem Besitz, nicht mehr sieht, dass die wichtigsten Dinge im Leben gar keine Dinge sind. Schon allein darum fühle ich mich pudelwohl zwischen den Nomaden. Sie sind von Natur aus »entmistet«.

Herr Dalaikhan zieht ein großes Messer aus dem Schaft seines Lederstiefels, um damit die Pferdewurst anzuschneiden, die wir ihm soeben überreicht haben. »Zwei Pferde?«, fragt er. Wir nicken. »Ein Kamel?« Das halten wir für eine gute Idee. »Fünf Tage?« Ja. Nachdem er sein Messer und die fettigen Hände an einem Tuch abgewischt und dieses wieder in die Ecke geworfen hat, beugen wir uns über die russische Militärkarte, die jüngste und detaillierteste, die wir finden konnten. Wir machen einen Plan.

Wir werden morgen früh aufbrechen, das heißt, wir werden früh ins Bett gehen müssen. Neugierig schaue ich mich um und frage mich, wo wir alle schlafen sollen. Es gibt bei Weitem nicht genug Betten. Kurz denke ich, dass sie sich vielleicht abwechseln mit Schlafen, bis immer zwei oder drei Personen zusammen unter eine Decke schlüpfen. »*Chayirli tün*«, sagen sie, Gute Nacht, woraufhin Herr Dalaikhan die einzige Lampe ausschaltet, indem er das Kabel aus einer Autobatterie herauszieht.

Probeausritt

Unser Gepäck steht, verstaut in vier blauen Plastikfässern, bereit. Männer aus verschiedenen Jurten im Tal kommen nach draußen, um das Kamel für unsere Reise vorzubereiten. Ein Seil wird auf den Boden gelegt und das Kamel daraufgesetzt. »Hoosch«, lautet offenbar das Zauberwort. Herr Dalaikhan zieht seinen langen Mantel aus und legt ihn zwischen die Höcker des Kamels. Zwei lange Holzpfähle werden entlang der Flanken festgebunden. »Direkt unterhalb der Höcker«, erklärt er. Mit einem komplizierten Geflecht aus Knoten wird das Seil straff festgezogen. Darüber werden ein paar Segeltuchtaschen gelegt, in denen sich die Plastikfässer befinden. Lynnea und ich schauen andächtig dabei zu.

»Es ist wichtig, dass das Gewicht gut verteilt ist«, sagt Herr Dalaikhan, »links genauso wie rechts, sowohl vorn als auch hinten.« Er packt, packt um und verteilt das Gepäck so lang, bis er zufrieden ist. Eine technische Meisterleistung, was das Austarieren betrifft.

Aber es ist noch nicht fertig, denn nun kommt der entscheidende Schritt. Das zweite Seil. Schlaufe auf der einen Seite, Seil unter dem Kamel durch, durch die Schlaufe ziehen, an beiden Seiten straffziehen, um die Taschen herum, unter dem gegenüberliegenden Seil durch, nach unten, zurück unter dem ersten Seil durch, dann ein Sackstichknoten … Wir sind noch nicht mal zur Hälfte durch, und ich komme schon nicht mehr mit.

»Gut aufpassen«, sagt Herr Dalaikhan und zurrt das Seil fest, wirft es über das Kamel, zieht es unter dem Seil links hervor, um den Pfahl, holt es zurück, macht einen umgekehrten Palstek und schließt ab mit einem Knoten, den ich noch nie gesehen habe.

»Hilfe, hast du das alles mitbekommen?«, sage ich zu Lynnea, und an Herrn Dalaikhan gewandt: »Können Sie uns das noch mal zeigen?« Ich hoffe, dass fünf Tage reichen, um das alles zu lernen.

»Morgen werdet ihr es selbst machen«, sagt er. Offenbar macht er sich deshalb weniger Sorgen als ich. Mit elegantem Schwung springt er auf sein Pferd, nimmt die Zügel in die linke Hand, das Seil des Kamels in die rechte und fordert uns auf, ebenfalls auf unsere Pferde zu steigen.

Pferd auf der Flucht

Das Reiten ist aufregend. Ich habe Herrn Dalaikhan explizit um ein »ruhiges« Pferd gebeten und kann nur hoffen, dass er das beherzigt hat.

»Ganz schön heftiges Terrain, was?«, fragt Lynnea.

Ich zucke mit den Schultern. »Ach echt?« Ich kann es nicht beurteilen. Soweit ich weiß, ist es normal, dass der Schotter unter uns wegrutscht, dass die Pferde über scharfe Felsen straucheln und Mühe haben, durch die wild dahinströmenden Flüsse zu laufen. Doch offenbar ist das sehr ungewöhnlich, und Lynnea ist enorm von den mongolischen Pferden beeindruckt.

»Die meisten Pferde auf der Welt könnten das nicht!«

Ich weiß nicht, ob mich das beruhigt oder ob ich mir nun erst recht Sorgen machen muss. Doch ich sage mir einfach, dass ich mit Lynnea an meiner Seite, unter Herrn Dalaikhans Fittichen und auf dem warmen Rücken seines Pferdes in guten Händen bin.

Wir sind ein oder zwei Stunden unterwegs, als Herr Dalaikhan neben uns geritten kommt. Er grinst und drückt mir das Kamelseil in die Hand. »Ayculu, du bist dran.« Offenbar denkt er, dass ich dafür bereit bin. Wie er darauf kommt, ist mir allerdings ein Rätsel.

Mein Pferd erschrickt vor dem Kamel und geht augenblicklich durch. »Lynneaaaaa!«, rufe ich in Panik. Während ich mich mit beiden Händen am Sattel festklammere, versuche ich, mich umzusehen, wo sie ist. Zu meiner Erleichterung sehe ich, dass sie bereits neben mir reitet. Ihr Pferd hatte sich auch erschrocken.

»Einfach laufen lassen, er hält schon an«, sagt sie, und tatsächlich können wir schon bald zurück zu Herrn Dalaikhan. Der steht noch immer an derselben Stelle wie vorher, neben dem Kamel, genau dort, wo ich das Seil habe fallen lassen.

Wortlos reicht mir Herr Dalaikhan erneut den Führstrick. »Nicht um die Hand wickeln«, rät er mir und geht anschließend ruhig weiter, als ob nichts gewesen wäre. Er sagt nicht viel, aber wenn er spricht, tut er das mit dem Selbstvertrauen eines Lehrers, der Glauben in seine Lehrlinge hat. Und das trotz der Tatsache, dass ich ihm wieder und wieder das Gegenteil beweise.

Ich zittere noch immer von dem Schreck und frage mich, ob dieses Pferd wirklich so *nomchon,* ruhig, ist, worum ich gebeten hatte. Aber einem geschenkten Gaul schaut man nicht ins Maul, insofern sage ich *rachmet,* danke, und übernehme das Kamel wieder von ihm.

Der Rhabarbertest

Wir haben unser Zeltlager am Fluss aufgeschlagen, und Herr Dalaikhan ist ein Stück entfernt zum Teetrinken bei seiner Familie. Ich nutze die Gelegenheit, um eine ausgiebige Mahlzeit zuzubereiten. Kochen macht mir noch immer Spaß, und nun rolle ich mit meiner Wasserflasche einen Teig aus Mehl und Wasser aus. Daraus mache ich im Handumdrehen frische Ravioli. Als ich zum Fluss laufe, um den Teig von meinen Händen zu waschen, sehe ich ein Stück entfernt eine mir bekannte Pflanze wachsen. »Hey, Lynnea, schau mal! Weißt du, was das ist?« Sie erkennt die Pflanze sofort, sie hat immerhin jahrelang auf einem

Bauernhof gearbeitet. »Ja, klar!«, sagt sie begeistert. »Das ist Rhabarber. Das wird morgen zusammen mit unseren Haferflocken köstlich schmecken.«

Gemüse ist in der Mongolei eine Seltenheit, die man genießen muss, also pflücke ich ein paar Stängel.

Als Herr Dalaikhan zurückkommt, betrachtet er fragend die Stängel. Er weiß nicht, was das ist. »Haben Sie die noch nie gegessen?« Er schüttelt den Kopf und öffnet eine Tüte mit frittiertem Gebäck, die er soeben von seiner Schwägerin bekommen hat. Er bietet mir auf Kasachisch *Baursak* an, was wie *Balzak* klingt, und ich muss sehr über den kasachischen Namen für diese Leckerei schmunzeln, wage aber nicht zu verraten, was das auf Niederländisch heißt – nämlich Hodensack.

Die Wildpflanzen in Europa kenne ich inzwischen gut, und auch in Australien weiß ich, was man aus der Natur essen kann. Obwohl ich mir ziemlich sicher bin, dass das Rhabarber ist, ist mir auch klar, dass man bei Essen aus der Wildnis nie vorsichtig genug sein kann. Mir ging es schon einmal hundeelend, nachdem ich einen falschen Pilz gegessen hatte. Wohlbemerkt einer, der mir bei einem Pilzsammelkurs als genießbar empfohlen wurde!

»Lass uns auf Nummer sicher gehen«, schlage ich Lynnea vor. Ich habe gelernt, wie man testen kann, ob eine Wildpflanze genießbar ist oder nicht. Ich breche ein großes Stück Stängel ab und schmiere mir den Saft aufs Handgelenk. »Jetzt müssen wir ein paar Stunden warten, um zu sehen, ob meine Haut darauf reagiert. Danach kochen wir den Teil, den wir essen wollen, und schmieren uns den Saft auf die Lippen. Dann auf unsere Zungen, und wenn alles gut geht, können wir davon kosten.« Diese Methode nimmt den ganzen Tag in Anspruch, doch am Ende sind die Testergebnisse vielversprechend. Keine von uns beiden zeigt eine Reaktion. Es ist letztlich Lynnea, die einen Bissen nimmt vor dem Zubettgehen. »Wenn es gut geht, können wir es morgen zum Frühstück essen.«

Aber es geht nicht gut, Lynnea geht es schrecklich. Sie muss sich übergeben, hat hohes Fieber und explosiven Durchfall.

Ich fühle mich furchtbar schuldig und wünschte, ich wäre diejenige gewesen, die den Rhabarber probiert hat. Warum musste ich auch wieder herumexperimentieren? War die Tatsache, dass Herr Dalaikhan die Pflanze nicht kannte, nicht Grund genug, um sich davon fernzuhalten?

»Ach, es war einen Versuch wert«, nimmt es Lynnea locker, als sie am nächsten Nachmittag wieder auf den Beinen ist. »Ein bisschen Gemüse wäre schön gewesen, aber vielleicht sollten wir diese Pflanze künftig besser in Ruhe lassen.«

Später lesen wir im Internet nach, dass in dieser Region viele verschiedene Arten von Rhabarber wachsen. Einige wirken abführend, andere sind sogar tödlich. Insofern gut, dass wir den Test gemacht haben.

Allein

Fünf Tage lang zeigt uns Herr Dalaikhan, wie man ein Kamel bepackt, die Route bestimmt, Feuer mit getrocknetem Mist macht und bei den Tieren Hobbles anlegt. Hobbles sind eine Art Fußfesseln aus Nylon, mit denen man drei Beine des Tieres lose verbindet, meist zwei vorn und eins hinten. Das Pferd oder Kamel hat so jede Freiheit, um rumzulaufen und zu grasen, wo es will, nur durch die Hobbles ist es schwerer wegzugaloppieren. Tagsüber sind sie somit semifrei, nur nachts binden wir sie an einem Pflock an. Am liebsten führen wir sie jeden Morgen und Abend zum Fluss zum Trinken. Wenn wir einen Berg hochsteigen, ziehen wir die Gurte am Sattel etwas nach vorn, wenn wir bergab gehen, etwas nach hinten. »Kunsulu, nimmst du heute das Kamel?« Herr Dalaikhan gibt die Zügel immer öfter aus den Händen, und mittlerweile wissen wir besser, wie das geht.

»Lynnea, was meinst du?« Ich traue es mir inzwischen eigentlich zu. »Das lief doch ziemlich gut, oder?«, frage ich, als wir nach fünf Tagen wieder bei seinem Sommerlager zurück sind.

Sie nickt. »Meinst du, dass wir auch ohne Herrn Dalaikhan klarkommen?«

Sie denkt kurz nach und sagt dann: »Ich glaube, wir müssen es einfach tun. Sollen wir am Anfang zusammen reiten? Jede auf ihrem eigenen Pferd, mit eigenem Kamel. Sobald wir erst mal gut unterwegs sind, können wir uns immer noch aufsplitten und unsere eigenen Touren unternehmen.«

Ich würde am liebsten Luftsprünge machen vor Freude. Ich könnte nicht glücklicher sein und auch nicht nervöser. Heißt das, es ist so weit? Wollen wir es wirklich wagen?

Wir haben unterwegs viel darüber nachgedacht, welche Voraussetzungen unsere Tiere erfüllen müssen. Das Pferd muss beispielsweise rasch gehen, aber nicht zu flott, damit das Kamel hinterherkommt. Idealerweise laufen sie gleich schnell. Sie müssen einen kräftigen Appetit haben, nicht zu alt sein, aber dennoch erfahren und von gutem Charakter. Das Kamel muss feste Höcker haben und das Pferd starke Hufe. Sie müssen gut genährt sein und leicht zu bepacken. Vorzugsweise sind sie bereits längere Strecken gewohnt. Die Nomaden verwenden Nasenringe, um ihre Kamele zu führen, aber am liebsten würden wir Kamele ohne Nasenringe kaufen. Nur haben wir noch keine gesehen.

Wir sind noch vollauf mit unseren Überlegungen beschäftigt, als Herr Dalaikhan uns nach draußen ruft und uns unsere neuen Reisebegleiter vorstellt. »Kunsulu, das ist dein Kamel; Ayculu, das ist deins. Und das sind eure Pferde.« Einen Moment lang weiß ich nicht, wie mir geschieht. Wir wollen morgen zurück zu Nurbolat in Ölgii, um einzukaufen und nach geeigneten Tieren zu suchen. Mir war nicht klar gewesen, dass Herr Dalaikhan das auch für uns erledigen kann, und ich hätte auch nie gewagt, danach zu fragen. Offenbar vertraut er uns und hat, ohne dass wir davon wussten, bereits Tiere für uns besorgt. »Das sind meine eigenen Tiere«, sagt er, als wäre nichts dabei, »die sind für euch. Bestens geeignet für eure Reise.« Erneut erstaunt er mich. Im

Leben eines Nomaden gibt es nichts Wichtigeres als seine Tiere, und jetzt gibt er sie uns?

Ich werfe einen Blick auf die Kamele. Nicht ganz das, was ich mir vorgestellt hatte. Sie sind alt, mindestens zwanzig Jahre laut Herrn Dalaikhan, haben ein schiefes Gebiss und schlappe Höcker. Ich weiß kurz nicht, was ich sagen soll, als er fragt: »*Jakhsï?*« Gut?

Ich betrachte die langen Wimpern meines Kamels und pflücke ihm Fussel vom Hals. Ich muss mich auf die Zehenspitzen stellen, um das Kamel hinter den Ohren zu kraulen, aber als ich es tue, senkt es seinen Kopf und lässt sich geduldig den Kopf massieren. »Sieht so aus, als hätten wir hier den großen freundlichen Riesen«, sage ich zu Lynnea, während ich mich Hals über Kopf in das gutmütige, riesige Tier verliebe.

Lynneas Kamel ist ein Stück kleiner, mit etwas kräftigeren Hufen, aber es sieht genauso alt und gebrechlich aus wie meins. Seine Höcker fallen jeweils zu einer anderen Seite, und ich bin neugierig, was Lynnea davon hält. »Tamar, ich denke, wir können auf Herrn Dalaikhans Urteil vertrauen«, sagt sie. »Er hat gesehen, was wir können und was nicht, hat selbst lange Reisen mit Pferd und Kamel unternommen und weiß meines Erachtens genau, welche Tiere geeignet sind für eine solche Reise.« Sie blickt zufrieden zu ihrem neuen großen Freund und tauft ihn Mogi.

»Gut«, sage ich und flüstere meinem Kamel zu: »Ich weiß, dass die Nomaden ihren Kamelen keine Namen geben, aber ich finde, du siehst aus wie ein Simbat. Wie gefällt dir der?«

Über den Preis verhandeln wir nicht. »Eine Million Tugrik pro Pferd und eine Million Tugrik pro Kamel«, sagt Herr Dalaikhan, ohne mit der Wimper zu zucken. Das läuft ungefähr auf 350 Euro pro Tier und auch auf das Budget hinaus, das wir eingeplant hatten. Wir händigen ihm dankbar große Stapel grüner Scheine aus. »Wir hätten fast ein eigenes Kamel gebraucht, um das Geld aus Ölgii herzubringen«, möchte ich witzeln. Der größte Geldschein ist nämlich gerade mal rund sechs Euro wert.

»Warte mal, Lynnea«, sage ich, sobald das Geschäft besiegelt ist. »Haben wir eben beide je ein Kamel und ein Pferd gekauft?« Das muss ich erst mal kurz sacken lassen, und ich gehe nach draußen, um nachzusehen, ob ich das alles nur träume. Doch, sie sind wirklich da. Zwei Pferde und zwei Kamele stehen ruhig neben der Jurte und grasen. »Ich habe ein Pferd und ein Kamel gekauft!«, schreie ich so laut ich kann durchs Tal. Ich, das Stadtkind, das gerade mal eine Katze als Haustier hatte und ansonsten keinerlei Erfahrung mit Tieren. Lynnea ist genauso froh und überwältigt, nur ohne das Bedürfnis, es hinauszuschreien.

»Da sind wir also«, sagt sie, nachdem wir eine Weile schweigend unsere Tiere bestaunt haben. »Jetzt müssen wir. Es gibt keinen Weg zurück mehr.«

Abreise

»Der Chüiten-Gipfel ist am schönsten«, sagt Herr Dalaikhan. Wie viele Kilometer dieser zu Fuß entfernt ist, weiß er aber nicht. »Zwei bis drei Wochen«, schätzt er. »Dafür geht ihr zuerst zurück nach Altai Sum, dann an Khar Nuur vorbei Richtung Khurgan Nuur. Behaltet Khoton Nuur zu eurer Rechten und überquert dann die Berge. Dort müsst ihr jemanden fragen, wie ihr am besten laufen sollt.« Herr Dalaikhan kann unsere Karte nicht lesen, aber anhand seiner Anweisungen zeichnen wir unsere Route auf. Unser erstes Ziel ist also der Chüiten-Gipfel, der höchste Gipfel des Landes (4.356 Meter) mit einem gut 14 Kilometer langen Gletscher. Wohin wir danach gehen, sehen wir dann. Erst mal los.

Wie lang unser Trip insgesamt dauern wird, ahnen wir auch nicht, aber wir haben zur Sicherheit Proviant für gut vier Monate eingepackt. Wir wissen schließlich, dass das Angebot in den wenigen Bergdörfern ziemlich minimal ausfällt. Deshalb haben wir uns kiloweise mit Reis, Mehl, Pasta, Haferflocken, getrocknetem Käse und Nüssen eingedeckt. Sowie zum Verschenken: Kekse, Ballons, Ausmalhefte und Stifte, Basecaps und große gepresste Teeblöcke. Die Fässer, die in den Segeltuchtaschen stecken, sind bis zum Rand gefüllt, mit einer obersten Schicht aus getrocknetem Fleisch, das uns Nurbolat geschenkt hat: »Dieses Fleisch hat so lang gelegen, dass ihr jetzt ein ganzes Schaf in der Hosentasche mitnehmen könnt! Damit kommt ihr erst mal eine Weile hin.«

Wir nehmen uns vor, noch ein paar Tage bei Herrn Dalaikhan zu bleiben, um unsere Tiere sich aneinander gewöhnen zu lassen und noch etwas zu üben, bevor wir wirklich aufbrechen. Doch Herr Dalaikhan scheint anderer Meinung zu sein.

»Kommt, packt euer Gepäck, wir gehen los«, sagt er, als Lynnea mir zeigt, wie man ein Pferd an eine Plastiktüte gewöhnt. Wir gehen los? Ich sehe Lynnea an. Was sagt er da? Es ist bereits vier Uhr nachmittags, und wir haben noch einen Haufen zu tun, doch davon will Herr Dalaikhan nichts wissen. »Ich bleibe heute Nacht noch mal bei euch«, sagt er, »morgen reitet ihr dann ohne mich weiter.« Damit geht er hinein, um sein Zelt zusammenzupacken.

Ich blicke erschrocken zu Lynnea, doch sie zuckt mit den Schultern. »Wenn Herr Dalaikhan sagt, dass wir aufbrechen, dann ist das so. Offenbar ist unser Abreisetag heute.« Sie scheint unerschrockener zu sein als ich, wie kann sie so relaxt sein? »Früher oder später müssen wir es tun«, erklärt sie. »Ob wir nun heute, morgen oder übermorgen aufbrechen. Wir müssen uns irgendwann trauen.« Ich weiß nicht, woher sie plötzlich diese Kraft nimmt, aber es beruhigt mich, dass wir das zusammen machen.

Ein wenig überfordert und gehetzt packen wir alles ein, nehmen Abschied von der Familie und machen uns auf den Weg, unser Anführer vorneweg.

»Ich bin nervös«, flüstere ich Lynnea zu.

Sie nickt. »Ich auch.«

Selbst unser tougher Herr Dalaikhan scheint nicht völlig gelassen zu sein. »Seid ihr sicher, dass ich nicht noch ein paar Tage mit euch mitreiten soll?«

»Bitte!«, möchte ich schreien. Alles in mir will, dass er bei uns bleibt, aber gleichzeitig bin ich mir mit Lynnea einig: Wir müssen irgendwann den Sprung ins kalte Wasser wagen. Es ist Zeit, ihn gehen zu lassen.

Am nächsten Morgen nehmen wir emotional Abschied. »Seid ihr euch sicher?«, fragt er ein letztes Mal und schreibt uns seine Telefonnummer auf einen Zettel. Nicht dass es Empfang gäbe, wo er wohnt, aber trotzdem ... Er schaut uns kurz an wie ein Vater, der akzeptieren muss, dass seine Kinder auf eigenen Beinen stehen wollen. Wir nicken: »Ja, wir sind uns sicher.« Er nickt ebenfalls, springt auf sein Pferd und mit Tränen in den Augen sehen wir ihm nach.

In mir herrscht ein Durcheinander der Gefühle – Angst, Freude, Nervosität, Euphorie, Unsicherheit –, und ich weiß nicht, was ich damit anfangen soll. Ich lasse alles über mich hinwegspülen und schicke dann via Satellitentelefon eine Nachricht an meinen Vater und an Dave: »Die Reise hat jetzt wirklich begonnen.«

Ein Hundeleben

Unsere ersten Tage ohne Herrn Dalaikhan verlaufen erstaunlich reibungslos. Die Pferde sind brav, die Kamele extrem geduldig und Lynnea und ich ein gutes Team. Während sie Feuer macht, baue ich das Zelt auf. Während ich den Tieren die Hobbles umlege, sammelt sie eine neue Ladung Dung. Als ich nicht verstehe, wieso sich ihr Pferd Izgi so seltsam bewegt, erklärt sie mir, dass er wahrscheinlich von Insekten geplagt wird. Mein Pferd Tor stört sich daran weniger, aber möchte immer dicht bei Izgi bleiben. Es ist Lynnea, die mir erst so richtig bewusst macht, dass Tiere eine eigene Persönlichkeit besitzen. Sie zeigt mir auch, dass man sich, wenn man sich Mühe gibt, ihre Sprache zu deuten, gegenseitig ganz gut verstehen kann. »Wenn du für sie sorgst, sorgen sie auch für dich«, sagt sie, während sie Izgi mit Weidenzweigen füttert.

In den vergangenen Jahren bin ich lieber allein gereist, aber allmählich begreife ich, dass aus eins und eins eine ganze Familie werden kann. Wir ergänzen uns gut, und als Lynnea vorschlägt, dass wir beide noch einen Hund mitnehmen, traue ich mich sofort, Ja zu sagen. In ihrer Begleitung wage ich, auch dieses Abenteuer anzugehen. Wir haben öfter darüber gesprochen, dass ein Hund uns und unsere Tiere beschützt, eine angenehme Gesellschaft ist sowie Wölfe und andere unerwünschte Besucher auf Abstand halten kann. Ich finde es eine fabelhafte Idee, habe aber keine Erfahrung mit Hunden. Lynnea schon, weshalb sie die Sache in die Hand nimmt. Am Abend suchen wir uns einen schönen Zeltplatz am Wasser in der Nähe eines Dorfes, wo Lynnea hofft, einen Hund kaufen zu können.

Lynnea macht sich früh auf den Weg, während ich auf die anderen Tiere aufpasse und gespannt abwarte, wann und womit sie zurückkommt. Es dauert lange, und ich beginne, mir allmählich Sorgen zu machen, als ich sie endlich näher kommen sehe. »Das ist Arlan«, sagt sie triumphierend und erzählt mir, wie sie ihn von einem Hundeleben an der Kette befreit hat. Da kann ich nicht anders. Schon seit Tagen streift ein Hund um unser Zeltlager herum, den ich mir als meinen neuen Begleiter auserkoren habe. Nach etlichen gescheiterten Versuchen, seinen Eigentümer ausfindig zu machen, locke ich ihn mit etwas Wurst an und nenne ihn Tetti. Ich gebe ihm zu essen, lasse ihn aber ansonsten frei. Er entscheidet sich schließlich von selbst, bei uns zu bleiben. Schon bald hängt er an Arlan und ist auch viel bei Simbat. So beginnt unser Lager, ein regelrechter Zoo zu werden. Ich trage Lynnea eine Gedichtzeile von Friedrich Torberg vor: *»Ich möchte gern zwei kleine Hunde sein und miteinander spielen.«*

Als wir weiterziehen, rennen die Hunde fröhlich um uns herum. Tagsüber sondern sie sich auch mal von uns ab, meist weil Tetti jagen will. Er bringt Arlan das Jagen bei, und so sehen wir ihre Köpfe regelmäßig in Kaninchenhöhlen verschwinden. Außerdem ist Tetti oft allein unterwegs und kommt dann mit einem Eichhörnchen oder einem Murmeltier an, und einmal sehe ich ihn sogar einen ganzen Kuhkopf anschleppen.

Abends dürfen die Hunde zu uns ins Zelt, vor allem wenn es kalt ist. Wenn jemand in die Nähe von uns oder unseren Sachen kommt, bellen sie laut. »Gut so, Tetti und Arlan, tut so, als wärt ihr gefährlich«, sage ich und bedeute unserem Besuch, dass sie ein Stück entfernt Kekse und Tee von uns bekommen können. So können wir sowohl gastfreundlich sein als auch unsere Sicherheit wahren.

Aus dem Rollstuhl in den Sattel

Alle Tiere haben so ihren eigenen Charakter. Tor ist beispielsweise nicht das mutigste Pferd im Stall, deshalb geht Lynnea meist mit ihrem Pferd Izgi voran. Unsere Höckertiere führe ich von Tor aus. Von den Kamelen ist Simbat zwar der Größere, aber vom Charakter her wirkt er kleiner, schüchterner, viel weniger stoisch als Lynneas Kamel Mogi. Unheimliche Dinge wie Flüsse überqueren tut er nur, wenn Mogi ihm vorausgeht.

Mit unserer Karawane dringen wir immer tiefer in den Tawan-Bogd-Nationalpark ein. Täglich werden die Berge höher, die Flüsse wilder, das Gras wird länger, und manchmal reiten wir sogar durch ein seltenes Stück Wald. Wir sind jeden Tag lange unterwegs, und unsere anfänglichen Ängste werden abgelöst von der unablässigen Suche nach Wasser und gutem Gras. Wir passen uns der Natur und den Bedürfnissen unserer Tiere an, nicht andersherum. Das Leben wird dadurch herrlich übersichtlich und schafft Raum für Gefühle.

»Was ist los?«, fragt Lynnea, als sie hört, wie ich ins Taschentuch schniefe. Ich sitze vor dem Zelt, schaue auf unsere Tiere und wische mir eine Träne weg. »Ich finde das so krass. Früher habe ich mich nicht mal in einen Aufzug getraut, und schau, wo wir jetzt sind! Was wir machen! Lynnea, echt, ich habe einen langen Weg hinter mir.«

Lynnea setzt sich neben mich und ermutigt mich, es ihr zu erzählen. Wir haben alle Zeit der Welt, und sie will alles hören. Über meine angsterfüllte Jugend, die Panikattacken und sogar über meine Zeit im Rollstuhl.

»Im Rollstuhl? Was meinst du damit? Wann hast du im Rollstuhl gesessen?« Erstaunt sieht sie mich an. »Du musst es mir nicht erzählen«, fügt sie hinzu, als ich kurz still bleibe.

»Nein, nein«, sage ich. »Es wird Zeit, dass ich darüber mal rede.« Ich denke kurz gut darüber nach, wo ich anfangen soll. »Es begann in Israel«, sage ich dann, den Blick auf den Boden gerichtet, »als ich mit meinem Vater und meinem Bruder im Urlaub war. Ich war damals 25 und hatte noch immer hin und wieder Panikattacken, die hatte ich noch nicht überwunden. Eines Morgens wurde ich wach mit einem ziehenden Schmerz im Knöchel und dachte, ich hätte mich einfach verlegen, dass er im Laufe des Tages weggehen würde. Aber das tat er nicht. Der Schmerz wurde immer schlimmer und begann, an meinem Bein hochzukriechen. Er breitete sich bis zu meiner Hüfte aus und dann das andere Bein wieder hinunter. Total seltsam. Und es hat so wehgetan! Es war, als ob die Muskeln die ganze Zeit angespannt wären.«

Mitfühlend hört sie sich meine Geschichte an. Selbst kämpft Lynnea mit Schlafstörungen und kann gut verstehen, wie furchtbar es ist, keine Kontrolle über den eigenen Körper zu haben.

»Genau wie du habe ich alles ausprobiert«, fahre ich fort. »Meditieren, massieren, Atemübungen, ein Gläschen Wein, tagelang schlafen, aber nichts half mir, mich zu entspannen. Wir haben uns das eine Weile angeschaut, aber als wir zu Pessach durch die Straßen von Jerusalem laufen wollten, bin ich zusammengeklappt.

Ich konnte einfach nicht mehr, der Schmerz war unerträglich. Mein Bruder opferte sich, mich die Via Dolorosa, den letzten Weg, den Jesus zurücklegte, auf seinem Rücken zu tragen. Seine Zwillingsschwester praktisch als Kreuz nehmend. Eigentlich ein schönes Symbol, nicht?« Nun kann ich darüber lachen, aber ich weiß noch gut, wie elend ich mich damals fühlte. »Mein Vater hat darauf bestanden, mich ins Krankenhaus zu bringen. Dort war es schrecklich. Alles war dreckig. Auf der Toilette klebten Exkremente an den Wänden, und um mich herum lagen sich übergebende, schreiende Menschen.« Während ich das erzähle, muss ich die Tränen zurückhalten, weil die Gefühle von damals wieder hochkommen. »Als der Doktor endlich kam, konnte er nichts finden und hat mir ein Muskelentspannungsmittel gespritzt.«

Ich erzähle, dass es nicht half und es zu Hause in den Niederlanden auch nicht besser wurde. Dass ich beinahe alle Abteilungen des Krankenhauses abgeklappert habe. Die Weißkittel haben mich abgetastet, Röntgenbilder und Tests gemacht und kamen am Ende zum Ergebnis: »Sie sind kerngesund, Frau Valkenier. Ihnen fehlt nichts, weder was Ihr Herz, Ihr Gehirn, Ihre Beine oder Ihr Blut angeht.« Warum ich solche Schmerzen hatte, konnte mir niemand erklären. »Muss wohl psychosomatisch sein«, beschlossen der Hausarzt und der Psychiater, aber das wollte mir nicht einleuchten. Alles lief gerade so gut. Ich hatte ein tolles Haus gemietet, war fertig mit Studieren, hatte meinen Traumjob gefunden und war umgeben von lieben Freunden. Ich konnte mir das echt nicht erklären. Was fehlte mir dann? Die einzige Erklärung, die meine Ärzte und mein Vater fanden, war, dass mein Körper endlich den Raum hatte, gegen meine wilden Jahre zuvor zu protestieren. Jene Jahre, in denen ich parallel zwei Studiengänge absolviert und noch dazu in Vollzeit in der Küche gearbeitet hatte.

»Mein Gott, Tamar, und da wunderst du dich, dass dein Körper protestiert? Das hält doch kein Mensch durch!« Lynnea spricht aus, was mein Vater auch vermutete. Dass ich meine

Bänder so lang überspannt hatte, bis sie nicht mehr zurückschnippen wollten.

»Ja, das sagten mir mehrere Leute, aber zu jener Zeit ging es mir ja gut. Außerdem hatte ich es noch nie ruhig angehen lassen. Die Erklärung mit den Bändern begriff ich zwar einigermaßen, aber das half mir nicht weiter, weil ich damit nichts konkret anfangen konnte. Inzwischen hatte ich solche Schmerzen, dass ich wirklich nicht mehr wusste, was ich tun sollte. Selbst zehn Minuten Rad fahren oder eine halbe Stunde laufen schaffte ich nicht mehr. Also bekam ich einen Rollstuhl, das war echt ein Tiefpunkt. Ich kam kaum noch raus und habe immer schlechter geschlafen. So geriet ich in eine Abwärtsspirale. Ich wollte laufen, aber es ging einfach nicht, und der Schmerz wurde nur noch schlimmer.« Ich mache eine Atempause und füge hinzu: »So wollte ich nicht leben.«

Ich höre auf zu reden. Mir ist bewusst, dass es heftig ist, was ich da erzähle, aber aus irgendeinem Grund macht es mir nichts aus, darüber zu sprechen. Vielleicht liegt es an der Wildnis, der Leere um uns herum, der Schönheit dieses Ortes oder an dem Mitgefühl in Lynneas Stimme, aber ich erzähle ihr, was ich noch nie jemandem erzählt habe. »Die Ärzte und Psychiater gaben auf, und ich deswegen auch. Ich hatte sogar Selbstmordgedanken …« Rückblickend finde ich es selbst schrecklich und habe diese Gedanken vor meinem Vater immer verheimlicht.

»Oh Mann, du Arme«, sagt Lynnea, die mir ein Taschentuch reicht für meine Tränen, »aber sag schon, was dann? Wie bist du da rausgekommen? Du sitzt ja ganz offenkundig nicht mehr im Rollstuhl, sondern im Sattel!«

Ich bin froh, dass sie das Gespräch in diese Richtung lenkt, denn ich will mich nicht von meiner damaligen Traurigkeit runterziehen lassen. »Eines Tages sagte mein Vater: ›Weißt du was, Tamar? Ich weiß nicht, ob es was hilft, aber es kann auch nicht schaden.‹« Er schlug mir vor, ich sollte seine Medikamente nehmen, seine Antidepressiva. Einfach, um es mal auszuprobieren, wir mussten schließlich irgendwas tun. Im ersten Moment reagierte ich abweisend. Ich war doch nicht depressiv! Zumindest nicht, bevor meine Beine mir den Dienst versagt hatten. Gleichzeitig war ich inzwischen so weit, dass ich eine Ananas als Hut aufgesetzt und mich jodelnd in Alufolie eingewickelt hätte, wenn das geholfen hätte. Der Hausarzt stimmte meinem Vater zu, dass es einen Versuch wert war, also begann ich langsam mit der Einnahme.

»Und? War das das Ei des Kolumbus?«

»Tja, wer weiß. Auf jeden Fall hat es geholfen. Ich kann mir bis heute nicht erklären, warum, aber es funktionierte: Meine Muskeln entspannten sich, der Schmerz ging weg. Als ob ein Ungleichgewicht in meinem Gehirn wiederhergestellt worden wäre, genau wie mein Vater es beschrieben hatte. Binnen einer Woche konnte ich wieder gehen, schlief besser und den Rollstuhl haben wir bei eBay eingestellt.«

»Wow, wie toll! Und was für eine Entdeckung. Es war Glück im Unglück, dass dein Vater solche Pillen daheim hatte!«

»Das stimmt. Aber ich wollte auch unbedingt wieder von den Medikamenten runter. Der Albtraum war noch nicht ausgestanden. Während des Absetzens kamen meine Beschwerden manchmal wieder zurück. Es dauerte bestimmt ein Jahr oder zwei, bis ich ganz pillenfrei war. Aber die gute Nachricht ist, dass der Schmerz in meinen Beinen nie mehr zurückgekehrt ist, und nun habe ich schon rund fünf Jahre keine Panikattacke mehr gehabt.« Mit verheulten Augen sehe ich Lynnea lächelnd an. Sie legt einen Arm um mich, und so sitzen wir noch lange da und reden.

Nasenring

Der arme Mogi leidet bereits seit einer Weile an einer Entzündung, die durch seinen Nasenring verursacht wurde, aber in den vergangenen Tagen scheint es schlimmer geworden zu sein.

Ständig reibt er seine Nüstern an allem und keucht herum. In den Bergen begegnen wir fast täglich Nomaden mit Kamelen und fragen sie, ob sie wissen, was mit ihm los ist.

»Nichts zu machen«, hören wir jedes Mal, »das wird schon wieder.« Niemand sieht einen Handlungsbedarf.

»Das kann nicht länger so weitergehen, Tamar«, sagt Lynnea. »Wir müssen echt etwas gegen die Wunde unternehmen. Mit oder ohne die Hilfe der Nomaden. Sollen wir es selbst probieren?«

Sie hat recht, aber ich weiß nicht, wie. Mogi schreckt zurück, sobald jemand seine Nüstern auch nur berührt.

»Sollen wir seine Vorderbeine festbinden?«, schlägt Lynnea vor. »Dann halte ich seinen Kopf fest, und du kannst dir seine Nase anschauen.«

Als ich daraufhin versuche, die Wunde zu inspizieren, brüllt Mogi los. Sein Mund schäumt, und er versucht, den Kopf wegzuziehen. Lynnea ist genauso groß und schwer wie er, ungefähr 55 Kilo, und muss ihre ganze Kraft zusammennehmen, um ihn zu bezwingen. Als ich endlich zur Wunde vordringe, erschrecke ich mich zu Tode. »Lynnea! Die Wunde ist voller Maden!«

»Das war es also, was immer rausflog, wenn er nieste. Das muss fürchterlich wehtun. Meinst du, du kannst sie herausholen?«

Das weiß ich zwar nicht, aber ich weiß, dass ich mein Bestes geben werde. Ich kann es nicht länger ertragen, dass Mogi so sehr leidet.

»Okay, bist du bereit?« Lynnea klemmt sich Mogis Kopf zwischen die Arme. Mit meiner Pinzette friemele ich ganz vorsichtig und mit viel Geduld 22 Maden aus seiner Nase. Wir desinfizieren die Wunde nach gutem alten mongolischen Brauch mit Wodka und mit Betadine-Spray und binden ihm daraufhin ein Halfter, damit er künftig nicht mehr an der Nase geführt wird. »Ich will mir gar nicht vorstellen, wie das wäre, wenn mich jemand an meinem Nasenring ziehen würde«, sage ich und grusele mich bei dem Gedanken. »Das sollten wir unseren Kamelen ersparen. Liebe Jungs, ihr seid von nun an nasenringfrei!«

Das muss gefeiert werden, also schenke ich zwei Schalen voll mit Wodka. »Gute Arbeit, Schwester Kunsulu.«

Der Point of Return

Jeden Morgen und Abend studieren wir die Karte und entwerfen eine Route. Bis auf ein paar Stückchen sibirischen Tannenwaldes ist die Landschaft so offen, dass wir oft schon Tage vorher sehen, worauf wir zugehen. Nur wie der Untergrund entlang unserer Route sein wird, ist im Vorhinein nicht immer so gut zu bestimmen.

Das Gras ist öfter sumpfig, aber es dauert nie lang, bis wir wieder festen Boden unter den Füßen haben. Meist ist es eine Frage des Durchhaltens, und man hat es schnell hinter sich, aber diesmal lässt der feste Boden sehr lange auf sich warten. Wir sind inzwischen von unseren Pferden abgestiegen, und es kostet mich Mühe, meine Füße aus dem Morast zu ziehen. Wir kommen nur äußerst langsam voran. Bei jedem Schritt der Kamele spritzt der Matsch zu allen Seiten hoch, und durch all den schwarzen Dreck gleicht unser helles Pferd Izgi einem Zebra. Wir stehen mitten in einem Moor. Hat es Sinn zurückzugehen? Wenn wir das tun, wissen wir, dass wir sicher noch ein paar Stunden durch Schlamm waten müssen. Oder gehen wir weiter und hoffen, dass es bald besser wird?

Wir gehen weiter. Unsere Tiere werden merklich müder und mit jeder Sekunde mürrischer. »Ich weiß, ihr Lieben«, sage ich zu ihnen. »Ich hoffe auch, dass wir bald aus diesem Elend heraus sind.« Ich springe von Stein zu Stein und versuche zu sehen, ob irgendwo schon Land in Sicht ist.

Plötzlich sehe ich, wie Izgi umfällt, und Lynnea gerät sofort in Panik. »Nein, nein, nein!!«, ruft sie, »nicht gut, nicht gut, Izgi, steh auf!« Izgi liegt auf der Seite und tritt verängstigt aus. Zumindest mit den drei Beinen, die noch frei sind. Sein anderes Bein steckt im Schlamm und steht in einem seltsamen Winkel ab.

Durch sein Getrete rudert er sich nur noch mehr in den Schlamassel und gibt schließlich auf. »Fuck!!«, ruft Lynnea. Lynnea, die ich noch nie zuvor habe fluchen hören. »Tamar, was, wenn er sich das Bein gebrochen hat?«

Falls dem so ist, dann ist die Chance gering, dass wir ihn retten können. Mir schießt ein Gedanke durch den Kopf, bei dem mir übel wird. Sollte Izgi sich wirklich sein Bein gebrochen haben, müssten wir ihn von seinem Leiden erlösen. Ich habe kein Gewehr bei mir, nur ein Messer. Bei dem Gedanken läuft es mir kalt den Rücken herunter.

Lynnea sinkt auf die Knie in dem Versuch, Izgi auszugraben. Ich setze mich zu ihr und schaufele mit. Mit bloßen Händen graben wir, so kräftig wir können, und es scheint sich etwas zu tun. Izgi tritt jetzt fester, und wir müssen aufpassen, dass wir nicht selbst verletzt werden. Es scheint eine Ewigkeit zu dauern, auch wenn es bloß ein paar Minuten gewesen sind. Letztendlich schafft er es, sich loszutreten, und rappelt sich auf. »Izgi! Du stehst!«, ruft Lynnea erleichtert. Wir untersuchen ihn von Kopf bis Huf, aber außer einem heftig zitternden Pferd können wir nichts Ernstes entdecken.

Als wir uns alle von dem Schock erholt haben, gehen wir weiter. Mitten im Moor können wir nicht bleiben. Es dauert noch viele Stunden, bis wir endlich draußen sind und uns ein Reiter entgegenkommt. Wir berichten ihm, wie wir dem Schicksal entronnen sind. Da schüttelt er den Kopf und weist uns auf die Route hin, die wir eigentlich hätten nehmen sollen.

Entmutigt zucke ich mit den Schultern. Dieser Tipp kommt einen Tag zu spät.

Weiße Schwäne, schwarze Schwäne

»Shit! Mein Satellitentelefon ist in meiner Tasche losgegangen!«, rufe ich Lynnea zu. »Die Notrufzentrale ist bereits im Einsatz.«

Eben dachte ich noch, es würde ein ruhiger Tag werden, aber da habe ich mich wohl getäuscht. Schnell annulliere ich den Notruf mit einer Nachricht an die Zentrale und bitte tausendmal um Entschuldigung. Sie antworten mir, dass sie uns schon den ganzen Tag im Auge behalten, aber nichts unternommen haben.

»Warum nicht?«, fragt Lynnea. »Da haben wir zwar Glück gehabt, weil ja nichts passiert ist, aber ein bisschen absurd ist das schon. Wozu haben wir den Knopf denn überhaupt?«

Ich lese ihr vor, dass sie offenbar auf dem GPS gesehen haben, dass wir uns seit dem Notruf mit derselben Geschwindigkeit und in dieselbe Richtung fortbewegt haben wie in den vergangenen Tagen. Aber auch, dass sie meinen Vater angerufen haben.

»Ach echt?«, sagt Lynnea. »Der hat sich doch bestimmt Sorgen gemacht?«

»Nein! Weißt du, was er ihnen gesagt hat? Dass bestimmt nichts passiert ist und wir den SOS-Knopf nur aus Versehen gedrückt haben. Dabei konnte er das gar nicht wissen!«

»Also ist kein Hubschrauber unterwegs?«, fragt Lynnea. »Das ist doch ungewöhnlich, oder? Wenn sie meinen Vater angerufen hätten, wären die Rettungssanitäter schon da, er hätte die Botschaft informiert und wäre längst in einen Flieger gestiegen.«

Ich muss darüber lachen, wie sie ihn beschreibt, und kann es mir lebhaft vorstellen. Anfang der Woche hatte ihr Vater ihr nämlich eine Nachricht geschickt, dass er sich Sorgen mache. Er hatte eine Doku über Menschenhändler gesehen. »Auf der ganzen Welt verschwinden Frauen. Seid bitte vorsichtig, ja?« Lynnea hatte mit den Schultern gezuckt. »Mein Vater ist manchmal etwas überängstlich. Er ist in einer üblen Gegend mit viel Gewalt aufgewachsen und sieht viel fern. Er denkt, dass alles, was er im Fernsehen sieht, auch mir zustoßen kann. Obwohl wir noch keinen einzigen Wolf gesehen haben, hält er jeden für ein Schaf im Wolfspelz.« Dann sagt sie: »Wie kommt es, dass dein Vater sich keine Sorgen macht?«

Lynnea stellt eine gute Frage, auf die ich eigentlich keine Antwort habe. »Tja, vielleicht weil ich immer so tue, als hätte ich alles unter Kontrolle und es gäbe keinen Grund, sich Sorgen zu machen? So ist er übrigens nicht immer gewesen. Als ich meine Fahrradreise gerade erst begonnen hatte, haben wir jeden Tag miteinander telefoniert, aber in den letzten Jahren hat er gemerkt, dass ich gut zurechtkomme. Er kann sich natürlich auch nicht das ganze Jahr lang Sorgen machen. Vielleicht geht seine Gelassenheit jetzt aber etwas zu weit? Wie wär's: Ich rede mit deinem Vater und du mit meinem?«

Das ist mein Versuch, eine Diskussion über unheimliche Männer in der Wildnis zu umgehen. Die Medien sind voll mit Geschichten von Mädchen, denen irgendwo mal was passiert ist, während man selten etwas von all den anderen Frauen hört, die durch die Welt reisen und eine super Zeit haben. »Das nennt man den Schwarzen-Schwan-Effekt.« Ich erzähle Lynnea von dem Buch von Nassim Nicholas Taleb, in dem er haarklein darlegt, dass sich unser Geist viel zu oft verleiten lässt durch höchst unwahrscheinliche Ereignisse, die er mit schwarzen Schwänen vergleicht. Schwarze Schwäne gibt es zwar, aber die meisten Schwäne sind ganz normal weiß. »Die Chance, dass wir diese Reise gut überstehen, ist sehr groß. Trotzdem bleiben die meisten lieber in ihrem Teich, aus Angst vor schwarzen Schwänen. Dabei ist realistisch gesehen das Gefährlichste auf unserer Reise der Verkehr in Ulaanbaatar. Weißt du noch, wie viele Unfälle wir dort gesehen haben?«

Lynnea nickt. »Ich glaube, die gruseligen Typen, die uns in den Bergen auflauern, sind schwarze Schwäne, die nur im Kopf meines Vaters existieren. Vielleicht ist das ein bisschen wie mit deinem Satellitentelefon. Sein Alarm geht viel zu schnell los.«

Ich denke über meinen eigenen Vater nach. Darüber, ob ich ihm dankbar bin, dass er so gelassen reagiert hat. Oder ob ich beunruhigt bin, weil er schon so viel Schlimmes gehört hat, dass er hinter jeder Ecke schwarze Schwäne vermutet.

Der Todespass

Während der zwei Wochen, in denen wir den Nationalpark durchqueren, erleben wir einige aufregende Momente, aber oft sind es nicht mehr als eben Momente, denn meist verläuft alles ziemlich ruhig. Ich stehe früh auf, mache Feuer und bereite das Frühstück zu. Wenn Lynnea wach wird, essen wir zusammen. Dann brechen wir unser Lager ab, bepacken die Kamele und machen uns auf den Weg. Den ganzen Tag lang laufen wir ruhig durch die Berge. Lynnea reitet auf Izgi, ich auf Tor, und unsere Kamele und Hunde folgen uns. Selbst ein Abenteuer wie dieses ist nicht jeden Tag sonderlich abenteuerlich. Daran gewöhnt man sich mit der Zeit. Auch wenn ich zugeben muss, dass das vor allem an Lynnea liegt. Ich vertraue ihr völlig bei allen Entscheidungen, die die Tiere betreffen. Sie wiederum stützt sich auf mich, wenn es darum geht, Kasachisch zu sprechen, wenn wir zu Besuch bei Nomaden sind, sowie was die Route anbelangt. Durch diese Teamarbeit können wir uns entspannen und voll in der Schönheit der Natur aufgehen. Manchmal reiten wir stundenlang, ohne ein Wort zu sagen, jede in ihre eigenen Gedanken versunken oder die Pracht des Tales bestaunend.

Heute ist so ein Tag. Die Felsen werden immer schärfer, die Gipfel spitzer und der Schnee tropft wie Kerzenwachs von den Bergen. Wir laufen durch ein Tal, das ebenso fruchtbar wie farbenfroh ist und vor Freude über den Sommer zu explodieren scheint. Grashüpfer springen unter unseren Füßen weg, während unsere Pferde durch die Wildblumen traben. Die Kamele trotten gemächlich vor sich hin. Niemand scheint sich Sorgen zu machen, wohin uns dieser Weg führt. Wo der Ausgang ist. Es gibt doch einen Weg raus aus diesem Tal?

Ich habe Lynnea noch nicht fragen können, als ich sehe, wie sie innehält. Sie blickt hoch. »Schau mal, siehst du den kleinen Pfad da? Der windet sich bis zum Gipfel hinauf. Ich glaube, das ist unsere Chance.« Ich hole Karte und Kompass heraus, um sicherzugehen, dass dieser Bergpass auch wirklich ins richtige Tal hinunterführt. Dann bereiten wir unsere Tiere vor: Die Gurte des Sattels müssen etwas gelockert werden, und wir lassen die Tiere noch mal trinken. Wir selbst werden gehen. Das macht man, wenn es so steil ist, hat uns Herr Dalaikhan beigebracht. Das ist auch gut so, wie man am Keuchen und Schnauben unserer Pferde und Kamele merkt. »Sie sind auch nicht mehr die Jüngsten.« Lynnea erinnert mich daran, dass die Pferde erst fünf und sechs Jahre alt sind, aber die Kamele bereits über zwanzig Jahre auf dem Buckel haben. »Ich finde, ihr macht das super«, sporne ich die beiden alten Herren an, während meine eigenen Waden brennen.

Das Haarbüschel am Hinterkopf von Simbats Kopf ist nassgeschwitzt, und Mogi muss regelmäßig kurze Pausen einlegen. Wir klopfen unseren Tieren liebevoll auf die Pobacken, singen ihnen etwas vor und versuchen, frohen Mut zu bewahren. Darin ist Lynnea die Meisterin, sie ist immer positiv und optimistisch.

Drei Stunden später stehen wir auf dem Gipfel und haben die Schinderei schnell vergessen. Mein Satellitengerät verrät mir, dass wir uns 3.600 Meter über dem Meeresspiegel befinden. »Ich glaube, so hoch bin ich noch nie gewesen, und ich hätte nie gedacht, dass ich mit einer ganzen Kolonne an Tieren einen solchen Gipfel erreichen würde.« Später sollte ich noch viele Berge erklimmen, auf denen viel mehr Schnee lag, die viel rauer, viel höher und viel gefährlicher waren, aber am heutigen Tag ist das der absolute Höhepunkt.

»Das ist echt … unglaublich.« Lynnea sieht sich staunend um. Die Aussicht ist wirklich der Wahnsinn.

»Dort Richtung Süden liegt China, dort Richtung Norden Russland und da, direkt vor uns, Kasachstan«, sage ich, während ich versuche, die gewaltigen Dimensionen zu erfassen. Um uns herum sehe ich nichts als Berge, Berge, Berge, und dazwischen grüne, farbenreiche Täler. »Dieses Land besitzt eine solche Fülle. Sieh dir das doch mal an, was für eine Pracht.« Ich setze mich auf einen Stein und starre eine Weile in die Gegend.

Ich schrecke hoch, als Lynnea mich ruft: »Guck mal, Ayculu!« Ich drehe mich um. Sie deutet auf die Schneefläche ein Stück entfernt. »Sieh nur, wie sie spielen.« Ich sehe Tetti Anlauf nehmen. Er springt von den Steinen in den Schnee, fällt, schlittert, springt wieder hoch und rennt hinter Arlan her, der sich umdreht, woraufhin beide nach oben rennen. Ich lege einen Arm um Lynnea, und gemeinsam schauen wir mit mütterlichem Stolz unseren Hunden zu.

»Ich könnte den ganzen Tag hierbleiben, aber sollen wir so langsam mit dem Abstieg beginnen?« Glücklicherweise haben wir das Schlimmste hinter uns, denken wir, wir müssen nur noch auf der anderen Seite runter.

»Kurz mal schauen, wie es da aussieht«, sage ich zu Lynnea und laufe rasch vorneweg. Aber als ich begreife, was uns erwartet, bleibe ich abrupt stehen.

»Und? Ist es leicht?«, fragt sie.

Leider nein. Der Abstieg besteht aus einem Schlachtfeld aus Felsen und zerbrochenen scharfen Steinen. Dazwischen verläuft ein winzig kleiner Pfad. Viel schmaler, steiler und unmöglicher als der Weg nach oben. Ich schaue nach, wie spät es ist: fünf Uhr. Wir haben nicht mehr lange, bis die Sonne untergeht, und irgendwo auf halbem Wege auf dem Berg campen kommt nicht infrage.

»Oh«, sagt Lynnea, als sie neben mir steht, »das sieht wirklich nicht leicht aus …«

Der schmale Pfad ist so steil, dass es selbst mir schwerfällt, mich auf den Beinen zu halten. Mein Pferd Tor läuft hinter mir, und bei jedem Schritt stößt er mich fast um.

»Vielleicht musst du ihn vorlassen«, rät Lynnea, die sieht, wie ich strauchele. Ihn vorlassen? Und dann? »Er wartet bestimmt auf uns, wenn er unten ist.« Auf dieses Glücksspiel hätte ich mich selbst nie eingelassen, aber Lynnea hat so ein gutes Gespür für unsere Tiere, dass ich ihrem Urteil vertraue. »Hey, Tor!«, rufe ich ihm noch nach, als ich sein Seil losmache und einen Schritt beiseitetrete, »aber schön brav unten auf uns warten, ja?«

Nun läuft mein Kamel Simbat hinter mir, und bei jedem Schritt spüre ich seinen großen Kopf auf meinen prallen. Ich bete zu Tenger, dem mongolischen Himmelsgott, dass er nicht ausrutscht und auf mich trampelt. Es kommt nicht von ungefähr, dass dieser Pass – wie wir später erfahren – als der Todespass bekannt ist und nur noch benutzt wird, wenn es gar nicht anders geht. Heute ging es nicht anders.

Wo bleibt ihr?

Tor? Wo ist Tor geblieben? Ich sehe mich um, aber kann ihn nirgends entdecken. Schon seit Stunden habe ich ihn nicht mehr gesehen, aber ich weigere mich zu glauben, dass er wirklich davongelaufen ist.

»Bestimmt grast er irgendwo«, sagt Lynnea, die ihn auch nicht erst seit gestern kennt. »Wir schauen einfach, wo es das beste Gras gibt.«

Sie hat recht. Da steht er, bis zu den Schultern im hohen Gras. »Oh, lieber Tor, warst du so schnell unten? Hast du leckeres Gras gefunden?« Ich lasse ihn weiterfressen und stelle ihm die anderen Tiere zur Seite. Wir gehen derweil zu der Jurte, die wir ein Stück entfernt stehen sehen.

»Sollen wir mal Hallo sagen?« Das machen wir immer, wenn wir eine Jurte in der Nähe von dem Ort sehen, an dem wir unser Lager aufschlagen wollen. Damit wollen wir vorfühlen, ob das in Ordnung ist. Auch wenn die Jurte sehr weit weg ist. Denn, so unsere Überlegung, wenn wir sie sehen, können sie auch uns sehen, und dann finden wir es respektvoller, uns vorzustellen und sie zu einem Tee einzuladen. Sich mit Einheimischen anzufreunden ist außerdem der beste Schutz und jeder anderen Überlebensstrategie überlegen. Ich zitiere ein berühmtes mongolisches Sprichwort: *»Ein Mann in der Steppe ohne Freunde ist so schmal wie ein Finger; ein Mann mit Freunden ist so weit wie die Steppe.«*

Mit dem Adrenalin vom Todespass noch im Körper gehen wir lächelnd auf die kleine, schwerfällige Frau zu, die uns bereits erwartet. Sie hat O-Beine vom Reiten und einen krummen Rücken vom Alter, ich schätze sie auf um die achtzig. »Kunsulu«, sage ich und deute auf Lynnea. »Ich bin Ayculu.« Meist übernehme ich das Reden. Mein Kasachisch ist nur geringfügig besser als das von Lynnea, und ich pauke jeden Abend bis zum Umfallen, um mehr dazuzulernen.

Als sie unsere Namen hört, beginnt die Frau augenblicklich zu strahlen. Ihren Worten und Gesten entnehme ich, dass sie uns fragt, wieso wir so lang gebraucht haben. Sie hatte uns schon ein paar Tage eher erwartet. »Dalaikhan, richtig?«, fragt sie und besteht darauf, dass wir hereinkommen.

Es ist nicht das erste Mal, dass man uns erkennt. Vergangene Woche erst hörten wir plötzlich, wie jemand unsere Namen über die Ebene rief. »Ayculu! Kunsulu! Wie geht es euch, Mädchen? Alles gut?« Ein unbekannter Reiter wollte mit uns ein Schwätzchen halten und setzte anschließend seinen Weg fort. Die Mongolei mag zwar gigantisch sein, aber in gewisser Weise ist es doch ein kleines Land: Jeder kennt jeden, und Neuigkeiten verbreiten sich wie ein Lauffeuer.

Einige Nomaden wundern sich bestimmt, was wir hier machen. »Ich studiere das Leben«, möchte ich ihnen erklären. »Ich reise schon lange Zeit durch die ganze Welt und besuche verschiedene Kulturen, um herauszufinden, warum Menschen tun, was sie tun. Ich versuche, die Menschen besser zu verstehen, und überlege jedes Mal, ob ihre Art zu leben vielleicht auch etwas für mich sein könnte.« Ich analysiere, wen ich mag, wen nicht, warum und was ich aus diesen Begegnungen mitnehmen kann. Was macht den Menschen glücklich? Was macht mich glücklich? Wie kann ich ein gutes Leben führen? Ich finde es schade, dass mein Kasachisch für solche Unterhaltungen nicht ausreicht, und finde es gleichzeitig auch schön, dass wir dennoch auf ganz grundlegender Ebene eine Verbindung herstellen können.

»Kommt, setzt euch«, bedeutet uns die alte Frau, »ich mache einen Tee.«

Visa-Schreck

»Kunsulu, es hat geklappt! Ich kann mitreiten!«, rufe ich schon von Fernem, in der Hoffnung, dass sie mich hören kann. Wir stehen am Fuß des Chüiten-Gipfels, dem Kronjuwel unserer Reise, aber es ist mir nicht gegönnt, den Anblick ausgiebig zu genießen, denn ich muss weg. Mein Visum läuft in ein paar Tagen aus, und ich muss das Land verlassen, um ein neues zu beantragen. Lynnea muss das glücklicherweise nicht. Sie ist US-Amerikanerin, hat aber auch einen deutschen Pass und darf deshalb insgesamt vier Monate bleiben. Ich nur zwei.

Die ganze Woche sind wir bereits auf der Suche nach einer Möglichkeit, wie ich wieder zurück nach Ulaanbaatar kann. Bislang ohne Erfolg, und inzwischen bin ich gehörig nervös. Was, wenn ich zu spät komme und nicht mehr das Land betreten darf? Ich kann Lynnea und unsere Tiere doch nicht einfach so zurücklassen?

Dila ruft mich. »Komm, Tamar, der Bus fährt.« Dila habe ich vor einigen Wochen in Ulaanbaatar kennengelernt, sie führt hier gerade eine Touristengruppe durch die Gegend. Es sind die ersten Touristen, die wir seit Wochen sehen. Rein zufällig bot sie mir an, mich mit zurückzunehmen. Ich staune regelmäßig über die Zufälle in meinem Leben, aber das setzt dem Ganzen die Krone auf. Der Bus stößt bereits dunkle Dieselwolken aus, ich muss nur noch einsteigen.

Schnell helfe ich Lynnea, alles fertig zu machen vor meiner Abfahrt. Sie wird in der Zwischenzeit unsere Tiere allein versorgen. »Ich habe inzwischen mit den anderen Touristen dort drüben geredet«, sagt sie, »und ihre Reiseführer haben uns angeboten, uns zu helfen. Sie wollen in deiner Abwesenheit die Pferde versorgen.«

Ich umarme sie eilig. »Wie toll! In letzter Sekunde wird doch noch alles gut!« Dann streichele ich noch einmal alle Tiere und renne zurück zu Dila. Nicht dass sie noch ohne mich wegfahren.

Zehn Minuten später stehe ich noch immer am Bus, während wir auf einen letzten Touristen warten, als Lynnea mit den Führern angeritten kommt. Als sie näherkommen, sehe ich, dass sie weint. Sie wagt es kaum, mich anzusehen. »Was ist los?«, frage ich erschrocken. Sie deutet hinter sich, zu Simbat, und die Welt hört auf einmal auf, sich zu drehen. Blut strömt ihm aus der Nase. Alles ist mit rotem Schleim beschmiert. »Das kann nicht wahr sein. Sag, dass das nicht wahr ist! Mein lieber Schatz, was ist mit dir?«, rufe ich.

Lynnea stottert. Sie erzählt, dass die Führer Simbats Führseil vom Halfter abgemacht und an seinem alten Nasenring befestigt haben. Damit haben sie ihn an Mogi festgebunden, mit einem Knoten, der nicht mehr aufging. Lynnea hat noch protestiert, dass wir das nicht mehr so handhaben würden. Aber diese Führer wussten es angeblich besser und waren so bestimmend, dass Lynnea nicht wagte einzugreifen. Als der Tross sich in Bewegung setzte, war Simbat stehen geblieben. Mit einem Ruck am Seil wurde sein Nasenring rausgezogen. Völlig rausgerissen. Lynnea sieht mich mit wässrigen Augen an. »Es tut mir so leid, Ayculu«, bringt sie unter Schluchzen hervor.

»Was?! Wie können sie es wagen!« Ich bin wütend, traurig, machtlos. Ich gehe zu Simbat und umarme ihn, sodass meine Klamotten und mein Haar schon bald mit Blut durchtränkt sind. »Mein armer Schatz, das muss so wehtun.«

Inzwischen bedeutet Dila mir, dass ich mich beeilen muss, sie wollen los und warten nur noch auf mich. Ich schaue zum Bus, zu Lynnea, zu Simbat und auf das Blut an meinen Händen, auf meinem Pulli und meiner Hose. »Geh nur«, sagt Lynnea leise, »du musst jetzt wirklich los.«

Ich umarme sie noch einmal, und kurz liegen wir uns weinend in den Armen. »Es ist so schrecklich, Lynnea, es tut mir leid, dass ich dich ausgerechnet jetzt allein lassen muss … kommst du klar?« Sie nickt.

Es sind vier Tagesfahrten bis nach Ulaanbaatar. All die Zeit über spreche ich kein Wort und starre schweigend aus dem Fenster. Einige meiner Mitfahrer versuchen, mich zu trösten, aber daran habe ich kein Interesse. Sie begreifen es ja doch nicht. Niemand kann verstehen, wie sehr ich dieses Kamel liebe und wie schuldig ich mich gegenüber Lynnea fühle, weil ich ihr meine Probleme aufgehalst habe.

Rückkehr

Neun Tage nachdem ich in den Bus in die Hauptstadt gestiegen bin, stehe ich wieder neben Lynnea mit einem neuen Stempel in meinem Pass. Die Reise war lang und hat mich viel Geld gekostet, aber ich bin erleichtert, dass alles geklappt hat.

»Simbat sieht gut aus!«, sage ich, als ich mich ihm an den Hals werfe. Seine Wunde ist auf wundersame Weise im Eiltempo verheilt und seine Hängelippe wieder verschwunden. »Wie lief es?«, frage ich, gespannt darauf, wie es Lynnea ohne mich ergangen ist.

Sie lächelt und streckt den Daumen in die Höhe. »Die Führer haben gut für unsere Pferde gesorgt«, sagt sie und deutet auf Tor und Izgi. »Es war herrlich, nur mit den Kamelen und Hunden zu gehen. Das hat richtig gut funktioniert. Und stell dir vor, Tamar, ich traue mich mittlerweile sogar, Simbat von der Leine zu lassen.«

Ich schaue sie ungläubig an. »Nein, echt?«, rufe ich, »läuft er denn nicht weg?«

Sie schüttelt den Kopf. »Er kommt immer zu Mogi zurück. Ist das nicht toll?«

Toll ist das definitiv, und ich erfreue mich noch den ganzen restlichen Abend an unserem frei laufenden Kamel. In den vergangenen Wochen haben wir beide daran zu knabbern gehabt,

Schweizer Schönheit

Als ich noch keinen Schimmer hatte, worauf ich mich einlasse …

Kroatische Küste

Mitfahrgelegenheit mit Fahrrad

Magisches Montenegro

Der Hulk während seiner OP

Einen Srebrenica-Besuch verarbeiten beim Musikfestival in Guča, Serbien

Besuch im Naturpark Blidinje, Bosnien

Auf dem Boot mit Rad in Kroatien

Mit Dave auf dem Tandem durch Europa

Familienbesuch in Australien

Kamele bepacken ist anfangs eine Herausforderung

Vier Monate durch das Altaigebirge

Lynnea zog drei Monate lang mit mir umher

Unsere Hunde Tetti und Arlan waren immer in der Nähe

Meine Liebe zu Simbat wird hier mehr als deutlich

Lange Winter: Bereits im August werde ich im Schnee wach

Fast bis zu den Ohren bin ich im eiskalten Fluss

Beginn meiner Solotour. Ohne meine Pferde wäre ich nie so weit gekommen

RECHTS OBEN Muttergefühle für mein Pferd, mein Kamel und meinen Hund

MITTE Adlerjagen kann man nicht jung genug lernen

RECHTS UNTEN Meine Tiere brachten mich auf die höchsten Berge des Landes, inklusive einem 14 km langen Gletscher

Nach vielen Monaten Training endlich eine echte Valkenier (Falknerin)

Adlerjagen

Mein Pferd Izgi, mein mutiger, treuer Gefährte

Meine kleine Reisegruppe, die ich schmerzlich vermisse

Mit Miriam auf Jagdexpedition in Neuseeland

Drei Monate lang lebten wir von der Natur: vom Jagen, von wilden Pflanzen, Beeren und Fisch

In den Bergen war das Wasser unser größter Feind

600 Kilometer mit meinem Esel durch Jordanien

Yustra half mir, Wasser durch das trockene Landesinnere zu tragen

Graeme und Yustra, die mit mir jede Hürde nahmen

Als echte Beduinin habe ich endlich Petra erreicht

dass wir die enorme Freiheit, die wir genießen, zum Teil der Unfreiheit unserer Pferde und Kamele zu verdanken haben. Obwohl wir sie so gut wie möglich versorgen, laufen sie tagsüber doch immer an der Leine und binden wir sie nachts an einem Pflock fest. Können wir das überhaupt rechtfertigen? Sind unsere Tiere ohne uns nicht besser dran? Wir haben noch keine Lösung gefunden. Sie scheinen es nämlich auch schön mit uns zu finden. Unsere Pferde sind gern beisammen, und eigentlich müssen wir nur eins führen, das andere kommt von selbst hinterher. Und jetzt ist das auch mit den Kamelen so.

Dank der Nomaden, dank dieser Tiere und des gegenseitigen Vertrauens, das wir aufgebaut haben, lerne ich, dass ich nicht nur eine Besucherin bin in der Natur, sondern genauso ein Teil davon. Die Harmonie von Mensch und Tier wird mir immer bewusster. Ich merke, dass ich, indem ich in der Natur und mit unseren Tieren Zeit verbringe, zur Ruhe komme und auch als Mensch milder werde. Für mich sind Simbat, Tor und Tetti ein wenig wie meine Kinder, ich kann ihnen nichts übel nehmen. Sie sind, wie sie sind, das muss ich akzeptieren. Mehr noch, das finde ich gerade das Schöne an Tieren, und ich beschließe, künftig auch Menschen auf diese Weise zu begegnen. Ohne Vorurteile, ohne Erwartungen, mit Wärme und Mitgefühl. »Gute Nacht, Kunsulu«, sage ich zu Lynnea und nehme mir vor, mich nicht mehr zu ärgern, wenn sie morgens erst spät das Zelt verlässt. Ich ärgere mich doch auch nicht über Simbat, wenn er beim Bepacken nicht mitmachen will.

Am folgenden Morgen ist es so weit. Wir springen aufs Pferd, und ich führe Mogi am Seil. Simbat läuft tatsächlich brav hinterher, knabbert alles an, was er lecker findet, und merkt nicht immer, dass wir schon längst weitergegangen sind. »Simbat, kommst du mit?«, rufe ich, aber er hört mich nicht. Wenn er hochschaut, erschrickt er, dass wir schon so weit weg sind, und wie ein Kleinkind mit Verlustängsten rennt er uns nach. Als ob er sagen wollte: »Wartet auf mich!« Unterwegs verliert er mitunter Teile des Gepäckes, dann müssen wir die Sachen aufklauben und ihn neu bepacken. Das ist zwar umständlich, aber das ist es mehr als wert. Ein freier Simbat stimmt uns alle glücklich.

»Das ist nicht fair, was?«, frage ich Mogi, den wir angeleint haben, weil sie sonst ewig zu zweit stehen bleiben und grasen. »Aber wir helfen dir. Sag mal, was frisst du gern?« Ab und zu sieht man lila Blumen, die jedes Mal Mogis volle Aufmerksamkeit genießen, und wir laufen extra im Zickzack durch die Steppe, um möglichst viele davon zu finden. »Da ist noch eine, Mogi! Schnapp sie dir. Da, noch eine.«

Simbat, der Wassermann

Es ist der 14. August. Wir sind vor fünf Wochen bei Herrn Dalaikhan aufgebrochen, und jeder Tag ist inzwischen genauso gewöhnlich wie magisch, ebenso bezaubernd wie alltäglich. Fast ohne darüber nachzudenken, bepacken wir unsere Kamele, reiten auf unseren Pferden und sorgen für unsere Hunde. Es ist normal geworden.

Wir gehen immer, solang wir Lust oder bis wir ein schönes Fleckchen Gras und eine Wasserstelle gefunden haben. Der Tawan-Bogd-Nationalpark war wunderschön, und nun sind wir unterwegs zum Yamaat-Tal, einem weiteren Höhepunkt. In Australien habe ich mich mit Tim Cope, Autor von *Der Steppenreiter: Auf den Spuren der Nomaden von Asien nach Europa*, angefreundet, und nun verspricht er uns: »kristallblaue Bergseen, ein Meer aus hohem, wogendem Gras und Wildblumen, so weit das Auge reicht«. Über das Yamaat sagte er mir damals: »Womöglich ist es dort sogar noch schöner als im Tawan Bogd. Mitte August verlassen alle Nomaden das Tal, dann habt ihr es ganz für euch allein.« Das habe ich mir gut gemerkt.

Es ist allerdings nicht leicht, dort hinzukommen. Lynnea studiert bereits seit zwanzig Minuten die Karte und hat noch immer nicht raus, wie wir am besten vorgehen sollen. »Da ist ein Bach«, zeigt sie mir, »und da ein großer See. Dazwischen sehe ich nichts. Es wird nirgends Schatten geben und auch keine Grashalme für die Tiere.« Vor uns liegt eine riesige, trockene Steppe, die wir durchqueren müssen.

Es ist das erste Mal, dass wir Probleme haben, ausreichend Wasser zu finden. Sonst sind wir jeden Tag auf einen Fluss oder See gestoßen. Das Wasser trinken wir durch unsere Filterflaschen oder kochen es ab. Wasser aus der Wildnis muss man nämlich erst reinigen, bevor man es trinkt. Das gilt ganz sicher in der Mongolei, wo das Vieh das Wasser verunreinigt und noch die Beulenpest grassiert.

»Wenn wir es am Stück durchziehen, können wir den See in zwei Tagen erreichen. Sollen wir das versuchen?« Ohne Wasser oder etwas zu essen werden unsere Tiere mürrisch sein, aber wir nehmen an, dass wir zurechtkommen.

Gesagt, getan. Wir stehen früh auf, und mit etwas Durchhaltevermögen gelingt es uns, am nächsten Abend noch vor Anbruch der Dunkelheit am See zu sein. Tor ist der erste, der zum Wasser rennt. Wir kämpfen uns gerade noch durch den Lehm, um das Ufer zu erreichen, als Tor bereits zurückkommt. Er will nicht trinken. Auch Izgi spuckt das Wasser wieder aus.

»Was verhalten die sich denn so komisch?«, fragt Lynnea, während wir uns weiter abmühen, aber dann fällt es mir wie Schuppen von den Augen. »Verflucht!«, rufe ich, als ich einen Schluck aus dem See nehme. »Es ist Salzwasser!«

»Was?« Lynnea stellt sich neben mich und kostet ebenfalls. »Wie kann das sein? Wir sind meilenweit vom Ozean entfernt!«

Ich wusste nicht, dass es so etwas wie Salzwasserseen gibt, und hatte das auch nicht in unseren Planungen berücksichtigt. Eine harte Lektion. Denn ohne Essen kommt man notfalls ein paar Tage aus, unter gewissen Umständen sogar Wochen, aber ohne Wasser überlebt man nicht, und wir haben keinen Tropfen mehr. »Wir müssen weiter«, sage ich, nachdem wir uns von dem

Schrecken erholt haben. »Notfalls bis in die Nacht hinein. Wir müssen alles daransetzen, ein Nomadenlager zu finden. Denn wo Menschen sind, da ist auch Wasser.«

Wir laufen in östliche Richtung. Wir alle, außer Simbat. Hat er es jetzt endgültig satt? »Simbat«, rufe ich, »mein Süßer. Ich verstehe ja, dass du nicht happy bist, aber du musst jetzt bei uns bleiben. Das ist nicht der Moment, um ungehorsam zu sein.« Doch Simbat hört nicht und läuft beharrlich weiter. Gereizt springe ich auf Tor und nehme die Verfolgung auf.

»Nicht zu schnell«, ruft Lynnea noch, was mich daran erinnert, dass Kamele ziemlich schnell rennen können. Wenn er das tut, haben wir echt ein Problem.

»Warte doch, Simbat, bleib stehen!« Ich komme nicht hinterher. Er verschwindet über einen Hügel, sodass ich Tor ansporne hinterherzugaloppieren. Ich hoffe, ihm von dieser Seite den Weg abschneiden und ihn zurück zur Gruppe bringen zu können.

Auf der anderen Seite sehe ich ihn wieder. »Hoosch«, sage ich. Ich komme zum Stehen und traue meinen Augen kaum. Dann winke ich Lynnea herbei.

Als sie uns mit Izgi und Mogi eingeholt hat, ist sie genauso erstaunt wie ich. »Das darf doch nicht wahr sein!«, ruft sie, während sie neben mir steht und sich dieses Schauspiel ansieht.

Ich nicke und sage mit mütterlichem Stolz: »Doch, es ist wirklich so. Das ist unser Simbat.«

Simbat trinkt aus einem winzig kleinen Bach. Ein Süßwasserbach, wie nur er ihn finden konnte, weil wir ihm vertraut haben, ohne Führseil mit uns zu gehen. Seine Freiheit ist unsere Rettung.

Immer am grauen Horizont vorbei

Die Tage scheinen rasend schnell zu vergehen. Alle beide haben wir das Zeitgefühl verloren. Wir sind rund zwei Monate auf Achse, aber es ist, als würden wir schon seit Jahren zusammenleben und als würde es immer so weitergehen. Der Gedanke, dass das irgendwann ein Ende haben könnte, ist mir schon lange nicht mehr gekommen.

Gerade als ich mich in unserer Teamarbeit eingerichtet habe, kündigt Lynnea an, dass sie nicht mehr lange bleiben wird. »Unsere Reise war wirklich fantastisch, Ayculu, aber für mich wird es Zeit, wieder nach Hause zu gehen.«

Es ist, als hätte sie mir eine schallende Ohrfeige verpasst. Die Neuigkeit ist schwer zu verdauen. Wir haben endlich alles im Griff, und ich selbst verspüre noch kein Bedürfnis aufzuhören, aber ich kann natürlich nichts anderes tun, als ihren Wunsch zu akzeptieren. »Okay«, sage ich, »das finde ich echt schade, aber wenn du nach Hause willst, regeln wir das.«

Ein großer Truck mit schwarzen Blöcken rast an uns vorbei. Wir bedecken Mund und Nase gegen den Staub, den er aufwirbelt. In der Ferne ragen Kräne in den Himmel. »Das ist eine Kohlemine!«, sagt Lynnea, die es sofort erkennt.

Es ist das erste Mal, dass ich mit eigenen Augen sehe, was eine solche Grube mit einer Landschaft macht.

Große Maschinen graben sich durch viele Schichten Erde hindurch und zerstören alles, was ihnen in den Weg kommt. Am Ende hat man tiefe schwarze Krater, als ob eine Bombe eingeschlagen wäre. Genau wie Lynneas Nachricht bei mir wie eine Bombe eingeschlagen ist.

Sie hätte sich für ihre Ankündigung keinen besseren Ort aussuchen können, dieses triste Elend passt zu meinem Gemütszustand. Das Kohlebergwerk, das Dorf daneben und die paar Wohnungen, an denen wir vorüberkommen: Alles mutet trübselig an. Die Menschen blicken finster drein, die Luft hängt bleiern über allem, und ich fühle mich so leer wie die Wodkaflaschen, die zerschlagen am Boden liegen. Oh, wie werde ich Lynnea vermissen!

Wo sind sie?

Zwei Tage später kommen wir endlich im Yamaat-Tal an. Langes, wogendes goldgelbes Gras, eine unglaubliche Vielfalt an Blumen, Kräutern, Düften und ein atemberaubender Blick auf hohe Berge, auf denen das ganze Jahr eine Schneedecke liegt. Womöglich ist es sogar noch schöner, als ich es mir vorgestellt hatte.

Genau wie Tim vorhergesagt hatte, haben wir in den vergangenen Tagen ganze Familien das Tal verlassen sehen. Mit Sack und Pack, die Kamele vollbepackt, begeben sie sich auf die Suche nach grünerem Gras, wärmeren Temperaturen oder einem besseren Windschutz.

So haben wir dieses Paradies für uns ganz allein. Einen Ort, an dem wir die Weite und Freiheit genießen können, aber auch jederzeit der Winter zuschlagen kann.

Wir haben womöglich den schönsten Zeltplatz auf unserer gesamten Reise gefunden, und als ich am nächsten Morgen wach werde, springe ich wie ein Kind beim ersten Schnee auf, um in den weißen Flocken zu tanzen. »Es schneit, Lynnea, komm raus und schau dir das an, alles ist weiß!« Das Tal hat sich über Nacht in ein Winterwunderland verwandelt. Wir fegen den Schnee von unseren Tieren, werfen Schneebälle und machen einen Schneemann in Form eines Kamels. »Schau, Simbat, das bist du!« Es ist fantastisch zu sehen, wie der weiße Teppich das Tal bedeckt. Eine paradiesische Unschuld, die uns dennoch auch Sorgen bereitet. »Meinst du, wir kommen noch über den Bergpass rüber? Simbat und Mogi rutschen ja schon weg, sobald das Gras nur ein bisschen feucht ist.«

Unsere Sorgen stellen sich als unbegründet heraus. Es ist der 20. August, und der Schnee schmilzt in der Morgensonne. Ich nehme meine Mütze wieder ab, verstaue den Schal wieder in der Tasche und brauche auch meine Daunenjacke nicht mehr. Um elf

Uhr vormittags ist bereits sämtlicher Schnee verschwunden, und ich führe die Karawane im Sommerkleidchen über den Bergpass.

»Was für eine Pracht!«, rufe ich, als wir das Bergplateau erreichen – eine ausgedehnte Hochebene mit Farbtupfern in Form von unfassbar blauen Seen und spitzen, dauerweißen Gipfeln rings um uns herum. Eine so wilde, so raue, so pure Natur wie hier habe ich noch nie gesehen. Tim hat recht: Das ist der schönste Fleck der Erde.

»Lass uns dort bei dem ersten See unser Camp aufschlagen und die Umgebung erkunden gehen«, schlägt Lynnea vor.

Wenig später sitzen wir am Ufer, nehmen ein Fußbad im eiskalten Wasser des Gletschersees und planen die nächsten Schritte. Der Moment rückt näher, da wir auseinandergehen. In den vergangenen Tagen haben wir viel darüber gesprochen, aber bislang haben wir keinen konkreten Plan gefasst. Das muss nun dringend geschehen. In ein paar Tagen bereits reist Lynnea ab, danach werde ich allein weiterziehen.

Es ist fast drei Monate her, seit wir uns begegnet sind. Es fühlt sich so selbstverständlich an, mit ihr unterwegs zu sein, dass ich mir noch gar nicht vorstellen kann, bald wieder allein zu sein. Einerseits freue ich mich darauf, endlich mein Vorhaben einer Solotour zu verwirklichen, andererseits schmerzt es mich, nun allein zu Ende führen zu müssen, was wir gemeinsam begonnen haben.

»Sollen wir schauen, wie wir den ganzen Kram verteilen?«, fragt Lynnea. Wir legen alles, was wir dabeihaben, vor uns auf dem Boden aus. »Wie lange planst du eigentlich noch unterwegs zu sein?«, fragt sie.

Das weiß ich nicht genau. »Auf jeden Fall bis Mitte September. Dann will ich bei dem Adlerfest in Sagsai sein. Weißt du noch? Herr Dalaikhan hatte uns davon erzählt. Er müsste auch dort sein, er nimmt jedes Jahr daran teil. Falls ich ihn dort treffe, soll ich ihm dann die Tiere schenken?«

»Das wäre super! Falls das klappt? Ich kann mir kein besseres Zuhause für sie vorstellen! Aber wo wir gerade über die Tiere reden, wie wollen wir das machen?« Auf diese Frage haben wir bislang vergeblich eine Antwort gesucht.

»So gern ich es auch würde«, sage ich, »aber allein schaffe ich es nicht mit zwei Kamelen und zwei Pferden. Ich werde entscheiden müssen, wen ich mitnehme.« Bei der Vorstellung wird mir übel wie einer Mutter, die sich zwischen ihren Kindern entscheiden muss. Ein Kamel ist praktisch für das Gepäck, und ein Pferd braucht man zum Reiten, insofern liegt es auf der Hand, dass ich mich für meine eigenen Tiere Tor und Simbat entscheide. Aber wo lassen wir dann Izgi und Mogi? Gehen wir in die bewohnte Welt, um sie dort zu verkaufen? Sollen wir Herrn Dalaikhan oder Nurbolat anrufen? Lassen wir sie frei? Und falls ja, wo?

Während wir alle Optionen abwägen, sinkt die Sonne, und es wird schnell kühl und dunkel. Zeit, um die grasenden Kamele zurück zu unserem Lager zu holen.

»Wo sind sie? Siehst du sie?«, fragt Lynnea und späht durch ihr Fernglas. Wir waren so in unsere Karte und unser Gepäck vertieft, dass wir sie außer Acht gelassen haben.

»Das letzte Mal, als ich die Kamele gesehen habe, sind sie in die Richtung gelaufen«, sage ich und deute nach Osten. »Sie können nicht weit weg sein.« Aber trotz aller Anstrengungen können wir sie nicht finden.

Wir suchen weiter, doch an diesem Abend und auch am nächsten Tag haben wir keinen Erfolg. Drei Tage lang folgen wir Hufabdrücken, riechen an Kamelkacke und suchen von Sonnenaufgang bis Sonnenuntergang die gesamte Umgebung ab. Nichts.

Ich lasse mich auf den Boden plumpsen und starre niedergeschlagen vor mich hin. Was für ein Albtraum. Wo sind sie nur? Warum kommen sie nicht zurück? Was, wenn wir sie nie wiederfinden?

Abschied

Noch vor ein paar Tagen waren wir zwei Frauen, zwei Pferde, zwei Kamele und zwei Hunde. Nun sind die Kamele weg, und Lynnea ist kurz davor, mit Arlan zu Herrn Dalaikhan zu fahren. Ihr Heimflug geht in einer Woche, und ich kann schlecht allein weiter nach unseren Kamelen suchen. Was soll ich tun? Ich kann sie doch nicht einfach so zurücklassen?

»Warum eigentlich nicht?«, sagt Lynnea schließlich zu meinem Erstaunen. »Sie sind doch am perfekten Ort. In den nächsten Monaten lebt hier niemand, und es gibt genug Wasser und Gras. Der Winter steht vor der Tür, und so können sie sich vorher stärken und ihr Überleben sichern. Eigentlich erscheint mir das ideal.«

Kurz bin ich perplex, aber sie hat eindeutig recht: Dies ist der beste Ort zum Überwintern. Wir haben beobachtet, dass ihnen in den vergangenen Monaten ein dickes Fell gewachsen ist, und hier können sie rasten und fressen.

»Die Kamele haben uns bestimmt gehört und sind daraufhin davongelaufen«, sage ich zu Lynnea, die das Gleiche denkt. »Sie wollen natürlich nicht voneinander getrennt werden. Wie konnten wir das nur ernsthaft überlegen? Es sind schließlich Herdentiere, und wir wissen doch, wie sehr die beiden aneinander hängen.«

Lynnea beruhigt mich: »Sie sind auf jeden Fall zusammen, und wenn du mit beiden Pferden weiterziehst, können auch die beiden zusammenbleiben.«

Leer und einsam

Lynnea dreht sich noch oft um, als sie mit Arlan davongeht. Ich bleibe mit Izgi, Tor und Tetti zurück und winke ihr, bis ich sie nicht mehr sehen kann.

Noch eine ganze Weile schaue ich weinend in die Richtung, in die sie verschwunden ist, dann reiße ich mich zusammen und mache mich daran, mir einen Zeltplatz für die Nacht zu suchen. Mehr kriege ich an diesem Tag nicht hin. Ich fühle mich leer, einsam, verloren. Stundenlang starre ich auf das vorbeiströmende Wasser. Genau so war Lynnea in mein Leben geströmt und dann weitergezogen. Eigentlich sollte die Dankbarkeit überwiegen, aber in Wirklichkeit vermisse ich sie. Ich wollte nicht, dass sie geht, ich wollte keine Solotour mehr machen, ja, vielleicht hatte ich mir insgeheim gewünscht, wir könnten für immer zu zweit auf Achse sein. Auf jeden Fall noch so lang, bis wir unsere Tiere wieder bei Herrn Dalaikhan abgeben würden. Hätten wir zusammen abgeschlossen, was wir gemeinsam begonnen haben, wäre der Abschied nur folgerichtig gewesen. So fühlt er sich verfrüht an.

Ich kann nichts dagegen tun. Ich muss akzeptieren, dass ich nun allein bin, und konzentriere mich auf die Vorteile, die das hat. Ich kann um sechs aufstehen und um sieben aufbrechen. Ich kann jederzeit meine Pläne ändern, ohne Kompromisse eingehen zu müssen. Ich kann für knifflige Situationen ganz ohne ihre Hilfe eine Lösung finden und hinterher stolz auf mich sein. Gemeinsam mit und von Lynnea habe ich genug gelernt, um mit zwei Pferden allein durch die Mongolei zu reisen. Um das zu tun, wofür ich ursprünglich hergekommen bin.

Liebe bedeutet loszulassen

Ich folge bereits drei Tage lang dem Fluss, in dem nach dem Abschied von Lynnea meine Tränen dahinfließen. Tetti hüpft fröhlich um mich herum. Trotz der Tatsache, dass er dicke Kumpels mit Arlan war und oft auch bei Simbat lag, scheint er nicht traurig zu sein. Können Tiere besser akzeptieren, dass die Dinge nun mal so sind, wie sie sind? Ich hoffe, mir in dieser Hinsicht eine Scheibe von ihm abzuschneiden.

Liegt es an meiner mangelnden Bereitschaft, die Dinge anzunehmen, dass mein Herz einen Hüpfer macht, als ich auf der anderen Flussseite ein paar Kamele entdecke? Es wäre nicht das erste Mal, dass wir wilden Kamelen begegnen, aber das vordere ähnelt ein wenig Simbat. Sehe ich richtig, oder ist das nur Wunschdenken?

Ich gehe immer schneller und ziehe meine Pferde hinter mir her. Als ich näherkomme, sehe ich, dass ich recht hatte. Da sind sie! Verdammt, sie sind es wirklich! »Simbaaat!«, schreie ich. Ich binde die Pferde fest und renne auf ihn zu. Mitten durch den Fluss hindurch und über große Steine strauchelnd. »Ich bin so froh, euch wiederzusehen!« Simbat bleibt brav stehen und wartet auf mich, aber Mogi nimmt die Beine in die Hand. Es kostet mich eine halbe Stunde, bis ich auf meiner Verfolgungsjagd zu Pferd alle Tiere eingefangen habe.

Aufgekratzt und ermattet lehne ich mich an Simbat an. Mein Simbat. Wie habe ich ihn vermisst. Ich bin ganz aus dem Häuschen vor Freude, ihn zu sehen, und kann es kaum erwarten, Lynnea davon zu erzählen.

Ich wünschte, sie wäre hier, und wir könnten die Tiere gemeinsam führen. Nun muss ich das allein tun. Ich probiere es: Mogi an Simbat festgebunden, Izgi an Tor, und weiter geht's. Doch es klappt nicht. Jeder läuft in eine andere Richtung, oder sie bleiben schlichtweg stehen. Alle Seile sind in kürzester Zeit verheddert, und wir kommen nicht vorwärts. Nach stundenlangem Probieren gebe ich auf. Ich würde sie so gern zu Herrn Dalaikhan zurückbringen, aber es funktioniert nicht. Es fühlt sich schrecklich an, doch ich fürchte, mir bleibt nichts anderes übrig. Wenn ich weiterwill, muss ich ihnen die Freiheit schenken. Vorsichtig nehme ich die Reste ihrer Hobbles und Halfter ab, woraufhin sie langsam von mir weglaufen. Nach hundert Metern dreht sich Simbat noch mal kurz um. Heulend, beinahe hyperventilierend, schaue ich ihnen noch lange nach. »Tschüss, lieber Simbat«, flüstere ich, »tschüss, lieber Mogi. Fresst schön, und werdet alt und glücklich, ja?«

Liebe bedeutet loszulassen. Das habe ich schon oft gehört, aber den dazugehörigen Schmerz habe ich noch nie so intensiv gespürt. Nicht einmal, als ich damals Janneke an der belgischen Grenze zurückließ, nicht, als ich von Mario Abschied nehmen musste, auch nicht bei Dave und selbst nicht bei meinem Vater. Vielleicht weil ich sie jederzeit besuchen gehen kann. Das hier ist etwas anderes. Dieser Abschied ist definitiv. Und das zerreißt mich.

Mit doppelter Pferdestärke

Ich würde Lynnea gern erzählen, dass es einen plötzlichen Wintereinbruch gab. Als ob wir den Herbst völlig ausgelassen hätten. Es ist mit einem Mal so kalt, dass sich das Wasser in meinen Flaschen über Nacht in Eis verwandelt. Und die Seile der Pferde festgefroren sind.

Es ist Anfang September, und tagsüber in der prallen Sonne kann es noch immer rund 25 Grad werden. Aber sobald die Sonne hinter dem Berg verschwindet, wird es schnell eiskalt, und die Temperatur sinkt bis unter den Gefrierpunkt. Die Pferdedecken, die tagsüber unter den Sätteln liegen, lege ich nun als zusätzliche Isolierschicht unter das Zelt. Auch Tetti findet es kalt und kriecht immer früher zu mir ins Zelt, wodurch mein Schlafsack angenehm vorgewärmt wird. Dadurch rieche ich zwar nicht unbedingt besser, aber das ist meine geringste Sorge.

Die Route, die ich gewählt habe, um nach Sagsai zu laufen, ist schwerer als alle Routen zuvor. Ich versuche, dem Fluss Khovd zu folgen. Die Hänge sind so steil, dass man sie unmöglich erklimmen kann, also muss ich am Ufer entlang. Doch zwischen dem Ufer und dem Wasser wächst eine breite Reihe stachliger Sträucher. Manchmal krieche ich rückwärts durch die Büsche, manchmal muss ich bis zum Hals ins kalte Wasser steigen und kann nur darauf hoffen, dass meine Pferde nachkommen. Eins führe ich am Seil, das andere folgt, und letztlich gelingt es uns jedes Mal, das Hindernis zu überwinden.

Ich bin besorgt, müde, beunruhigt, traurig, aber auch unheimlich froh und stolz. Offenbar kann man viele intensive Gefühle gleichzeitig empfinden. Endlich bin ich auf meiner Solotour mit zwei Pferden und einem Hund. Das Land ist beeindruckend, die Menschen sind fantastisch, aber es ist vor allem die Liebe zu meinen Tieren, die mit nichts zu vergleichen ist. Eine bedingungslose Liebe. Wenn Tetti nicht hört oder Tor in die falsche Richtung läuft, bin ich nicht enttäuscht und liebe sie noch genauso sehr. Als ich Simbat gehen lassen musste, liebte ich ihn womöglich sogar noch mehr. So sehr, dass ich nicht mal mehr begreife, wie ich es die ersten dreißig Jahre meines Lebens ohne Tiere aushalten konnte.

Zu früh gefreut

Wir lassen das tückische Ufer hinter uns und begeben uns auf das letzte Stück des Weges nach Sagsai. Ich habe Tor an Izgi gebunden und laufe selbst vorweg. Es sind nur noch zwei Kilometer, und ich bin in Jubelstimmung. »Wir kommen genau rechtzeitig an!«, rufe ich ausgelassen zu Tor, Izgi und Tetti, als ich die Stadt auftauchen sehe, in der morgen das kleine Adlerfestival stattfindet. Endlich werde ich die Adlerjäger in Aktion erleben! Nach dem Festival werde ich die letzten hundert Kilometer auf dem Rückweg zu Herrn Dalaikhan angehen. Ich seufze tief. Es fühlt sich an, als würden wir nach vierzig Jahren in der Wüste endlich das Gelobte Land wiedersehen.

Vier Wochen sind seit unserem Abschied von Lynnea vergangen, und damals habe ich mich ernsthaft gefragt, wie ich ohne sie klarkommen sollte. Wie sich herausstellt, erstaunlich gut. Nach allem, was wir zusammen durchgestanden haben, bin ich hervorragend vorbereitet. Lynnea hat mir berichtet, dass sie Arlan bei Herrn Dalaikhan abgeliefert hat und nun wieder zu Hause ist bei ihrem Freund in Seattle. »Ayculu, alles gut bei dir?« Gestern Abend erst habe ich ihr erzählt, dass es mir fabelhaft geht. Dass ich sie vermisse, aber es auch cool finde, mich nun allein durchzuschlagen. »Mit freundlicher Unterstützung von Kunsulu«, schrieb ich dankbar.

Entspannt und guten Mutes laufe ich dem Städtchen entgegen. Ich bin inzwischen so an die Routine des Reisens mit meinen Tieren gewöhnt, dass ich es fast mit geschlossenen Augen könnte. Ich fühle mich mittlerweile so erfahren, dass ich mit keiner Silbe darüber nachdenke, dass etwas schieflaufen könnte …

Und dann läuft es schief. Mächtig schief. Meine Pferde gehen mit einem Mal durch, und ich knalle mit der Stirn auf einen Stein. Blut strömt mir übers Gesicht. Zwei Männer auf einem Motorrad bringen mich netterweise zum nächstgelegenen Krankenhaus, wo ich behandelt werde und kurz darauf wieder auf der Straße stehe.

Während ich auf dem Bordstein sitze und nachdenke, was ich jetzt tun soll, sehe ich zwei Männer auf einem Motorrad mit meinem Pferd Izgi ankommen. Sie haben ihn gefunden! Ich stehe auf, um etwas zu sagen, doch noch ehe ich die Chance dazu bekomme, drücken sie mir schon den Führstrick in die Hand und rasen wieder davon. Kurze Zeit später kommen sie auch mit Tor angedüst, meinen Hund Tetti im Schlepptau. Ich kann nicht glauben, dass ich wieder alle beisammenhabe! Die Erleichterung ist riesig. Ich bin so froh, dass sie bei mir sind, dass ich kurz völlig vergesse, wie sehr mir mein Kopf wehtut.

Nachdem ich den Männern ausführlich gedankt, Geld in die Hand gedrückt und hinterhergewinkt habe, bleibe ich allein zurück. Mit meinen Tieren, aber ohne Gepäck. Das haben die Pferde wahrscheinlich irgendwo abgeworfen. Ohne Zelt, Schlafsack und sogar ohne Jacke wird mir bewusst, dass ich Hilfe brauche. Aber von wem? Niemand spricht Englisch, und ich wüsste nicht mal, worum ich bitten sollte.

Noch immer auf dem Bordstein sitzend, seufze ich erneut tief und lege das Kinn auf den Händen ab, die auf meinen Knien ruhen. Was würde ich nicht darum geben, wenn Lynnea noch bei mir wäre.

Eine Weile starre ich vor mich hin, als mir siedend heiß einfällt, dass ich sehr wohl jemanden kenne, der hier in der Gegend wohnt. Kabir, einer der Reiseführer, der Lynnea mit den Pferden geholfen hat, als ich nach China musste, wohnt in der Nähe, und seine Nummer ist auf meinem Handy abgespeichert. Nachdem ich ihm in meinem besten Kasachisch erklärt habe, was passiert ist, steigt er sofort aufs Motorrad, um mich abzuholen. Ich bin froh, ein bekanntes Gesicht zu sehen, aber weniger begeistert über seinen Entschluss, dass sein Sohn meine Pferde zurückbringen und ich hinten auf dem Motorrad mitfahren soll. Am liebsten möchte ich meinen Pferden nie mehr von der Seite weichen.

Kabir gibt kräftig Gas. Ich sehe, dass Tetti versucht, uns zu folgen, und bitte Kabir, langsamer zu fahren, doch er will davon nichts wissen und rast nach Hause. Tetti sehe ich nicht mehr und kann nur hoffen, dass er zu unseren Pferden zurückgelaufen ist.

Bei Kabir zu Hause bekomme ich ein Zimmer zugewiesen, und er hilft mir mit meinem Verband. Erleichtert denke ich, dass ich in guten Händen bin, bis Kabir mir erzählt, dass meine Pferde erneut auf und davon sind und sein Sohn dabei verwundet wurde. Was er nicht ahnt, ist, dass ich seinen Sohn gerade erst vorbeifahren sehen habe, mit Izgi und Tor, und von daher weiß, dass seine Geschichte eine Lüge ist. Tetti ist noch immer nicht aufgetaucht. Ich gehe hinaus, um nach ihm zu suchen, aber kann keines meiner Tiere finden. Wieder drinnen sehe ich, dass jemand in meiner Tasche gewühlt hat. Verschiedene

Reißverschlüsse sind offen, und es fehlt das ein oder andere. Ich spreche Kabir darauf an, woraufhin er seine Kinder herbeiruft. Schreiend deutet er auf meine Tasche und schubst und schlägt seine Söhne. »Stopp! Hör damit auf!«, rufe ich und fühle mich noch elender als vorher. Dieser Albtraum ist offenbar noch lange nicht vorbei.

In der Nacht wälze ich mich im Schlaf hin und her. Ich frage mich, ob ich eine Gehirnerschütterung habe und ob ich jemandem Bescheid geben sollte. Ich überlege, wie ich hier am schnellsten wieder wegkomme, aber zuerst muss ich meine Tiere finden.

Am nächsten Morgen erzählt mir Kabir, dass meine Pferde neunzig Kilometer entfernt gefunden wurden. Über Tetti sagt er nichts. »Gnädig« bietet er mir an, sie für dreihundert Dollar zu holen. »Für das Benzin«, wie er mir erklärt, aber der Betrag kommt mir total überzogen vor.

Ich bin stocksauer. Dieser arrogante Fatzke! Wie kann er es wagen? Ich hätte ihn nie anrufen dürfen und bin vom Regen in die Traufe geraten.

Als er nach dem Frühstück ankündigt, gleich zum Adlerfestival zu fahren, bestehe ich darauf, dass er mich mitnimmt. »Um Geld abzuheben«, behaupte ich, aber in Wirklichkeit will ich Hilfe suchen.

Unerwartete Hilfe

Das Festivalgelände ist klein, und ich laufe herum, ohne zu wissen, wonach ich eigentlich suche. Als eine der wenigen Ausländer falle ich sowieso auf, aber heute ganz besonders mit meinem blutgetränkten Kopfverband. Normalerweise würde ich mit jedem ein Schwätzchen halten, alle Adler von Nahem betrachten, würde ich die Männer in ihren Adlerjagdkostümen bestaunen und anfeuern, aber heute meide ich jeden Blickkontakt und laufe gedankenversunken umher.

»Ayculu?«, höre ich plötzlich hinter mir und drehe mich um. Ein Adlerjäger mit einem Murmeltiermantel und buntem Muster auf seiner Hose lächelt mich an. »Bist du Ayculu? Ich bin Alpamys. Dalaikhan ist mein Vater.«

Ich bin so verdutzt, dass ich kurz nicht weiß, wie ich reagieren soll. Er sieht wirklich aus wie sein Vater: breite Jochbeine, braune Haut und ein Grinsen von einem Ohr zum anderen.

»Was ist passiert?«, fragt er und deutet auf den Verband.

Ich versuche, ihm zu erklären, was sich seit gestern abgespielt hat, auch wenn ich nicht sicher weiß, ob er es wirklich begreift. »Und was machst du hier?«, frage ich, »machst du beim Wettkampf auf dem Festival mit?«

Er schüttelt den Kopf. »Nein, heute kein Adlerjagen. Mein Vater hat mich geschickt. Er sagte, du wärst vielleicht hier, ich komme, um dich abzuholen.«

Er kommt, um mich abzuholen? Mir steigen Tränen in die Augen, die ich nicht mehr zurückhalten kann. Er ist extra hundert Kilometer geritten? Nur für mich? Weil sein Vater sich gemerkt hat, dass ich zum Festival kommen wollte?

Retter in der Not

Alpamys spricht ganz gut Englisch, aber dennoch fällt es mir schwer, ihm zu erklären, wieso ich Kabir nicht vertraue, dass ich ihn verdächtige, meine Pferde gestohlen zu haben, und ich nicht zahlen will, ehe sie nicht gesund und wohlauf vor mir stehen.

»Ayculu, du musst echt zahlen, vertrau mir«, drängt mich Alpamys, und ich kann nicht anders, als ihm das Geld auszuhändigen. »Kabir ist ein guter Mann, er hilft dir, deine Pferde wieder zurückzubekommen«, sagt er und ich weiß nicht, was ich noch tun kann, um ihm begreiflich zu machen, dass dem Mann nicht zu trauen ist. Mein Retter in der Not ist doch nicht etwa mit diesem Betrüger befreundet?

Ich habe es kaum zu hoffen gewagt, aber eine halbe Stunde später und rund dreihundert Euro ärmer sehe ich meine Pferde wieder. Ich renne auf sie zu, streichele und umarme sie und versichere ihnen, dass sie nun wieder in guten Händen sind. Alpamys bietet an, sie eigenhändig zurück zu seinem Zuhause zu reiten. Ich kann bei einem Freund von ihm auf dem Motorrad mitfahren. Sie haben mich eingeladen, eine Weile bei Alpamys' Familie in Altai Sum zu bleiben.

Erleichtert nehme ich das Angebot an. Immerhin bin ich von Kabir weg und habe meine Pferde zurück. Alles scheint doch noch gut zu werden. Ich bin allerdings mein Gepäck los, und von Tetti fehlt nach wie vor jede Spur. »Schau, so sieht er aus«, sage ich und zeige Alpamys ein Foto von Tetti. »Er ist mir wirklich wichtig«, erkläre ich unter Tränen, und Alpamys verspricht, nach ihm Ausschau zu halten.

Wo sich Fuchs und Hase Gute Nacht sagen

Im Dorf habe ich Handynetz, und so rufe ich meinen Vater an und schildere, was passiert ist. Er ist erleichtert, dass ich nun in guten Händen bin. Ich berichte ihm, dass Alpamys mich gerettet hat, er inzwischen mit meinen Pferden zurück ist – wenn auch ohne Tetti – und dass ich bei Alpamys so lang bleiben kann, wie ich will. Ich erzähle auch, dass ich noch ein, zwei Wochen in der Mongolei verbringen will, um das Adlerfestival in Ölgii zu besuchen, und danach das Land wirklich verlassen muss. Ich sage nicht dazu, dass mein Visum bereits abgelaufen ist.

»Und dann? Kommst du dann bitte wieder nach Hause?« Er hat mich schon 18 Monate nicht mehr gesehen, und ich verspreche, ihn zu besuchen. »Es kann nur etwas dauern, denn ich will nicht fliegen. Ich komme über Land.«

»Okay«, sagt er. »Viel Spaß noch. Und bitte richte Alpamys meinen Dank aus.«

Von November bis März lebt Alpamys mit seiner Frau Aicoulé und den zwei Kindern in einem kleinen Lehmhäuschen, in dem ich vorläufig wohnen werde. Ihre Jurte und all die anderen Dinge, die man für das Nomadendasein benötigt, warten im Schuppen auf den Frühling.

Aicoulé spricht kein Wort Englisch, aber sie sorgt dafür, dass ich mich willkommen fühle. Ständig achtet sie darauf, dass ich genug Tee zu trinken habe, und setzt, als sie mich kennenlernt, sofort Wasser auf, damit ich mir das getrocknete Blut aus den Haaren waschen kann. Jeden Tag hilft sie mir dabei, meine Kopfwunde zu versorgen und den Verband zu säubern. Zum Dank für ihre große Fürsorge bezahle ich großzügig für die Unterkunft und helfe im Haushalt mit.

Das Dorf ist klein, eine Handvoll Leute lebt hier. Es ist ein Dorf, wie es viele gibt, mit einer einzigen Schule, einem einzigen Krankenhaus, einem einzigen Café und ein paar Läden, die alle das Gleiche verkaufen: Schokoriegel, Reissäcke und Mehl sowie eine umfangreiche Auswahl an Wodka. Genug, um durch den Winter zu kommen.

»Heute Abend essen wir bei meinem Vater, in Ordnung?«, fragt Alpamys nach ein paar Tagen. Ich habe ihn bereits mehrfach nach ihm gefragt und kann es kaum erwarten, Herrn Dalaikhan die Hand zu schütteln und ihm ausgiebig zu danken.

»Herr Dalaikhan!«, rufe ich entzückt, als ich endlich wieder vor ihm stehe, »ich freu mich so, Sie zu sehen!« Begeistert heißt er mich willkommen, deutet auf den Verband an meinem Kopf und fragt, ob alles okay mit mir ist. »So was von okay!«, sage ich und erzähle ihm dann mit der Hilfe von Apalmys, wie die Reise war.

»Fotos?«, fragt seine Frau, und ich hole mein Handy heraus, um ihnen alles zu zeigen.

»Sehr gut, Ayculu«, sagt Herr Dalaikhan, während er gründlich meine Bilder studiert.

Kurz fühle ich mich enorm stolz. Bis er fragt, wo meine Kamele jetzt sind und was mit Tetti passiert ist. Als ich versuche, ihm zu antworten, stockt meine Stimme, und ich spüre, wie mir

Tränen in die Augen steigen. Es gelingt mir nicht, sie zurückzuhalten. Seine jüngste Tochter sieht mich fragend an. Ob sie begreifen, warum ich weine? Würden sie auch über den Verlust eines geliebten Tieres weinen?

Herr Dalaikhan hat Mitleid mit mir und fragt mich, ob ich ein Taxi bezahlen kann. »Dann gehe ich morgen mit dir deinen Hund suchen.«

Mit großen, wässrigen Augen sehe ich ihn an. Ich hätte nie gewagt, ihn darum zu bitten. »Sehr gern!«, rufe ich, erneut gerührt von der Wärme dieses Mannes und seiner Familie. Ein Auto mit Fahrer kostet mich zweihundert Euro, aber das ist es mir mehr als wert. Zusammen sind wir den ganzen Tag auf Achse. Wir klopfen bei jeder Jurte an, an der wir vorbeikommen, und fragen mit Tettis Foto in der Hand, ob ihn jemand gesehen hat. Leider ohne Erfolg.

Obwohl ich weiß, dass Tetti ein guter Jäger ist und prima für sich selbst sorgen kann, fühlt es sich schrecklich an, ihn nie mehr wiederzusehen. Ich hatte gehofft, ihn den Enkeln von Herrn Dalaikhan schenken zu können.

Adlerjagen

Trotz meiner Trauer um Tetti genieße ich meine Zeit in Altai Sum in vollen Zügen. Ich entwickle ein freundschaftliches Verhältnis zu Aicoulé und Alpamys, verstehe mich gut mit ihren Kindern, und es wird jede Menge gelacht bei den vielen Festen, zu denen auch ich eingeladen bin.

Ich erhole mich langsam, und als ich schon denke, dass das Leben nicht mehr besser werden kann, fragt mich Alpamys, ob ich morgen mit einem eigenen Adler auf dem Arm mit in die Berge reiten will.

Kurz schaue ich ihn prüfend an und springe dann freudig auf. »Du weißt, dass ich nichts lieber will!«

Am nächsten Tag ist es kalt, aber sonnig, und überall im Dorf sind imposante Männer zu Pferd mit Murmeltiermänteln, gefärbten Hosen und knallroten Mützen unterwegs. Jeder Einzelne sieht prächtig aus. Sie sind hoch zu Pferd, ihre Birkenholzsättel reich verziert mit Silberbeschlägen, und ihre rechten Handgelenke, auf denen die Adler sitzen, liegen aufgestützt auf einer Art Y-förmigem Stock, der am Sattel befestigt ist.

Ich bin die einzige Frau, die mitreitet. Adlerjagen ist ein Männerding.

»Komm, Ayculu, dieser Adler ist für dich«, sagt Alpamys, nachdem ich mich warm eingepackt habe und wir bei seinem Vater im Garten stehen. »Sie heißt Taimas.« Alpamys gibt mir einen großen, dicken Handschuh, und als ich ihn angezogen habe, setzt er den Adler darauf. Adrenalin schießt durch meinen Körper. Taimas ist sauschwer, wie Alpamys bestätigt, wiegt sie sechs Kilo. »Pass gut auf, Ayculu, sie kann einen Wolf zerfleischen«, sagt Alpamys grinsend, mit dem gleichen herausfordernden Blick, den sein Vater auch immer hat. Ich betrachte den Vogel und seine scharfen Klauen, die sich nun um mein Handgelenk klammern. Ich finde es wahnsinnig spannend.

Mir ist schwindelig vor lauter Emotionen. Ich weiß nicht, wie mir geschieht. Noch vor vier Monaten konnte ich kaum reiten und wollte unbedingt den Adlerjägern begegnen. Nun bin ich kurz davor, mit ihnen auf die Jagd zu gehen.

Ich stütze den Handschuh mit Adler und allem auf dem Sattel ab, greife mit der linken Hand die Zügel und steige mit Alpamys' Hilfe aufs Pferd. Inzwischen haben sich einige Adlerjäger um uns versammelt. Niemand sagt etwas, doch genau wie bei einem Gänseschwarm versteht offenbar jeder, dass es Zeit ist aufzubrechen. Die Pferde werden angespornt, und ich gebe mir größte Mühe, mit den anderen mitzuhalten. Was, wie sich herausstellt, ziemlich knifflig ist mit einem Adler auf dem Arm, der sich ständig bewegt.

Taimas trägt eine Lederhaube auf dem Kopf und sieht nichts, deshalb muss sie ihr Gleichgewicht nach Gefühl austarieren.

Mal richtet sie sich auf, dann duckt sie sich wieder, oder sie lehnt sich ein bisschen vor. Dadurch bin ich ständig damit beschäftigt, mich in allerlei verkrampften Positionen auf dem Pferd zu halten. Was, wenn sie runterfällt? Bin ich überhaupt bereit für das hier? Sollte ich das wirklich tun? Ich weiß, dass die medizinischen Einrichtungen hier rar gesät sind und das, was ich gerade mache, nicht ungefährlich ist. Doch das Wichtigste ist: Ich reite mit einem Adler auf dem Arm durch das Altaigebirge! Ich muss mir das immer wieder selbst vorsagen, weil ich es sonst nicht fassen kann.

»Ayculu, okay?«, fragt Herr Dalaikhan, als er neben mich geritten kommt.

Ich nicke. »Ja, Ayculu sehr okay.«

Fuchsjagd

Ich habe den Fuchs gesehen, genau wie Herr Dalaikhan und seine Freunde. Er kam eben aus einem Wassergraben hervorgeschossen und rennt nun über den Bergkamm vor uns weg. Fünf Adlerjäger beginnen gleichzeitig zu schreien. Ich sehe, wie gewunken und gedeutet wird, und einige Jäger galoppieren davon … Jetzt kommt es auf das perfekte Timing an, darauf, im richtigen Moment das Richtige zu tun.

»Warte«, sagt Alpamys, als es mir gelungen ist, die Lederhaube vom Vogel herunterzuziehen. »Warte, bis der Adler den Fuchs auch gesehen hat. Loslassen, Ayculu, jetzt!«

Ich habe meine Finger kaum geöffnet, da zischt der Adler bereits weg. Kreisend steigt Taimas hoch in die Luft, so hoch, dass ich sie kaum noch sehen kann. Wo fliegt sie hin? Hat sie den Fuchs gesehen? Schaut sie in die richtige Richtung? Kurz verliere ich sie aus den Augen, aber dann sehe ich, wie sie einen Sturzflug macht. Wie eine Rakete schießt sie geradewegs auf ihr Ziel zu. Ich sehe den Aufprall, kann aber nicht erkennen, ob sie sich den

Fuchs auch wirklich gekrallt hat. Ich sporne mein Pferd an, um hinterherzureiten, doch ich komme viel zu spät an. Sowohl der Fuchs als auch mein Adler sind längst auf und davon.

»Schade«, sagt Alpamys, »nächstes Mal besser.« Er scheint es nicht so schlimm zu finden.

»Und der Adler? Wie kriegen wir den zurück?«, frage ich.

Alpamys kramt in seinem Beutel nach einem Stück Fleisch. »Hier. Hochhalten, dann rufe ich Taimas.« Er ruft laut, und kurz darauf sehe ich sie hoch über uns in der Luft. Als sie das Fleisch gesehen hat, kommt sie im Eiltempo zu uns hinabgesaust. »Kopf wegdrehen«, warnt mich Alpamys.

Ich spüre einen Luftzug an meinem Gesicht und dann die Kraft ihrer Klauen, die meinen Handschuh greifen. Für den Bruchteil einer Sekunde klappt sie nach vorn, kommt dann abrupt zum Stehen und beginnt direkt, das Fleisch zu fressen. »Wooooooow, wie toll, Alpamys! Sie ist gelandet!«, rufe ich aufgekratzt.

Er lächelt, steigt wieder auf sein Pferd und reitet ruhig weiter. »Kommst du mit?«, sagt er. »Wir versuchen es noch einmal.«

Die Gelassenheit der Adlerjäger steht in krassem Kontrast zu dem, wie ich mich fühle. Das hier ist das mit Abstand Abgefahrenste, was ich je gemacht habe, und ich kann nicht glauben, dass das wirklich gerade passiert. Dass Alpamys mir vertraut und mich mit seinem Adler jagen lässt. Dass ich nun mit einem Adler auf dem Arm durch das Altaigebirge reite! Die Wirklichkeit ist noch besser als in meinen kühnsten Träumen.

Hardcore nach Ölgii

Dieses Kunststück wiederholen wir noch viele Male: Erst spüren wir einen Fuchs, ein Kaninchen oder ein Murmeltier auf, dann lassen wir die Vögel los und warten gespannt, bis sie die Beute erspähen. Sobald sie den Sturzflug einleiten, galoppieren wir so schnell wie möglich zu dem Ort, wo sie ihre messerscharfen

Krallen von sich strecken und spreizen. Dafür scheint nicht nur Konzentration gefragt zu sein, sondern auch Geduld und Mut. Nachdem wir eine ganze Woche losgezogen sind, stehen wir immer noch mit leeren Händen da. Niemand aus dem Dorf fängt in dieser Woche etwas, aber das macht mich nicht minder stolz. Ich kann es kaum erwarten, meinem Vater davon zu erzählen, dass ich endlich eine echte Falknerin bin.

Als Alpamys mich fragt, ob ich mit ihm, seinem Vater und drei anderen Adlerjägern mit zum großen Festival in Ölgii reiten will, muss ich nicht zweimal nachdenken. »Du nimmst Taimas mit, kriegst du das hin?«

Innerhalb von zwei Tagen legen wir 140 Kilometer zurück. Das ist mehr als das Doppelte von dem, was Lynnea und ich durchschnittlich geritten sind. Das heißt, dass wir ganze Tage galoppieren und traben und nie, niemals nie, ruhig im Schritt gegangen wird. Das Reiten mit Adler auf dem Arm habe ich inzwischen ganz gut drauf, aber solche Entfernungen in dieser Kälte? Das Thermometer ist inzwischen weit unter den Nullpunkt gesunken. Schneestürme und Hagel brechen über uns herein, aber die Männer reiten weiter, als ob sie es kaum bemerken würden. Bis es so schlimm wird, dass die Adler von unseren Handschuhen geblasen werden. Wir halten an, binden unsere gefiederten Freunde in Tücher und tragen die unerschrockenen Raubvögel wie Babys an unserer Brust.

»Müsst ihr gar nichts mitnehmen?«, hatte ich Alpamys gefragt, bevor wir losritten. Mir war aufgefallen, dass die Männer nichts eingepackt hatten. Keine Schlafutensilien, keine zusätzliche Kleidung, nicht mal Essen oder eine Flasche Wasser. »Ach so, nein«, sagte Alpamys, »das ist nicht nötig, das findet sich unterwegs.« Und tatsächlich, wenn die Männer Durst haben, holen sie die Ferngläser aus der Tasche, suchen eine Jurte und dann gehen wir dort etwas trinken. So funktioniert das auch mit dem Essen und sogar mit dem Übernachten.

»Müssen wir nicht zuerst um Erlaubnis bitten?«, frage ich, als Herr Dalaikhan beschließt, wo wir nächtigen werden. Er hat sein Pferd bereits abgesattelt und seinen Adler auf einem Stein abgesetzt, ehe er ohne anzuklopfen in die Jurte geht und mitteilt, dass wir vorhaben, dort zu übernachten. Ich finde das ziemlich unverschämt, aber Alpamys erläutert: »Jeder ist überall und jederzeit willkommen. So ist das bei Nomaden untereinander.« Das akzeptiere ich und gehe mit ihm hinein. »*Salem*«, Hallo, sage ich zu der Frau des Hauses und »*Rachmet*«, Danke, zu ihrem Mann. Insgeheim frage ich mich, was wohl passieren würde, wenn man das in den Niederlanden versuchen würde.

Adlerfestival

Obwohl es eine fantastische Erfahrung ist, vorübergehend in die Rolle eines Adlerjägers zu schlüpfen, habe ich für mich noch immer nicht geklärt, was ich moralisch von dieser jahrhundertealten Form des Jagens halte. Die Vögel werden zwar nach zehn Jahren freigelassen, damit sie sich fortpflanzen können, aber vorher leben sie jahrelang in Gefangenschaft. »Wenn ein Adler nicht glücklich bei mir wäre, könnte er einfach wegfliegen, jedes Mal, wenn wir auf Jagd gehen«, sagt Alpamys zu Recht. Wenn er schlecht versorgt wäre, würde er doch sicher nicht bei seinem Meister bleiben?

Wahrscheinlich tut es auch nichts zur Sache, was ich davon halte. Rutger Kopland schrieb einmal: »*Wer etwas findet, hat schlecht gesucht.*« Diesen Satz zitiere ich gern, wenn Leute wieder irgendetwas meinen. Wer sagt, dass ich eine Meinung dazu haben muss? Kann ich nicht einfach hier sein, um mir anzuschauen, was die Menschen tun, und zu erfahren, warum sie es tun, welche Bedeutung es für sie hat? Kann ich mir nicht alles ansehen, ohne es zu beurteilen? Ist die Welt nicht viel zu komplex, um alles Mögliche immer zu meinen? Was für mich normal ist, findet ein anderer merkwürdig und umgekehrt. Sobald man sich eingehender mit etwas beschäftigt, ist es meist doch differenzierter, als man anfangs denkt. Außerdem: »*Forscher haben entdeckt, dass Forschen viel schöner ist als Antworten finden.*« (Loesje)

Die Frage, ob Adlerjagen nun gut ist oder nicht, spielt beim Festival auf jeden Fall keine Rolle. Hunderte Besucher sind extra nach Ölgii gekommen, um die Adlerjäger in Aktion zu erleben. Dort treffe ich auf lauter englischsprachige Touristen. Die Umstellung fällt mir schwer. Seit Lynnea abgereist ist, habe ich kaum noch Englisch gesprochen und schon seit Monaten keine Touristen mehr gesehen. Hin- und hergerissen zwischen zwei Welten weiß ich nicht, zu wem ich mehr gehöre. Hier zu den Adlerjägern oder dort zu den Touristen?

Leider komme ich letztlich zu dem Schluss, dass ich doch zu den Touristen gehöre, denn heute ist mein letzter Tag. Morgen muss ich meine Pferde bei Alpamys zurücklassen, nach Ulaanbaatar zurückkehren und die Mongolei verlassen.

Immigrationsbehörde

Ich habe die ganze Nacht kein Auge zugetan. Ich will hier nicht weg, aber gezwungenermaßen nehme ich Abschied von meinen Pferden, meinem Adler und meiner neuen Familie. Von Herrn Dalaikhan, seiner Frau, seinen Söhnen, ihren Kindern. »Komm bald wieder, ja, Ayculu? Versprichst du uns das?« Ich nicke und meine es ernst. Die Mongolei kann ich unmöglich für immer verlassen.

Ich nehme den Bus zurück nach Ulaanbaatar. Innerhalb von drei Tagen lege ich eine Strecke zurück, für die ich mit dem Pferd rund drei Monate gebraucht hätte. Der rasante Ortswechsel fühlt sich ungewohnt an, und ich brauche diese drei Tage, um mich seelisch und moralisch darauf einzustellen, was mich in Ulaanbaatar erwartet. Mein Visum ist nämlich schon seit rund fünf

Wochen abgelaufen, und die Suppe, die man sich einbrockt, muss man auch wieder auslöffeln. Schon bald werde ich herausfinden, welche Konsequenzen das hat, und bei dem Gedanken daran wird mir angst und bange. Ich habe gehört, dass Menschen deswegen schon mal im Gefängnis landen, andere werden abgeschoben. Das heißt auch, dass man in viele andere Länder nicht mehr reinkommt: Indien, USA und am schlimmsten: in die Mongolei selbst. Was, wenn ich hier nie wieder reingelassen werde? Was soll ich sagen, jetzt gleich bei der Immigrationsbehörde? Soll ich meinen Vater verständigen? Oder die Botschaft?

Mein erster Anlaufpunkt ist meine Freundin Uka. Sie wartet an der Bushaltestelle auf mich und bringt mich in ihr Hostel. Ich gehe sofort duschen, das erste Mal seit rund vier Monaten. Ich habe mich jeden Tag mit Wasser aus dem Fluss gewaschen, aber so eine warme Dusche ist jetzt genau das Richtige. Das Wasser strömt dreckig braun an mir herunter, und es braucht ein paar Schrubbdurchgänge, ehe ich mich für die Immigrationsbehörde vorzeigbar fühle. Ich werde mich bescheiden geben, meine Schuld eingestehen müssen. Wenn ich das nicht tue, bringe ich mich nur noch mehr in Schwierigkeiten.

Gemeinsam fahren wir hin. Uka übernimmt das Reden, während ich angespannt danebenstehe und versuche, nicht die Nerven zu verlieren. Wir werden vom Schalter in ein Zimmer, dann in einen Warteraum und wieder zurück zum Schalter geschickt. Ich habe keine Ahnung, worüber geredet wird. Uka übernimmt die Führung. »Siehst du die Frau da? Sie sieht unfreundlich aus. Aber wir halten uns sowieso am besten an die Männer. Lass mich mal machen.« Sie hat keine Lust mehr zu warten und spricht den am sympathischsten wirkenden Mitarbeiter an. Nun gibt sie sich zuckersüß. Sie lächelt, spielt mit ihren Haaren und nickt dem Mann freundlich zu, der meine unmittelbare Zukunft in der Hand hat. Nach einem kurzen Gespräch gibt er ihr ein leeres Blatt Papier, das Uka mir verlegen reicht. »Tamar, du musst aufschreiben, wieso du zu spät bist.«

Ich schreibe eine leicht abgewandelte Version der Wahrheit. »Ich war allein unterwegs durch das Altaigebirge. Dann hatte ich einen Unfall, bei dem ich mir ein großes Loch im Kopf holte, das stark blutete. Meine Pferde gingen mit all meinem Gepäck durch, sodass ich auf die Adlerjäger angewiesen war, die für mich sorgten. Sobald ich genesen war, habe ich mich auf den Weg hierher gemacht.«

Uka übersetzt meine Erklärung und überreicht sie dem Mann. Er liest sie, schaut zu mir, schaut wieder auf das Papier, wirft es auf seinen Schreibtisch und lehnt sich zurück. Was geht da vor sich? Was denkt er? Wie lautet mein Schicksal? Ein Lächeln erscheint auf seinem Gesicht, dann beugt er sich vor zu mir und sagt die erlösenden Worte: »Weißt du, was du machen solltest? Du solltest ein Buch schreiben! Da hast du deinen Stempel. Du darfst noch zehn Tage in der Mongolei bleiben.«

Lieber ein gebrochenes Herz

Der Zug ist brechend voll mit Russen und Chinesen. Händler, vermute ich aufgrund der Paketstapel, die den schmalen Gang versperren. Soweit ich das beurteilen kann, bin ich die einzige Touristin an Bord. Es ist gerade keine Hochsaison in der Transsibirischen Eisenbahn, außerdem reise ich in der dritten Klasse.

Von dem Moment an, da die Trillerpfeife des Schaffners am Bahnsteig ertönt, starre ich regungslos aus dem Fenster. Die schneebedeckten Steppen weichen schon bald Birkenwäldern, und statt warmer Geborgenheit macht sich ein Gefühl der Einsamkeit breit. In Ulaanbaatar habe ich noch meinen Vater und Dave angerufen und Lynnea berichtet, was ich zuletzt alles erlebt habe. Aber hier, zwischen all den Menschen, fühle ich mich enorm fremd. Niemand in diesem Abteil würde begreifen, warum ich so traurig bin. Dass ich die Mongolei gar nicht verlassen wollte und einfach wieder in Altai Sum sein möchte.

Ich weiß gut genug, dass man loslassen muss, um vorwärtszukommen, aber ohne meine Tiere fühle ich mich, als würde mir ein Körperteil fehlen. Ich vermisse die Kamele, Hunde und Pferde. Obwohl ich noch nie einen nahestehenden Menschen verloren habe, ahne ich jetzt ein wenig, wie es sich anfühlen muss, tiefe Trauer zu empfinden. Das gehört dazu, ich weiß. Reisen bedeutet auch Abschied nehmen, aber es scheint mit jedem Mal noch schwieriger zu werden, nicht leichter. Ich habe so viel Liebe in mir und weiß auf einmal nicht, wohin damit. Nun, da mein Herz an so vielen Orten hängt, wird es ständig gebrochen. Und doch habe ich lieber ein gebrochenes Herz als eins, das nie erfahren hat, was es heißt, es an jemanden zu verlieren.

Neben meiner Traurigkeit ist Raum für andere Gefühle. Ich fühle mich beispielsweise enorm erfüllt. Ich habe meine größten Träume verwirklicht, mich dem Abenteuer hingegeben. Mich nicht getraut und es dennoch getan, und die Wirklichkeit war so viel schöner, als ich es mir je erhofft hatte. Wäre ich nicht gereist, hätte ich nie gewusst, dass ich so viel Liebe für ein Tier empfinden kann, dass ich mich so geborgen fühlen würde in der völligen Wildnis und dass ich so zu Hause wäre in einer Kultur, die meiner komplett fremd ist. Dadurch habe ich eine innere Ruhe gefunden. Die Ruhe, mich glücklich zu schätzen mit dem, wer ich bin und was ich tue. Dankbar für alles, was noch kommt.

Nichts muss mehr, aber alles darf. Denn ich habe bereits gelebt und habe noch das ganze Leben vor mir.

Der Irrsinn des Laubbläsers

Einen Monat später stehe ich in Tallin in Estland. Es ist November. Ich bin mit dem Zug durch das herbstliche Sibirien gereist und habe jeden Abend Unterschlupf bei netten Russen gefunden, die mir gern ihre jeweilige Gegend gezeigt haben. Das war ein wohltuendes Trostpflaster für die tiefe, schmerzende Wunde, die der Abschied von der Mongolei bei mir hinterlassen hatte. Langsam beginne ich, mich daran zu gewöhnen, dass ich nicht mehr mit meinen Tieren unterwegs bin und nicht mehr frei durch die Berge streifen kann. Langsam beginne ich, es auch zu genießen, ein anderes Land zu erkunden, eine andere Kultur und neue Menschen kennenzulernen. Und ich beginne, allmählich zu akzeptieren, dass das Mongolei-Abenteuer vorbei ist und ich bald wieder zu Hause sein werde.

Aber als ich erst einmal in Europa bin, fällt es mir doch schwerer als erwartet. Es ist, als würde die Welt kopfstehen. Taxis stecken hupend im Verkehr fest, jedes Café hat gratis WLAN, und ich sehe, wie gestresst die meisten vorbeieilenden Passanten sind. Die innere Ruhe, die ich auf meiner Reise gefunden habe, kann ich nur schwerlich aufrechterhalten. In dieser Welt fühle ich mich wie ein Fremdkörper. Ich laufe durch die Altstadt Talinns, die zwar prächtig ist, aber alles dreht sich nur ums Konsumieren. Ein Kaffee kostet fünf Euro, ich muss Eintritt für die Kirche bezahlen, komme an endlosen Reihen von Souvenirshops vorbei. Obwohl die Stadt selbst wirklich wunderschön ist und die Plätze zum Verweilen einladen, fühle ich mich enorm unwohl und verlasse schnell die geschäftige Innenstadt. Etwas außerhalb des Zentrums setze ich mich in einem üppigen Park auf eine Bank aus Eichenholz.

Ein verliebtes Pärchen setzt sich neben mich. Ihr Bein über seins gelegt, kichern und flüstern sie. Lächelnd denke ich darüber nach, dass der Park tatsächlich sehr romantisch ist. Ein Eichhörnchen flitzt am Baum hoch, die Vögel zwitschern, und das bunt gefärbte Laub bedeckt den Boden wie ein warmer Teppich. Friedlich ist es hier. Kurz schließe ich die Augen, um die Herbstsonne zu genießen.

Bis ich von einem ohrenbetäubenden Lärm aufgeschreckt werde. Schnaufend, dröhnend und mit lautem Aufheulen, als befände ich mich im Triebwerk einer Mondrakete. In einem Wirbelwind aus Gelb, Rot und Braun sehe ich, was meine Ruhe so gnadenlos beendet: ein Mann mit einem Laubbläser! Der Mann mit Gehörschutz steht gelassen mit seiner benzinbetriebenen Maschine da und bläst den Herbstteppich weg. Benzin, wohlgemerkt. Jemand ist auf die kühne Idee gekommen, fossile Brennstoffe zu verwenden, um unsere Ruhe zu stören und die Pracht der Natur wegzublasen?

Ich möchte schreien, dass der Mann aufhören soll, möchte ihn fragen, ob er verrückt geworden ist. Seit wann gelten Jahreszeiten als Störfaktor? Was ist falsch am Gang der Natur? Müssen wir wirklich über alles die Kontrolle haben? Ich überlege, wie ich den Mongolen dieses Phänomen erklären würde … Ich verstehe es selbst nicht und frage mich ernsthaft, was ich hier verloren habe.

Ich weiß es nicht mehr. Ich weiß nicht, ob ich dafür bereit bin. Dafür, mich in diese Welt zu begeben, in der so etwas normal ist und in der die Kommune – mit Steuergeldern – Menschen mit Laubbläsern bezahlt.

Neue Chancen

Über Lettland, Litauen und Deutschland reise ich nach Hause. Zu Fuß würde ich Monate brauchen, aber mit dem Bus geht es ganz schnell. Zu schnell für meinen Geschmack. Ich sehe nur noch Autobahnen. In Deutschland halte ich es schließlich nicht mehr aus und kaufe mir für fünfzig Euro ein Fahrrad. Von meinem letzten Geld fahre ich so nach Hause, wie ich vor drei Jahren aufgebrochen bin: mit dem Rad durch das feuchte Wetter eines niederländischen Winters.

Klitschnass und durchgefroren klopfe ich Tage später bei meinem Vater an. Ich bin enorm froh, ihn wiederzusehen, und möchte ihm alles erzählen, aber gleichzeitig spüre ich auch Distanz zwischen uns. Ich fühle mich anders, ein bisschen mehr allein. Meine Erfahrungen in der Mongolei sind so tiefgehend und persönlich gewesen, dass sie uns ein wenig entfremdet haben.

Ich kann meine Erinnerungen, Erfahrungen und Emotionen der Reise nicht wirklich mit ihm teilen. Das kann ich mit niemandem, außer in gewissem Maße mit Lynnea.

Er tut sein Bestes, um mich zu verstehen, und ich tue mein Bestes, nicht allzu sehr zu trauern. Mich nicht allzu oft umzudrehen, um zu schauen, ob Simbat mir folgt. Nicht allzu oft in Gedanken abzudriften, sondern im Hier und Jetzt zu leben, bei meinem lieben Vater.

Angeltechniken

»Wie sehen deine Pläne aus?«, fragt mein Vater, als ich in seiner Küche eine Erbsensuppe zubereite. »Und wie willst du das finanziell stemmen?«

»Ich werde mir was angeln«, lautet meine Antwort. Er sieht mich fragend an, also erkläre ich, was ich damit meine. »Unterwegs hierher habe ich bereits angefangen, meine Angel auszuwerfen. Ich habe beispielsweise verschiedene Survivalschulen angeschrieben. Vor drei Jahren bin ich mit achttausend Euro auf dem Konto losgezogen, und inzwischen sind sie fast aufgebraucht. Jetzt versuche ich herauszufinden, ob ich vielleicht meine ganze Erfahrung zu Geld machen kann, als Wildnisführerin zum Beispiel. Das erscheint mir geradezu ideal! Also hole ich jetzt erst mal Informationen dazu ein.«

»Und dein alter Job? Vermisst du die Polizeiarbeit gar nicht?«

Ich nicke. »Ich fand meinen Job wirklich toll, aber inzwischen empfinde ich eine Festanstellung als zu teuer.«

»Zu teuer?«, fragt mein Vater erstaunt. »Wie meinst du das?«

»Ja, zu teuer«, sage ich. »Wenn ich wieder arbeiten wollte, müsste ich jede Menge investieren. Ich kann ja schlecht in meinen alten Klamotten im Büro erscheinen, also müsste ich mich neu einkleiden. Dann wird mit Sicherheit von mir erwartet, dass ich ein Handy habe mit Vertrag. Wenn es blöd kommt, brauche ich ein Auto oder zumindest eine Monatskarte für den Zug. Und ich muss irgendwo wohnen und Miete bezahlen. Das ist so teuer, dass ich dafür zusätzlich arbeiten muss, und ehe ich mich's versehe, sitze ich fest.«

»So wie jeder normale Mensch, meinst du?«, foppt er mich, »das ist natürlich nichts für dich!«

»Ganz genau«, sage ich mit einem Lachen. Daran ist nicht zu denken.

An den darauffolgenden Tagen trudeln die Antworten auf meine E-Mails ein:

Wir wollen die Hardangervidda in Norwegen mit Skiern und Schlitten überqueren und bei –30 °C zelten, willst du mein Co-Guide sein?

Was hältst du von Schneeschuhwandern in den Vogesen? Dann siehst du mal, wie man so was ausrichtet. Vielleicht können wir hinterher gemeinsam Reisen anbieten?

Kannst du mir eine Tour durch die Mongolei organisieren?

Willst du bei unserem Survivaltraining im Juragebirge mitmachen? Wir wollen Schneehöhlen bauen und wilde Tiere jagen.

Hättest du Lust, Vorträge über deine Abenteuer zu halten?

Auf all diese Fragen sage ich Ja und bin den ganzen Winter vollauf beschäftigt. Ich mache schöne Touren, darf bei verschiedenen Betrieben einen Blick in die Küche werfen und erlerne noch mehr Fähigkeiten, die man braucht, um selbstständig in die Wildnis zu ziehen. Allmählich füllt sich mein Konto wieder, indem ich Vorträge halte, und im April 2018 nehme ich an einem Wilderness First Aid Training in Belgien teil, wo ich zum ersten Mal von Miriam Lancewood höre: eine Frau aus der Region Achterhoeks in den Niederlanden, die ein paar Jahre älter ist als ich. Mit ihrem Mann Peter lebte sie sechs Jahre lang in den Bergen Neuseelands. Sie lernte mit Pfeil und Bogen jagen, später mit dem Gewehr, und kennt die Berge dort inzwischen wie ihre Hosentasche. Über ihre Erlebnisse schrieb sie ein Buch: *In der Wildnis bin ich frei.* Jetzt ist sie auf der Suche nach Reisegefährtinnen für eine Extremexpedition. Dazu hat sie auf ihrem YouTube-Kanal einen Aufruf gestartet, den mir einige Kursteilnehmer zeigen und in dem Miriam Folgendes verkündet:

Ich suche nach den mutigsten, stärksten und wildesten Frauen der Welt für eine unvergleichliche Frauenexpedition. Eine drei- bis viermonatige Reise ins Herz der Wildnis, bei der wir uns fast ausschließlich vom Jagen und Angeln ernähren werden […] Ich suche nach Frauen, deren Haar genau wie meins nach Lagerfeuer riecht […] Frauen, die wissen, wie man in einem Tropenwald trockenes Holz findet […] Ich suche nach fünf Frauen, die enorm stark sind und mindestens siebzig Liegestütze schaffen.

Beim letzten Satz schlucke ich kurz, aber der Rest spricht mich an. Sie will in das Hochgebirge von Neuseeland, ohne vorgegebenen Routen zu folgen und ohne Essen mitzunehmen. Es gilt, nur von der Natur zu leben. Das heißt, vor allem vom Jagen, aber auch Angeln und Sammeln stehen auf dem Programm. »Mit fünf Frauen in die Wildnis? Tamar, das klingt, als wäre es dir auf den Leib geschneidert!«, rufen die anderen Kursteilnehmer wie im Chor.

Im ersten Moment ist meine Reaktion verhalten. Die toughsten, stärksten Frauen der Welt? Davon bin ich weit entfernt! Und siebzig Liegestütze? Was für ein Quatsch. An einem guten Tag schaffe ich vielleicht sieben. Außerdem finde ich es als überwiegende Vegetarierin wenig attraktiv, drei Monate lang Tiere zu töten.

Vegetarierin wurde ich vor allem deshalb, weil ich die Massentierhaltung nicht unterstützen will. Ich kaufe eigentlich nie

Fleisch im Supermarkt. Während meiner Zeit als Köchin habe ich allerdings häufiger Fleisch gegessen, und auf Reisen kommt es auch öfter vor. Einerseits, weil ich meinen Gastgebern keine Umstände machen will. Andererseits, weil das mir angebotene Fleisch häufig von Tieren stammt, die die Menschen selbst halten und die ein glückliches Leben geführt haben. Dann macht es mir nichts aus, sie zu essen. In Australien habe ich sogar mal drei Monate lang damit experimentiert, mich nur von Tieren zu ernähren, die ich selbst getötet hatte. Ich habe Hühner geschlachtet, Krebse gefangen, ein Mastschwein sowie unter Begleitung eines Jägers ein paar Kängurus und Kaninchen geschossen. In der Mongolei habe ich mein erstes Schaf geschlachtet. Jedes Mal fand ich es grauenvoll, ein Tier zu töten, aber gleichzeitig war es eine überaus wertvolle Erfahrung zu erkennen, was es heißt, Fleisch zu essen.

Miriams Aufruf zu einer Expedition, auf der man nur von der Natur lebt, klingt nach einer tollen Herausforderung, und so beschließe ich, ihr eine E-Mail zu schicken.

»Ich bin viel in der Wildnis, aber vor allem steckt die Wildnis inzwischen in mir«, schreibe ich ihr und erzähle, was ich in den vergangenen Jahren gemacht habe. »Ich habe schon mal gejagt und kann ein bisschen fischen. Inzwischen kenne ich jede Menge essbare Pflanzen, wenn auch nicht die in Neuseeland. Ich weiß nicht, ob das für diese Expedition reicht.« Vorsichtig lege ich meine Bedenken hinsichtlich des Jagens dar. Dass ich gern mehr darüber lernen will und die Vorstellung schön finde, aber auch ein wenig moralische Bedenken habe. »Wie stehst du dazu?«

Kurz darauf kommt die Antwort. »Wie cool, was du schon alles gemacht hast! Zwei Jahre mit dem Rad unterwegs? Mit deinen eigenen Tieren durch die Mongolei? Das musst du mir unbedingt erzählen! Und was deine Bedenken wegen des Jagens angeht: Ich verstehe dich gut, ich bin selbst vegetarisch aufgewachsen. Vielleicht beruhigt es dich zu wissen, dass alles, was wir in Neuseeland jagen, einst durch die Europäer eingeschleppt wurde, entweder als Jagdbeute oder des Felles wegen. Die Tiere haben in der Natur enormen Schaden angerichtet. All die Hirsche, Gänse, Possums und Hasen – von denen mein Mann Peter und ich leben – bedrohen den Bestand der einheimischen Tiere. Insofern tun wir denen einen großen Gefallen.«

Ich finde das Argument überzeugend und genieße den darauffolgenden ausgiebigen Mailwechsel mit Miriam. Schließlich schlage ich vor, dass wir uns treffen. Aber wo? Ich werde erst im Oktober in Neuseeland sein. Dave zieht dorthin und hat mich gefragt, ob ich eine Weile zu ihm kommen will. »Vorher gehe ich in Griechenland klettern«, schreibe ich Miriam, »morgen geht's schon los. Wie sehen eure Pläne aus?«

Sie reagiert prompt und begeistert: »Ja, lass uns unbedingt treffen, das fände ich ganz wunderbar! Und Griechenland ist nicht weit weg. Peter und ich sind nämlich nach sechs Jahren in Neuseeland nach Europa gekommen zum Wandern. Momentan sind wir in Bulgarien und bleiben hier noch gut einen Monat. Hättest du Lust herzukommen?«

Erste Begegnung

Es ist Mai, sommerlich warm und es sind ein paar Wochen vergangen, seit Miriam und ich per Mail beschlossen haben, uns in Bulgarien zu treffen. Sie hatte mir ihren Standort geschickt, und daraufhin war ich per Anhalter aus Griechenland zu ihr gefahren. Ich versuche, mir vorzustellen, wen ich da in Kürze treffe. Sechs Jahre in der Wildnis? Ohne Familie? Ohne Freunde? Wie wird es wohl um ihre sozialen Fähigkeiten stehen?

»Hallo!«, ruft Miriam begeistert, als sie mich sieht. Mir fällt sofort auf, dass sie kleiner ist, als ich erwartet hatte, sie ist wie ich ungefähr 1,70 Meter. Genauso groß, aber deutlich kräftiger. Ihre braun gebrannten Oberschenkel stecken in einer kurzen schwarzen Hose, und ihre muskulösen Arme platzen beinahe aus dem blauen Shirt, das sie offenbar schon mehrfach nähen musste. Das kenne ich von mir, ich flicke auch ständig meine Kleidung. »Wie schön, dass du da bist!«, sagt sie und ihre Augen strahlen. »Ich musste so lachen, als du geschrieben hast, du würdest mal eben aus Athen per Anhalter herkommen, als wäre nichts dabei.«

»Willkommen in Bulgarien!«, sagt Peter, der mich ebenfalls direkt umarmt. Peter ist dreißig Jahre älter als Miriam und damit älter als mein Vater. Das finde ich zwar ein bisschen seltsam, aber ich lasse mir nichts anmerken. »Hi, Peter, schön, dich kennenzulernen!«

»Möchtest du eine Tasse Kaffee?« Einen Moment lang weiß ich nicht, was ich antworten soll. Ich kaufe sonst nie Kaffee, bis auf die seltenen Ausnahmen, wenn ich Freunde zu Besuch habe. Miriam lacht und knufft Peter in die Seite. Sie scheint meine Gedanken erraten zu haben, denn sie sagt: »Wir trinken normalerweise auch nie Kaffee, aber hier kostet er nur einen Vierteldollar. Komm, ich lad dich ein.«

Während wir gemütlich dasitzen und Kaffee trinken, fällt Peter auf, dass ich in kurzer Hose und Sandalen herumlaufe. Die Leute auf der Straße sind deutlich wärmer angezogen. »Zu Hause war ich auch eine Frostbeule«, sage ich und deute auf einen dick eingepackten Passanten. »Aber seit ich draußen lebe, hat sich meine Wärmeregulation enorm verbessert. Und mit Schuhen kann ich nichts mehr anfangen. Sie sind zu schwer, zu warm und total unpraktisch beim Überqueren von Flüssen. Jedes Mal muss man sie ausziehen und am anderen Ufer wieder anziehen. Und sind sie erst mal nass, dauert es ewig, bis sie wieder trocknen. In Sandalen kriegt man keine Blasen, und wenn einem kalt wird, kann man Wollsocken darunter anziehen. Nicht sonderlich sexy, aber ziemlich bequem.«

Peter lacht über meine viel zu langen Ausführungen und entgegnet knapp: »Wir laufen auch schon seit Jahren in Sandalen.«

»Apropos laufen«, sagt Miriam. »Seid ihr fertig mit eurem Kaffee?«

Wir müssen zu dem Haus, in dem sie wohnen, deshalb schultere ich meinen Rucksack. Während wir spazieren, stellen Miriam und Peter mir lauter Fragen über alles, was ich die vergangenen Jahre erlebt habe. Wie es ist, allein als Frau zu reisen. Und wie es war, mit Tieren zu reisen. Und was ich gemacht habe, wenn es regnete. Wie ich den Winter überstand. Ob ich keine Angst hatte. Oder einsam war.

»Nein, allein bin ich oft, aber einsam selten. Wenn ich in der Natur bin, fühle ich mich geborgen. Das Gefühl kennt ihr doch sicher, oder?«

Peter nickt, das kennt er gut, und erklärt, dass sie deshalb schon so lang in der Wildnis leben.

»Aber ihr seid zu zweit. Wie ist das? Immer alles mit jemandem abstimmen zu müssen? Und hat euch nicht der Kontakt zu anderen Menschen gefehlt?«

»Nein, wir sind uns genug. Manchmal trifft man natürlich mal jemanden und kommt sich menschlich näher, aber wir können auch ohne.«

So plaudern wir eine ganze Weile, bis wir gegen fünf das Haus erreichen, in dem sie den Monat verbringen. Wir pflücken Kräuter und Gemüse aus dem Garten, und ich koche daraus eine Mahlzeit. Es ist schön, mit Miriam mal wieder Niederländisch zu reden, und wir lachen viel. Vielleicht liegt es am niederländischen Humor?

»Findest du es schlimm, jetzt schon schlafen zu gehen?«, fragt Miriam, als die Uhr neun schlägt. »Wir gehen immer früh ins Bett.« Das klingt wie Musik in meinen Ohren, und ich beginne direkt, meine Schlafmatte auszurollen. »Und schlaf ruhig aus. Ich stehe meistens gegen sechs auf, aber ich versuche, ganz leise zu sein«, fügt sie hinzu, ganz unnötig, denn ich werde selbst immer um diese Zeit wach.

In meinem Schlafsack liegend betrachte ich durchs Fenster den Sternenhimmel. Ich bin ein bisschen überwältigt. Ich habe noch nie jemanden getroffen, der genauso lebt und denkt wie ich. Bei dem ich mich so wohl fühle. Bei dem ein Wort genügt, um sich gegenseitig völlig zu verstehen. Es ist, als ob Miriam und ich verwandte Seelen sind, die sich endlich gefunden haben. Mit Lynnea hatte ich auch ein enges Verhältnis, aber das hier fühlt sich anders an. Miriam und ich sind zu Hause in den Wäldern, in den Bergen, einfach da, wo wir uns in diesem Moment befinden. Das Zusammensein mit Miriam ist wie nach Hause kommen und reisen zugleich.

Tee

»Ich finde es so schön, dass du extra hergekommen bist«, sagt Miriam am nächsten Morgen noch einmal. Wir versuchen, so leise wie möglich das Feuer zu entfachen, um einen Kessel Wasser aufzusetzen. Peter liegt noch im Bett.

»Weißt du, Tamar«, sagt Miriam, während sie in die Flammen sieht, »du bringst mich zum Nachdenken. Vielleicht sollte ich auch mal allein losziehen. Deine Soloabenteuer klingen großartig.«

Ich setze mich in den Fensterrahmen und drehe mich zu ihr. »Und was ist mit Peter? Ihr führt doch ein tolles Leben zusammen?« Ich finde es wunderbar, was sie sich aufgebaut haben, und hoffe, das auch eines Tages mit einem Mann verwirklichen zu können. Ich frage mich, ob Dave an so einem Leben mit mir interessiert wäre.

»Ja, ich habe echt Glück mit Peter gehabt«, sagt Miriam. »Es gibt nicht viele Männer wie ihn. Abenteurer, das schon, aber diese Abenteuer sind immer vorübergehend. Nach einer Expedition von ein paar Wochen wollen sie wieder zurück nach Hause. Aber wieso sollte man das wollen, wenn man diese Pracht auch jeden Tag haben kann?« Sie deutet auf die grünen Berge auf der anderen Seite des Fensters, und eine Weile lang sitzen wir da und schauen raus. Gemessen in Kilometern sind wir nicht weit von der Zivilisation entfernt, gemessen am Gefühl aber auf einem anderen Planeten.

Geeignet

»Darf ich euch doch noch mal was fragen?«, sage ich am Nachmittag, um den Elefanten im Raum endlich anzusprechen. »Wie funktioniert das zwischen euch?« Ich spiele damit auf die dreißig Jahre Altersunterschied zwischen den beiden an.

Sie tauschen kurz einen Blick, dann ergreift Miriam das Wort. »Es hat lange Zeit keine Rolle gespielt. Ich war 22, als ich Peter kennenlernte, er war zu dem Zeitpunkt 52. Aber superfit und stark! Er hat mich damals durch den Himalaja geführt, während ich totalen Bammel hatte. Heute ist das anders, und Peter will es ruhiger angehen lassen.«

»Mein Körper hat mittlerweile genug«, ergänzt Peter. »Ich kann noch Berge besteigen, aber nicht mehr mit einem zwanzig Kilo schweren Rucksack.«

Peter ist 66 und hat in den vergangenen drei Jahren fünftausend Kilometer mit dem Rucksack zurückgelegt und in der Wildnis gelebt. Ich kann nur hoffen, dass ich in seinem Alter auch noch so fit sein werde. Ich berufe mich immer darauf, dieses Leben jetzt führen zu müssen, solange ich jung bin, weil ich das wahrscheinlich nicht mehr kann, wenn ich das Rentenalter erreiche. Aber Peter hat bewiesen, dass man auch in hohem Alter noch abenteuerlich leben kann.

»Als Peter mir letztes Jahr gesagt hat, dass er genug vom vielen Laufen hat«, fährt Miriam fort, »kam ich auf die Idee mit der Frauenexpedition. Ich wollte etwas ganz Extremes und Krasses machen, und ich dachte, es wäre schön, das mit anderen Frauen zu erleben. Ich hoffe, dass ich geeignete Kandidatinnen finde.«

»Hältst du mich auf dem Laufenden, was die Bewerbungen betrifft? Und gibst mir Bescheid, ob ich mich euch anschließen kann?«, frage ich, als ich nach ein paar Tagen abreise. Ich hoffe, dass sie gute Jägerinnen findet, damit ich als Jägerin in spe mit auf Expedition gehen kann.

In den darauffolgenden Monaten bekommt Miriam mehr als zweihundert Bewerbungen, aber keine der Frauen hat ausreichend Erfahrung mit dem Jagen und/oder Fischen. Niemand ist »geeignet« für das, was sie vorhat. Gleichzeitig waren wir auf Anhieb auf einer Wellenlänge, sodass sie mich letztlich fragt, ob ich nicht allein mit ihr auf die Expedition gehen will. Ohne andere Frauen, nur sie und ich. »Ich kann genug für zwei Personen jagen«, schreibt sie, »dann hast du noch Zeit, es zu lernen. Außerdem ist es in Neuseeland so, dass du über meinen Jagdschein mitjagen darfst. Dann könnten wir zwei Gewehre mitnehmen. Das fände ich super. Hast du Lust?«

Natürlich habe ich Lust, so viel ist sicher. Die Frage ist eher: Traue ich mich das und kann ich das?

NEU-
SEELAND
10 WOCHEN
400 KILOMETER
ARTHUR'S
PASS
CHRISTCHURCH
WANAKA

Vorbereitungen

Ich habe Miriam zugesagt und tue anschließend alles, um mich so gut wie möglich vorzubereiten. Mit den Kontakten, die ich vergangenen Winter geknüpft habe, gebe ich diesen Sommer Survivalkurse, sowohl in Norwegen als auch in der Mongolei. Das Geld, das ich damit verdiene, verwende ich anschließend für die Teilnahme an einem vertiefenden Survivaltraining in den kanadischen Rocky Mountains. Innerhalb eines Monats lerne ich viel über Waffen, Jagen, Navigieren, essbare Pflanzen und wilde Tiere. Vor allem Letzteres hinterlässt tiefen Eindruck bei mir. Ich habe in dreißig Tagen dreißig Bären aus nächster Nähe beobachten können, darunter eine Grizzlybärin, die mit ihren Jungen herumtollte. Das Schönste aber war ein Rudel aus zwölf Wölfen, die in gerade mal zweihundert Metern Entfernung Jagd auf einen Elch machten. An einem anderen Tag jagte ich einem Kojotewelpen einen Schrecken ein, als ich einen Freudenschrei losließ, weil ich es cool fand, ihn von Nahem zu sehen. Und an einem meiner letzten Tage dort strich eine große graue Eule sanft mit ihrem Flügel über meine Wange, nachdem wir uns bestimmt zehn Minuten lang angeschaut hatten. Der ganze Monat war magisch, und ich kann es kaum erwarten, Dave davon zu erzählen, der in Neuseeland auf mich wartet.

Anfang 2018 komme ich endlich an, und nach einer Zeit der Zweisamkeit mit Dave werfe ich wieder meine Angel aus, um zu sehen, ob jemand anbeißt. Ich kontaktiere den örtlichen Jägerverein: »Mit wem darf ich mal mitgehen zum Jagen? Ich lade denjenigen als Dankeschön auf ein Bier ein!« Außerdem kontaktiere ich Survivalexperten, Botanikerinnen, Kräuterkundler und alle mit nützlichen Kenntnissen, die ich erlernen kann. Verschiedene Jäger nehmen mich daraufhin unter ihre Fittiche, und in den darauffolgenden Wochen schieße ich meinen ersten Hirsch, Dutzende Kaninchen und ein paar Hasen. Sechs Wochen verbringe ich bei Dave, der mir hilft, mich mit dem Überleben in den neuseeländischen Bergen vertraut zu machen.

Die Zeit tickt. In ein paar Wochen – an Weihnachten – gehen Miriam und ich auf Expedition und werden uns drei Monate lang in der neuseeländischen Wildnis behaupten müssen. Dann schlägt die Stunde der Wahrheit. Je näher der Starttermin rückt, desto nervöser werde ich. Obwohl ich viel während meiner Vorbereitungen lerne, habe ich dennoch das Gefühl, dass es bei Weitem nicht genug ist. »All die Menschen, bei denen ich in die Lehre gegangen bin«, sage ich am Vorabend der Abreise zu Dave, »die wissen, können, wagen alle mehr als ich.« Dave hat sich wochenlang angehört, wie begeistert ich von der Expedition bin, aber auch, wie sehr ich an meinem eigenen Können zweifele. Er seufzt, nimmt mich fest in den Arm und sagt: »Aber keiner von denen tut es, Tamar. Keiner von denen geht auf diese Expedition! Miriam hat nicht umsonst niemanden gefunden, oder? Es wird immer Menschen geben, die stärker sind, die schneller laufen, die besser jagen können. Aber im Gegensatz zu ihnen tust du es! Ist das nicht das, was du selbst stets sagst? Hör auf mit Träumen, tu es einfach.« Ich muss lachen, weil er mich mit meinen eigenen Worten überzeugt. »Du weißt außerdem ziemlich genau, was du kannst und was nicht, und du triffst vernünftige Entscheidungen. Darum wirst du schon klarkommen.« Er gibt mir einen liebevollen Klaps auf den Hintern. Er findet genau die richtigen Worte im richtigen Moment. Einer der Gründe, weshalb ich ihn immer mehr liebe.

Zweifel

Dezember 2018. Ungefähr ein halbes Jahr nach meiner Begegnung mit Miriam in Bulgarien baumeln meine Füße in einem idyllischen Bergsee an der Westküste Neuseelands. Der Nebel wabert über die Wasseroberfläche. Es kann nicht mehr lange dauern, bis die Morgensonne diese Uferseite erreicht. Es ist Weihnachten, was heißt, der Sommer beginnt in Neuseeland, und für mich beginnt ein echtes Abenteuer. Hier an dieser Hütte habe ich mich mit Miriam verabredet.

Wir haben eine Route ausgearbeitet, auf der wir niemandem begegnen werden und ganz auf uns allein gestellt sind. Wir werden versuchen, fern der ausgetretenen Pfade vom Arthur's Pass nach Wanaka zu laufen. Dabei halten wir uns an der Ostflanke der Gletscher, weil es dort weniger regnet als im nassen Westen. Acht Bergpässe und sieben wilde Flüsse müssen wir überqueren.

Ich fühle mich schuldig, weil ich die Weihnachtsfeiertage nicht mit Dave verbringe nach allem, was wir in den vergangenen Monaten zusammen durchgemacht haben, aber er hat mir gut zugeredet, ich solle mir diese Chance nicht entgehen lassen, nur um bei ihm sein zu können. Er ist lieb und würde mir nie Steine in den Weg legen, ebenso wie ich ihn liebe, ohne ihn zu brauchen.

Ich hatte erwartet, dass ich einsam wäre, hier so ganz allein auf dem Berg ohne ihn, aber verrückterweise ist das nicht der Fall. Nicht, weil ich ihn nicht schrecklich vermissen würde, sondern vielmehr, weil ich mich draußen in der Natur selten einsam fühle. Ich bin verbunden mit den Bäumen, dem Wind und den neugierigen Rotkehlchen, die jedes Mal vorbeischauen. In der Natur fühle ich mich frei. Vielleicht weil die Natur (wie Nietzsche schreibt) keine Meinung über uns hat?

In der Stadt bin ich oft verloren, aber vor lauter Bäumen kann ich endlich wieder den Wald sehen. Ebenso die Sonne, den Mond, die Sterne. Wie oft habe ich ganze Nächte damit verbracht, den Sternenhimmel zu betrachten? Und wie klein und nichtig habe ich mich dabei gefühlt? Alles, was mir tagsüber enorm wichtig erschien, spielte plötzlich keine Rolle mehr. Die Natur ist die beste Therapie für ermüdete und verwirrte Seelen.

Heute mache ich mir keine Sorgen über Dave oder unsere Zukunft, sondern darüber, worauf ich mich da eingelassen habe. Miriam hat eine klare Vision: »Wir sind zwei Frauen, die ihren Mann stehen«, aber ich bin mir da noch nicht so sicher. Nicht sicher, ob ich kann, was Miriam von mir erwartet, und ob ich nicht mich selbst und sie unnötig in Gefahr bringe.

Die Zweifel fingen an, als ich gestern mit unerträglichen Schmerzen in den Beinen wach wurde. Das erinnerte mich beunruhigend stark an den Schmerz, der mich vor Jahren in den Rollstuhl gezwungen hatte. Der Aufstieg hier rauf ist mir sehr viel schwerer gefallen, als ich erwartet hatte, und es gelang mir nicht, meine Beine zu entspannen. Nachdem ich die zweite Nacht gut geschlafen habe, lässt der Schmerz glücklicherweise wieder etwas nach, aber was, wenn er auf der Expedition erneut auftritt? Was, wenn meine Beine streiken? Was, wenn ich nicht gut genug jagen kann? Was, wenn ich nicht stark genug bin?

Mir wird schwindelig, wenn ich an all das denke, worin ich versagen werde. Miriam hat immerhin viel mehr Erfahrung in den Bergen, kann besser jagen und ihre Beine sind doppelt so breit wie meine. Ich habe sogar Witze darüber gemacht, sie »Dickbein« genannt, und sie mich »Storchenbein«. Aber was, wenn ich wirklich nicht mit ihr mithalten kann? Ist es nicht besser, wenn ich gar nicht erst an den Start gehe?

Fest entschlossen

Ich werfe noch mal meine Angel aus. Wenn auch nur, weil die Schwalben dann denken, etwas Essbares fiele ins Wasser, und hinabsausen und ihren herrlichen Tanz aufführen. Ich fange zwar keinen Fisch, schlage aber immerhin Zeit tot. Miriam kommt bestimmt jeden Moment.

»Hallooooo, Tamarreke, bist du da?«, höre ich sie endlich rufen. Ich hole meine Angel ein und renne auf sie zu. Sie geht in die Hütte, stellt ihre Tasche ab und dreht sich zu mir um. »Wie schön, dich zu sehen! Ich bin bereit. Du auch?« Ich nicke und hoffe, dass sie mir nicht ansieht, dass ich gestern noch überlegt habe, einfach abzuhauen, mir eine Ausrede einfallen zu lassen. Dass ich mir lieber die Beine brechen, mich verlaufen, im Boden versinken oder unsichtbar werden würde, alles, Hauptsache, ich muss nicht auf diese Expedition gehen.

Sie setzt sich auf einen Stuhl und bewegt sich, als sei sie hier zu Haus. Das kenne ich von mir. Wenn man jeden Abend woanders schläft, fühlt sich der Ort, an dem man seine Tasche abstellt, sofort wie ein Zuhause an. »Soll ich Tee für uns machen? Du hast bestimmt Durst«, sage ich, und Miriam nickt. Ehe ich mich's versehe, ist es wieder wie in Bulgarien, sie und ich, jede mit einer großen Tasse Tee, lachend, plaudernd, ganz vertraut.

»Da warst du die letzten Wochen ja richtig umtriebig, was?«, sagt sie begeistert. Ich habe ihr ausführlich von all meinen Vorbereitungen berichtet. »Auf bewegliche Ziele auf der Schießbahn geschossen? Gejagt? Deinen ersten Hirsch erlegt? Wow! Ein eigenes Messer gemacht hast du auch? Und Fallen aufgestellt, das habe ich auf dem Weg hierher gesehen. Hast du schon was gefangen?«

Ich schüttele den Kopf und wechsele das Thema. Zuerst will ich hören, wie es Peter geht. Vergangenen Sommer ist er schwer erkrankt. »Erzähl noch mal, wie kam es denn dazu?«

Miriam seufzt und führt dann aus: »Wir waren mit dem Auto in Australien unterwegs, als Peter krank wurde. Es fing an mit einer Magen-Darm-Grippe, dann bekam er Durchfall und war infolgedessen ernstlich dehydriert. Die meisten Menschen erholen sich davon schnell wieder, aber bei Peter hat die Genesung auf sich warten lassen. Seine Nieren schienen nur noch zu zwölf Prozent zu funktionieren.«

Miriam hatte lange Zeit Zweifel, ob wir unsere Expedition überhaupt durchführen können, und ich habe ihr freigestellt, unseren Trip abzusagen oder zu verschieben. »Wir können ihn auch einfach nächstes Jahr machen, wenn du willst. Möchtest du nicht lieber bei ihm bleiben?« Aber sie war fest entschlossen. »Wir gehen. Peter sagt auch, dass ich es tun muss. Falls es ihm nicht besser gehen sollte, ist unser Leben in der Wildnis vorbei. Das könnte meine letzte Chance auf ein Abenteuer sein!« Ich respektiere ihren Wunsch, trotzdem zu gehen, und lege ihr noch mal ans Herz, dass sie jederzeit ihre Meinung ändern kann. »Komm, wir schicken Peter eine Nachricht über mein Satellitentelefon, damit er uns darauf erreichen kann, sollte es ihm schlechter gehen.« Wir vereinbaren, dass wir im Fall der Fälle einfach auf dem direktesten Weg in die Zivilisation zurückkehren.

An diesem Abend liege ich da und grübele. Ich frage mich, ob ich auf die Expedition gegangen wäre, wenn Dave krank geworden wäre. Oder mein Vater.

Ich finde es schön, dass Peter Miriam dazu ermutigt, ihre Träume zu verwirklichen. Ihre Liebe beeindruckt mich. Wie sie einander alles gönnen, selbst unter den widrigsten Umständen. Ich kann nur hoffen, dass ich diese Form von Beziehung auch mit Dave erreichen werde. Dass wir uns gegenseitig loslassen können, um anschließend wieder zueinanderzufinden.

Zurück in der Wildnis

»Sollen wir noch kurz zur Spitze laufen?«, schlägt Miriam vor, als sie ihren Tee ausgetrunken hat.

Ich kann nicht glauben, dass sie nach dem langen Aufstieg zu dieser Hütte darauf noch Lust hat, aber ich stehe sofort auf, um meine Sandalen anzuziehen. In hohem Tempo klettern wir hoch, und knapp eine Stunde später blicken wir über die unberührte Natur. Berge, Wälder, Täler, ab und zu ein See und ganz hinten in der Ferne sogar der Ozean.

»Unser Zuhause für die nächsten Monate«, sagt Miriam seufzend und bricht einen trockenen Grashalm ab, um damit in ihren Zähnen zu stochern. Ich tue das Gleiche, und so sitzen wir eine Weile da, während jede vor sich hinträumt und ihren Gedanken nachhängt.

Ich bin froh, dass sie nicht weiß, dass ich gestern schon hier war. Dass ich mich auf dem Rückweg verlaufen habe und nicht mehr genau wusste, wo ich war. Dass mein Handy mit der Routenbeschreibung und den Koordinaten kaputtgegangen war und ich in Panik geriet. Dass ich zuerst dachte, ich hätte auch noch meinen Kompass verloren, ihn aber schließlich in meiner Hosentasche fand. Dass ich zurück nach oben gerannt bin, um zu sehen, wo der See liegt, und mich daran zu orientieren. Erst spätabends war ich wieder an der Hütte angekommen und ärgerte mich über mich selbst, weil ich solche Angst gehabt hatte. Als ich nun hier sitze, verschwinden alle Zweifel. Ich muss mich nicht schämen. Ich kann stolz sein, dass ich trotz meiner Angst richtig gehandelt habe. Tief innen drin spüre ich es. Hier bin ich zu Hause. Hier in der Wildnis bin ich glücklich und möchte nichts lieber, als mit Miriam auf diese Expidition zu gehen. Ich bin bereit. Dessen bin ich mir sicher. Das hier ist genau das, was ich jetzt will.

Miriam sieht mich an. Ihre Augen strahlen so wie immer, aber ihre Stimme klingt auf einmal bedrückt: »Weißt du, was verrückt ist, Tamar? So kurz vor einer Expedition bekomme ich immer Zweifel. Dann kriege ich Muffensausen, habe plötzlich keine Lust mehr und möchte am liebsten alles abblasen. Kennst du das auch?«

Zögerlich

Direkt vor uns sehen wir eine enorme Bergkette. Sie sieht rau aus, unwirtlich, kahl. Nichts weist darauf hin, dass Mutter Natur unsere Anwesenheit willkommen heißt.

»Da gehen wir hin, Tamar, in diese Richtung«, sagt Miriam und schwingt sich ihren 26 Kilo schweren Rucksack mühelos mit einem Arm auf den Rücken. »Findest du deinen Rucksack zu schwer?«, fragt sie beiläufig, während sie noch kurz auf der Karte nachschaut, wie weit wir bis zum Fluss laufen müssen.

»Ja, ein wenig«, sage ich. In Wirklichkeit finde ich ihn sauschwer. Ich hätte gedacht, der Rucksack wäre leichter, aber mit Gewehr, Zielfernrohr, Munition, Angelrute und warmer Winterkleidung komme ich auf 25 Kilo. Was das Essen anbelangt, haben wir nur ein paar Kilo Mehl und Reis und etwas Salz dabei. Ich hoffe, dass das für die kommenden zehn Wochen reicht.

Zögerlich und ehrfürchtig machen wir uns auf den Weg. Der erste Teil ist eine bestehende Route, danach suchen wir uns unseren eigenen Pfad, auf dem niemand unterwegs ist, außer Tiere.

Ein schwacher Auftakt

Nach dem ersten Zögern finde ich schnell meinen Rhythmus und spüre, wie sich die Anspannung in dem Ganzen um mich herum auflöst. Es fühlt sich an, als würde ich wieder bei mir ankommen. Dort, wo ich wirklich ich sein kann und nur aus meinen Füßen hier auf diesen Steinen bestehe, zwischen hohen Bäumen laufend. In Gedanken zitiere ich John Muir: *»Die Wildnis ist eine Notwendigkeit, […] in die Berge gehen ist wie nach Hause zu kommen.«* Ich atme tief ein und lasse die frische Bergluft in meine Lungen strömen. Hier bin ich zu Hause. Ich schaue zu Miriam, und ohne nachfragen zu müssen, weiß ich, dass sie das Gleiche empfindet.

An diesem Abend liege ich schon im Schlafsack, während Miriam damit beschäftigt ist, ihre Kleidung zusammenzulegen und fein säuberlich zu stapeln. »Was machst du da?«, frage ich, als sie kurz darauf noch immer nicht im Zelt liegt.

»Noch kurz meinen Schlafanzug anziehen«, sagt sie lachend. »Kann ich was für dich tun? Liegst du gut?« Ich finde es rührend, wie diese starke, toughe Frau gleichzeitig so lieb und aufmerksam sein kann. »Ich lege unsere Babys zwischen uns, ja?« Sie meint unsere Gewehre. Unser Überleben hängt von ihnen ab, deshalb behandeln wir sie vorsichtig wie Porzellan.

»Gute Nacht«, sage ich, sowohl zu unseren Gewehren als auch zu Miriam.

Wir sind ohne Essen zu Bett gegangen, und am nächsten Tag ereilt uns das gleiche Schicksal. Wir werden augenblicklich damit konfrontiert, wie schwer Jagen ist. »Wir sind noch zu dicht an der Zivilisation«, sagt Miriam, um unseren mangelnden Erfolg zu erklären, »wir müssen schnell weiter.«

Und das tun wir. Wir gehen lange, wir gehen weit, und das alles mit nur ein paar Chapati-Fladen und ein paar essbaren Pflanzen als Proviant. Die Wurzeln der Astelia sind weich wie Butter, und der Nektar aus dem Flachs ist schön süß.

»Wusstest du, dass man Distelstängel auch essen kann? Die muss man nur sauberkratzen und kann sie wie Sellerie knabbern«, sage ich. Das habe ich auf meiner Fahrradreise gelernt, und dieses Wissen kommt mir nun zupass. »Mit imaginärem Hummus«, sage ich und tue so, als würde ich die Stängel irgendwo reindippen. Hummus, was würde ich nicht darum geben, und Frischkäse und eine Tüte Chips. Wir nehmen viel zu wenig Kalorien auf. Ich weiß, dass ein Mensch zwei Wochen ohne Essen aushalten kann, aber wir haben nun schon zwei Tage nichts Substanzielles mehr gegessen, und ich fange an, mich schwach zu fühlen. Mir fehlt die Puste, um zu laufen, geschweige denn, um zu jagen.

Unser erster Hirsch

Ein neuer Tag bricht an, die Vögel wecken uns, alles schreit danach, dass wir aufspringen sollten, um jagen zu gehen. Aber allein der Gedanke daran erschöpft mich. Mein Kopf ist noch klar genug, um zu wissen, dass wir echt etwas tun müssen, aber mein Körper will nicht mitmachen, ich möchte am liebsten den ganzen Tag hier liegen bleiben, Pizza bestellen und nur aufstehen, wenn ich Pipi muss.

»Nur noch kurz«, sagt Miriam, der es genauso geht, »ich stehe gleich auf, versprochen.«

Ich denke daran zurück, wie ich manchmal ein paar Tage lang nichts gegessen habe, aber da fiel es mir leichter. Ich habe damals ganz bewusst gefastet, um meinen Körper zu reinigen oder meinen Geist zu klären. Allerdings habe ich auch keinen 25-Kilo-Rucksack mit mir herumgeschleppt, und wenn ich keine Lust mehr hatte, stand ein gefüllter Kühlschrank bereit. Nicht zu wissen, ob man am nächsten Tag etwas zu essen finden oder die Kraft zum Jagen haben wird, ist eine ganz andere Nummer.

Ich hätte nie gedacht, dass die erste Woche unserer Expedition die möglicherweise schwierigste sein würde und wir so schnell scheitern könnten. Glücklicherweise habe ich noch einen Trumpf in der Hand, den ich nun mit Miriam teile.

»Schau mal, Miriam, ich habe was für dich«, sage ich und zeige ihr den Pemmikan, den ich für Notfälle eingepackt habe. »Das habe ich von indigenen Völkern in Kanada gelernt, die machen diese Klöße für lange Jagdausflüge. Es ist eine Mischung aus Dörrfleisch, Fett und Beeren. Proteine, Fett und Vitamine: alles, was man braucht, und es hält sich ewig. Den hier habe ich aus meinem ersten selbstgeschossenen Hirsch hergestellt und mit Schokolade gesüßt. Willst du mal probieren? Es ist immerhin Silvester!«

Wie ein Aasgeier über einen frischen Kadaver fällt sie darüber her, und gemeinsam essen wir unsere halben Vorräte auf. »Mit dieser Extraenergie schießen wir bestimmt was«, beschließen wir, und ich wage sogar, darauf zu vertrauen. Vielleicht sind es die guten Vorsätze, die zum Anbruch eines neuen Jahres dazugehören. Vielleicht ist es Naivität. Vielleicht ist es das angeborene Vertrauen, dass alles gut wird, weil es bis jetzt noch nie nicht gut geworden ist. Außer heute, denn wir schießen wieder nichts.

Neujahrstag

Ich werde wach von Gepolter und Geraschel. Miriam kramt hektisch nach irgendwas und läutet das neue Jahr mit guten Neuigkeiten ein. »Ich habe einen Hirsch geschossen«, verkündet sie aufgekratzt.

»Was?!«, rufe ich, »einen Hirsch?! Wann? Wie? Wo?«

Nach einem Spaziergang von zehn Minuten sehe ich das Tier liegen. Es ist eine Hirschkuh. Sie sieht prächtig aus. Ihr goldbraunes Fell, die dunklen Streifen auf dem Rücken, das kleine Geweih und die langen, femininen Wimpern. »Danke, schöne Dame, dass du dein Leben gibst für unseres. Möge deine Seele hinaufsteigen zu endlosen Wiesen.« Wir schlitzen ihren Bauch auf und entleeren ihren Magen und Darm auf einem großen Stein, sodass die Raubvögel sie finden. Ich denke an Tetti, der sich daran gütlich getan hätte.

Wir schleppen die Hirschkuh zu unserem Lager und machen uns aufgekratzt daran, das Fleisch zu schneiden, Holz zu sammeln und zu essen. Von morgens früh bis spätabends. Am nächsten Tag wieder. Und am Tag danach. Wir können nicht viel mitnehmen und essen hier, so viel wir schaffen. Fünf Tage dauert es, um alles zu kochen und aufzuessen, ehe wir weiterziehen. Ich habe einen tauben Arm vom vielen Schneiden und renne ständig hin und her, um mehr Brennholz zu holen und das Feuer sowie uns zu nähren. Es ist so viel, dass ich es kaum schaffe.

»Immer schön weiteressen, Tamar«, sagt Miriam, »du weißt nie, wann du das nächste Mal etwas zu essen kriegst.«

Zuerst essen wir das Hirschrückenfilet, dann einen Burger aus Herz, Leber und Nieren, vermengt mit allen möglichen essbaren Pflanzen, die ich finden konnte. Überraschend viel kenne ich aus Europa: Klebkraut, Wegerich, Schafgarbe, Klee, Butterblume, Brennnessel, Vogelmiere und Sauerampfer. Die Samen haben Besucher unter ihren Schuhsohlen eingeschleppt, sodass sie nun auch hier, am Fuß des Tales, üppig wachsen.

Wir vermengen alles mit dem Fleisch, um genügend Vitamine aufzunehmen.

Wie man ein Tier ausweidet, habe ich als Köchin gelernt. Aber eine Zunge habe ich noch nie aus einem frisch geschossenen Hirsch geschnitten. Wir probieren, den Kiefer aufzuhebeln, doch der sitzt bombenfest. Es dauert einen Moment, bis mir auffällt, dass ich die Zunge einfach vom Hals aus abtrennen und so herausziehen kann.

»Schon ein bisschen gruselig, oder?« Miriam steht daneben und verzieht das Gesicht, während wir anschließend mit meinem Leatherman den Schädel aufsägen, um an das Hirn heranzukommen.

»Mein Lieblingsteil am ganzen Hirsch!«, sage ich euphorisch, als ich meinen Becher mit Gehirn fülle. »Es schmeckt nach Kalbsbries, kennst du das? Und von der Textur her ist es wie Marshmallows.« Miriam nickt. Sie kennt sich bestens aus und ist ebenfalls verrückt danach.

»Es ist wichtig, dass wir alle Teile des Tieres essen«, erzähle ich Miriam, die gierig alles isst, was ich ihr vorsetze. »Die Organe enthalten wichtige Vitamine und Mineralien und auch viel Fett. Das können wir gut gebrauchen. Zur Vorbereitung auf diese Expedition habe ich zum ersten Mal in meinem Leben Kalorien gezählt.« Ich zeige ihr meine Liste. »Nüsse und Butter enthalten beispielsweise siebenhundert Kilokalorien pro hundert Gramm, aber die haben wir nicht dabei. Haferflocken haben 380, eine Gans 280, ein Kaninchen 133, ein Hirsch 114. Die Moral von der Geschicht' ist, dass Wildbret sehr mager ist. Wir verbrennen auf unserer Wanderung rund viertausend Kilokalorien pro Tag. Wenn wir nur mageres Fleisch essen und kein Fett, können wir uns eine Proteinvergiftung zuziehen. Dann hat man zwar einen vollen Magen, aber verhungert trotzdem. Kaninchenhunger nennt man das. Die ersten Entdecker litten beispielsweise darunter.« Ich erzähle ihr, was ich von den Survivalexperten in Kanada gelernt habe. Manche Menschen merken gar nicht, dass sie verhungern. Sie bewahren ihr

Essen für später auf, »für den Notfall«, ohne zu merken, dass sie bereits im Sterben liegen.

Miriam hört mir aufmerksam zu. »Wie gut, dass du das alles in Erfahrung gebracht hast!«, sagt sie. »Dann passen wir gut auf, dass uns das nicht passiert. Haben wir noch Burger?«

Balletttänzerin

Will man einen Bergpass überqueren, muss gutes Wetter sein. Man muss frühzeitig loslegen, damit man auch unerwartete Hindernisse überwinden kann, ehe es dunkel wird. Im günstigsten Fall dauert es den ganzen Tag, um das Tal auf der anderen Seite zu erreichen. Im schlechtesten Fall … tja, daran wollen wir lieber nicht denken.

Da es danach aussieht, als würde es die nächsten Tage regnen, haben wir bereits am Abend zuvor einen Stapel Holz aus dem Wald unter das Vordach unseres Zeltes gelegt. Dort kochen wir nun die letzten Hirschreste, um diese in Plastiktüten mitzunehmen. Ich hoffe, dass es genug ist. Auf der anderen Seite des Bergpasses werden wir wieder jagen. »Aber nur noch kleines Wild«, verabreden wir. Wir wollen nicht noch mal fünf Tage lang an einem Ort bleiben müssen. Also werden wir künftig Ausschau halten nach Hasen, Gänsen, Kaninchen und Possums.

Letztere habe ich zum ersten Mal in Australien gesehen. Das graubraune Tier ähnelt einer großen Ratte, ist aber echt süß. Es säugt seine Jungen in seinem Beutel und nutzt den Schwanz zum Klettern. Wenn man abends mit der Taschenlampe in einen Baum hineinleuchtet, sieht man seine Augen reflektieren. Die meisten Neuseeländer graut es bei der Vorstellung, ein Possum zu essen, weil man ihre Stinkdrüse schon von Weitem riecht, aber sobald man die entfernt hat, ist das Fleisch besonders schmackhaft.

Auf dem Weg zum Bergpass laufen wir durch eine enge Schlucht mit kleinen Wasserfällen zu beiden Seiten, langen

Gräsern und duftenden Wildblumen. Wir kommen an ein paar kleinen Seen vorbei, aus denen wir trinken. »Was schmeckt das gut!«, rufe ich aus. Das Wasser ist mineralreich und erfrischend, als wäre es lebendig und würde mich mit Leben durchströmen. Ich merke wieder, dass ich nach den vergangenen Jahren einen anderen Blick auf die Natur habe. Einen schärferen, aufmerksameren Blick. Ich bin mehr in Verbindung mit allem, das mich umgibt. Alles bekommt immer mehr Wert, und selbst Wassertrinken ist eine intensive Erfahrung.

Mit den steigenden Höhenmetern verschwindet allmählich die Vegetation, bis nichts als Fels übrig bleibt, aber auch der wird letztlich von einer Schicht Schnee und Eis abgelöst. Wir stehen kurz da und starren sie an, diese feindliche Landschaft, die sich so eindrucksvoll vor uns erstreckt. Sie scheint zu schreien: »Geht zurück! Ihr gehört hier nicht her! Das ist kein Ort für Menschen! Viel zu unwirtlich, erbarmungslos und gefährlich.«

Wir haben bewusst entschieden, keine speziellen Hilfsmittel wie Steigeisen und Eispickel mitzunehmen. Die sind ziemlich schwer und nach diesem Pass wahrscheinlich auch nicht mehr nötig. Aber nun, da ich den langen, weißen Gletscher betrachte, frage ich mich, ob das wirklich so klug war. Speziell für das Überqueren von Bergpässen habe ich mir Wanderschuhe angeschafft, und jetzt trete ich mit den Seiten in den Schnee, um mehr Bodenhaftung zu kriegen. Mit meinen Wanderstöcken stochere ich vor mir herum, um zu fühlen, was sich unter dem Schnee befindet. Wir gehen ganz vorsichtig und gleichzeitig so schnell wir können. Wir dürfen uns keine Fehltritte leisten, aber es ist auch wichtig, vor Anbruch der Dunkelheit wieder unten zu sein. Der Aufstieg ist schwer, manchmal versinken wir bis zu den Knien im Schnee, und langsam, aber sicher pflügen wir uns einen Weg nach oben.

Das Wetter war strahlend schön, als wir morgens losgegangen sind, aber hier oben auf dem Pass sehen wir dunkelgraue Wolken in raschem Tempo auf uns zukommen. »Der Regenvogel hatte also doch recht«, sagt Miriam, die den Gesang des kleinen grauen Vogels erkannt hatte, »laut den Maori kündigt ihr Gesang Regen an.« Doch das ändert nichts an der Situation. Wir müssen weiter. Zurück können wir nicht mehr, denn das dauert mindestens genauso lange wie weitergehen. Also stemmen wir uns gegen den Wind, der sich langsam zu einem Sturm entwickelt. Vier Jahreszeiten an einem Tag sind in den Bergen nicht ungewöhnlich, und angesichts dessen, dass es hier keine gefährlichen Tiere gibt, ist das Wetter unser größter Feind. Mir wird nur zu deutlich bewusst, dass es Menschenleben fordern kann. Schon so mancher Bergsteiger, Jäger oder Wanderer hat in den Bergen von Neuseeland seinen letzten Atemzug getan, weil er von schlechtem Wetter überrascht wurde.

In solchen Momenten frage ich mich, warum ich so etwas überhaupt mache. Warum suche ich die Gefahr? Wenn mir jetzt etwas zustößt, war es das doch nicht wert? Und gleichzeitig ist es der schönste Tod, den ich mir wünschen kann. Wie ein Ritter in der Rüstung sterben. Seltsamerweise fühle ich mich in solchen Nahtodmomenten am lebendigsten.

Um uns herum erstreckt sich eine Landschaft, bei der man viele Warnschilder ignorieren muss, um sie zu erleben. Vor mir erhebt sich ein Gletscher. Majestätischer, höher, breiter und beeindruckender, als ich je einen gesehen habe. Jahrhundertelang haben sich die Eisschichten übereinandergelegt. Schicht um Schicht. Weiß, durchsichtig, blau. Eine Art Blau, die ich noch nirgends sonst gesehen habe, einzigartig für diesen Gletscher, diesen Ort und diesen Moment. Als ob er die Zugangspforte zum Himmel wäre, größer als unser kleines, nichtiges Dasein. Regungslos bestaunen wir die Landschaft, die wirkt, als würden wir direkt in die Seele von Mutter Natur hineinspähen.

»Komm, lass uns dort kurz ausruhen, den schweren Rucksack absetzen und einen Happen essen«, schlage ich vor. Ich deute auf ein Stück Fels, das sich perfekt als Sitzgelegenheit anbietet. Von hier aus offenbart sich eine Aussicht auf den Gletscher, auf das Tal, in das wir bald hinabsteigen, und auf ein Stück Schnee ganz weit in der Ferne, wo wir auf einmal ein Tier sich anmutig bewegen sehen. Es ist eine Gämse, die zur Familie der Antilopen gehört. Ihr braunes Fell hebt sich deutlich gegen den weißen Schnee ab.

»Pst«, sagt Miriam, »nicht bewegen.«

Die Gämse nimmt Anlauf, springt, dreht eine Pirouette und landet elegant im Schnee. Wie eine Ballerina, wie nur Gämsen das können. Dann rennt sie ein Stück weiter, dreht sich um und macht es noch einmal.

»Es wirkt wirklich so, als würde sie tanzen. Sie führt ein Stück für uns auf!« Ungläubig bestaune ich das anmutige Ballett. Ich verdrücke ein paar Tränen, doch dann beschließe ich, dass meine Tränen ihre Berechtigung haben. Dieses prächtige Schauspiel ist der perfekte Abschluss eines langen, schweren Aufstiegs. Darum mache ich das. Darum begebe ich mich in Gefahr. Wegen Momenten wie diesem.

Gefährliche Gewässer

Der Weg hinunter ist mindestens genauso schwer wie der Weg hinauf, wenn nicht schwerer. Meine Knie knacken, ich muss gut aufpassen, wohin ich meine Wanderstöcke und meine Füße setze, und bin froh, als wir nach zwölf Stunden Wanderung endlich das Wilberforce Valley erreichen. Ein mächtiger Fluss schlängelt sich durch ein breites, u-förmiges Tal, an dessen Ufern Manuka, auch Südseemyrte genannt, wächst, aus der man wunderbare medizinische Tees brühen kann.

Nach dem vielen Regen der vergangenen Tage ist der Wasserpegel hoch, aber wie tief der Fluss ist, können wir unmöglich erkennen. »Was meinst du, wo wir ihn überqueren sollen?«, frage ich Miriam.

»Sollen wir es dort probieren?« Sie deutet auf eine Stelle, an der der Fluss etwas breiter ist und hoffentlich deshalb auch weniger tief und mit weniger schnellen Strömungen.

Miriam geht voraus, und ich versuche, ihr so gut wie möglich zu folgen. Es fühlt sich an, als würden Tausende Nadeln in meine Beine stechen, als ich in das kalte Wasser steige. Obwohl wir mit der Strömung laufen, spüre ich, wie das Wasser an mir reißt, und ich habe Schwierigkeiten, das Gleichgewicht zu halten.

Miriam läuft schneller als ich und ist bereits beim wildesten Abschnitt im Fluss angekommen, als sie laut über das donnernde Getöse hinweg ruft: »Tamar, zurück, kehr um, sofort!« Das Wasser steht ihr plötzlich bis zur Hüfte, und sie wird fast mitgerissen. Sie schafft es gerade noch, sich umzudrehen und meine ausgestreckte Hand zu ergreifen. Den Blick, mit dem sie mich ansieht, werde ich nie vergessen, als ob sie dem Tod ins Auge geblickt hätte. Mich schaudert es, aber ich habe keine Zeit, Angst zu haben. Angst ist genauso gefährlich wie der reißende Fluss, und ich muss meine gesamte Konzentration darauf richten, Miriam wieder an Land zu kriegen. Mit all meiner Kraft gelingt es mir schließlich. Erleichtert seufze ich auf, aber ich stehe zittrig auf den Beinen.

»Ich war fast drüben«, sagt sie, und ihre Stimme überschlägt sich, »wie in Gottes Namen sollen wir ans andere Ufer kommen?«

Ich weiß es nicht. Ich kann nicht klar denken. »Sollen wir nicht einfach schwimmen?«, schlage ich vor.

Miriam erstarrt. »Schwimmen? Auf gar keinen Fall! Viel zu gefährlich. Einen Fluss zu überqueren ist lebensgefährlich, Tamar, vergiss das nicht. Wir müssen weiterlaufen. Bestimmt kommt eine Stelle, die besser zu passieren ist. Notfalls laufen wir den ganzen Tag. Dieses Risiko gehen wir nicht ein. Nichts ist es wert, dafür zu sterben.« Diesen Satz hat sie schon oft wiederholt. Miriam und Peter waren sich darin einig, und nun gilt dieses Motto auch für unsere Expedition. Nichts ist es wert, dafür zu sterben, ganz sicher nicht dieser Fluss.

Hasenhoden

An den darauffolgenden Tagen hört es auf zu regnen, der Wasserpegel sinkt, und während wir durchs Tal laufen, überqueren wir mehrfach erfolgreich den Fluss. Seit wir diese Expedition vor zwei Wochen begonnen haben, bin ich jeden Tag mit Miriam auf der Jagd gewesen. Aber ganz allein habe ich keinen Erfolg. Warum nicht? Ich habe in den Wochen meiner Vorbereitung doch alles Mögliche geschossen? Meine Bedenken hinsichtlich des Tötens von Tieren habe ich gleich zu Beginn dieser Expedition über Bord geworfen. Wenn ich mich für dieses Abenteuer entscheide und überleben will, muss ich jagen. Dass es mir dennoch nicht gelingt, finde ich schwer zu verkraften.

Jedes Mal, wenn ich ohne Miriam auf die Pirsch gehe, sehe ich die Tiere zu spät. Sie hören, riechen oder sehen mich eher als ich sie. »Und?«, fragt Miriam hoffnungsvoll, wenn ich zurückkomme. Nein, ich habe wieder nichts erlegt. Nur kostbare Energie verschwendet und triumphal versagt. Warum will es bei mir einfach nicht klappen? Vielleicht weil ich es gar nicht wirklich will? Ich würde die Tiere lieber leben lassen und mit ihnen gemeinsam die Landschaft genießen. Aber ich habe mich selbst in eine Situation begeben, in der ich Tiere schießen muss, um nicht zu verhungern. Rational betrachtet stehe ich dahinter, aber gefühlsmäßig nicht. Es ist verwirrend. Müde, enttäuscht und zunehmend verzweifelt frage ich mich, ob ich je eine gute Jägerin sein werde. Wann kann ich endlich etwas zu unserem Überleben beitragen?

»Tamar, gib dir Zeit«, sagt Miriam, als ich mal wieder mit leeren Händen ankomme. »Ich habe bestimmt sechs Monate gebraucht, bevor ich mir beim Jagen mehr zutraute. Es ist eine enorme Herausforderung für das eigene Durchhaltevermögen. Wir haben Glück, dass wir beide klein sind und nicht viel brauchen. Zwei große Männer müssten viel mehr essen!«, sagt sie leichthin und lacht, während sie ihrem soeben geschossenen Hasen fachkundig das Fell über die Ohren zieht.

Übung macht bekanntlich den Meister. So lerne ich langsam, aber sicher, mein Gehör und meinen Blick zu schulen. Alle Sinne geschärft und hoch konzentriert achte ich auf jede Bewegung und jedes Geräusch, lerne, die Hektik des Alltags abzulegen und ganz langsam zu sein. Ich lerne, wo sich Tiere versteckt halten, und mich mucksmäuschenstill anzuschleichen, als Tier unter Tieren.

Endlich ist Artemis, die Göttin der Jagd, mir wohlgesinnt. Nach einer stattlichen Wanderung habe ich einen Hasen im Blick. Vorsichtig krieche ich über einen Hügel, sodass ich auf dem Bauch im hohen Gras liegend freie Sicht auf den Fluss habe. Während ich den Hasen mit den Augen verfolge, spüre ich den Wind im Gesicht und weiß, dass er mich weder sehen noch riechen kann. Im Zickzack hoppelt er am Flussbett entlang, knabbert ab und zu an einem Grashalm und setzt sich dann nicht weit von mir entfernt auf einen Stein, genau in Schusslinie. Ich krieche ein Stück vorwärts zu einem anderen Stein, um mein Gewehr darauf zu stabilisieren. Ich lade mein Gewehr, richte es aus, atme aus, schieße, höre den Knall von den Felsen im Tal widerhallen und dann wieder völlige Stille. Bis auf das heftige Klopfen meines Herzens, das durch den Adrenalinstoß pro Minute hundertmal schneller schlägt als normal.

Kurz halte ich den Atem an, als würde ich auf eine Reaktion warten. Dann springe ich auf, schnalle mir mein Gewehr auf den Rücken und renne hin. Es fühlt sich unwirklich an, beinahe filmreif, und ich bin aufrichtig überrascht, als ich den toten Hasen zu meinen Füßen liegen sehe. Es ist, als würde er schlafen. Nirgends ist Blut zu sehen. Die Kugel ging direkt durch den Kopf. Es tut mir um das arme Tier leid, aber ich habe mich nun einmal entschieden, an dieser Expedition teilzunehmen, und bin froh, dass er gleich tot war.

Vorsichtig packe ich das Tier an den Hinterpfoten und renne so schnell ich kann zurück zu Miriam, um ihr zu zeigen, was ich geschossen habe. Endlich fühle ich mich als vollwertiger Teil dieser Expedition.

»Wie toll!«, ruft Miriam, als sie mich ankommen sieht. Sie sitzt vor dem Zelt, um ihre kurze Hose zu nähen, und fragt mich sofort, ob es ein Männchen oder ein Weibchen ist. Ich weiß, warum sie das fragt. Als ich ihr gestern gebratene Hoden servierte, haben sie ihr so gut geschmeckt, dass sie eigentlich nur noch Männchen erlegen will. Als ich ihr erzähle, dass es ein Männchen ist, wirft sie ihre Näharbeit beiseite und beginnt augenblicklich, ein Feuer zu machen und unsere Kochutensilien bereitzustellen. Ich muss lachen. Über ihre Eigenheiten, aber auch darüber, dass sich unsere Tage eigentlich nur noch ums Essen drehen und wir beide das so genießen.

Unser Geheimnis

Zwischen der Ost- und Westküste der Südinsel von Neuseeland verläuft eine lange Bergkette. Wir laufen direkt unterhalb der Gipfel an der Ostflanke, weil es dort viel weniger regnet als auf der Westseite. Oft sehen wir, wie sich die Wolken von der Westküste her an den Bergen stauen, doch sie lösen sich meist auf, bevor sie uns erreichen.

Regelmäßig steigen wir innerhalb von ein paar Tagen hoch zum Berggipfel am Rand eines Tales. Dort trinken wir aus dem Fluss, waschen uns und unsere Kleidung darin. Um Gewicht zu sparen, essen wir alles Fleisch, das wir noch übrig haben, und überqueren dann den Bergpass. Auf zum nächsten Tal. Ohne zu wissen, ob wir heil auf der anderen Seite ankommen, was uns dort erwartet und ob es Tiere zum Jagen gibt.

Die Tage, an denen wir den Bergpass überwinden, sind die spannendsten. Sie sind lebensgefährlich, und man weiß nie, welchen Problemen man unterwegs begegnen wird. Hänge, die zu steil sind, um an ihnen entlangzulaufen; Schluchten, die zu tief sind, um sie zu überwinden; Steine, die zu glatt sind, um darauf zu treten. Steinlawinen, die ins Tal hinabstürzen, oder Gestrüpp mit messerscharfen Blättern.

Kurzum, der Aufstieg dauert länger, als wir angesichts der Kilometerzahl einkalkuliert hatten. Der Point of no Return ist schnell erreicht, und man braucht schon eine gehörige Portion Durchhaltevermögen, um es zu schaffen. Die Aussicht von den Gipfeln ist dafür so wahnsinnig schön, dass sie alle Mühe mehr als wettmacht.

Von hoch oben schauen wir über alle Täler, die wir bereits passiert haben, und alle Täler, die noch auf uns warten. Wir schauen über das Ergebnis tektonischer Verschiebungen, die bereits seit unzähligen Jahrhunderten in Gang sind. Ich spüre den Wind, der die Berggipfel abträgt, und öffne meine Haare, damit sie wehen können. Genau wie ich das auch in Bloemendaal machen würde, bei einem Winterspaziergang mit meinem Vater. Wie schade, dass ich das nicht mit ihm teilen kann, dass ihn keine zehn Pferde auf einen Berg raufkriegen und er nie diesen Anblick genießen wird. Und wie froh ich bin, dass Miriam bei mir ist, dass ich diese Erinnerung überhaupt mit jemandem teilen kann. Dass es für immer etwas sein wird, das nur uns gehört. Wie ein gut gehütetes Geheimnis.

Am Abgrund

Unsere Karte ist bis auf zwanzig Meter genau. Ziemlich detailliert, aber nicht detailliert genug, denn heute stellt sich heraus, dass ein 15 Meter hoher Wasserfall gar nicht eingezeichnet war. Wir müssen zurück, weit zurück. Eine andere Route probieren. Und das, nachdem wir bereits acht Stunden gekraxelt sind und nichts mehr zu essen haben. Die Wanderung war so lang, weil wir uns dafür entschieden haben, dem Fluss aufwärts zu folgen. Daraus können wir jederzeit trinken. So müssen wir kein Wasser mitnehmen und können uns nicht verirren. Heute Morgen kam uns auch schon ein Wasserfall in die Quere, den wir mit Ach und Krach überwunden haben. Die Wände waren zu steil, um daran hochzuklettern, und zurück ging es nicht mehr. Also stiegen wir barfuß hinauf, während wir uns an den glitschigen Felsen festhielten. Regelmäßig brachen Stücke ab, die tief unter uns krachend auf den Steinen zerschlugen. Furcht einflößend war das, das will ich nie wieder machen müssen, und glücklicherweise ist es bei dem jetzigen Wasserfall auch gar keine Option.

Hier können wir nicht klettern, wir müssen irgendwie drum herumkommen.

»Wollen wir vielleicht da entlang?«, fragt Miriam und deutet auf einen steilen Hang ohne Möglichkeit zum Festhalten, wo ein einziger Fehltritt reicht, um in die Schlucht hinabzustürzen.

»Nein, bestimmt nicht«, sage ich entschieden, »viel zu gefährlich.« Ich zitiere unser Motto: »Nichts ist es wert, um dafür zu sterben.« Die Route, die ich daraufhin vorschlage, ist superschwer, kostet uns viel Zeit und Energie und ist nur einen Deut ungefährlicher, aber meines Erachtens bleibt uns keine andere Wahl. Wir versuchen, Ziegenpfaden zu folgen, bis auch diese zu steil werden, und schlurfen Schritt um Schritt an dieser wahnsinnigen Schlucht vorbei. Viele Stunden und verkrampfte Muskeln später ziehen wir endlich unsere Bergstiefel aus und unsere Sandalen an, um erleichtert die letzten Kilometer auf einfacherem Terrain in das Tal zu laufen. Wir haben mal wieder eine Passquerung überlebt.

Indem man viele lebensgefährliche Dinge tut, wird man zweifellos immer mutiger, aber furchtlos werde ich nie sein. Das will ich auch gar nicht. Angst ist nämlich eine nützliche Begleiterin und gute Ratgeberin, solange sie einen nicht lähmt. Indem man sich bis an den Abgrund wagt, entwickelt man ein immer besseres Urteilsvermögen. Außerdem, kann man überhaupt mutig sein, wenn man keine Angst hat?

»Das war ganz schön heikel, was?«, bemerkt Miriam, als wir endlich in unserem Zelt liegen.

Erleichtert atme ich auf. Ich war also nicht die Einzige. »Als du mich heute Nachmittag gefragt hast, wie es mir geht, habe ich fröhlich ›Prima!‹ gerufen. In dem Moment hätte es wenig Sinn gehabt zuzugeben, dass ich Schiss habe. Aber jetzt kann ich es dir ja verraten«, sage ich augenzwinkernd, denn ich gehe davon aus, dass Miriam sehr wohl wusste, wie wenig geheuer mir das Ganze war, aber auch, dass wir keine Zeit hatten, dem nachzugeben. In diesem Augenblick ging es darum, sich in Sicherheit zu bringen.

»Ging mir genauso!«, ruft Miriam, und wir beide brechen in Lachen aus. »Ich fürchte mich vor vielen Dingen«, gibt Miriam zu, »aber in dem Moment selbst hat es keinen Sinn, das zu zeigen. Das macht es nur noch schlimmer.«

Ich kenne das gut und bin froh, dass ich ihr nun alles beichten kann. Vielleicht weil ich mich bei ihr sicher fühle, vielleicht weil wir so weit von allem und jedem entfernt sind, vielleicht weil alles in der Wildnis so rein und echt ist, dass man auch Widersprüche zulassen kann.

»Und genau deshalb finde ich dich so dermaßen tough«, fährt Miriam fort. »Ich habe dich noch nie ängstlich erlebt oder gehört, dass du dich beklagt hättest.«

Es schmeichelt mir, dass sie das sagt. »Das heißt, letztlich sind wir zwei ängstliche, kichernde Girls, nur dass wir Gewehre dabeihaben und durch die Wildnis streifen?«

»Ha, stimmt genau!« Miriam lacht über mein Fazit und fügt dann hinzu: »Was man als gefährlich empfindet, ist im Grunde doch ziemlich relativ.«

Da gebe ich ihr recht. Ich habe die Warnungen meines Vaters im Ohr und würde ihm gern entgegnen, dass wir zwar gefährliche Dinge machen, aber immer vernünftig und meist sehr vorsichtig sind. »Um die eigenen Grenzen zu kennen«, sage ich, »muss man nun mal an ebendiese Grenzen gehen und sie manchmal auch überschreiten. So lernt man sich selbst viel besser kennen, wird erfahrener und kann immer bessere Entscheidungen treffen, findest du nicht?« Ich sehe, dass Miriam nickt, frage mich aber, ob mein Vater der gleichen Ansicht wäre. Dave würde es bestimmt verstehen – vielleicht muss man es einfach selbst erlebt haben?

»Es ist nur schade, dass es ein schmaler Grat ist zwischen Mut und Leichtsinn und man oft erst hinterher klüger ist«, sagt Miriam. »Sollte uns etwas zustoßen, werden viele Leute sagen, wir hätten es nicht anders gewollt.«

Ich seufze. Sie hat recht, aber diesem Vorwurf möchte ich etwas entgegenhalten. »Ist das Teilnehmen am Straßenverkehr statistisch gesehen nicht viel gefährlicher? Ist das Leben nicht voller Risiken, vor denen man sich nicht schützen kann? Unabhängig davon, ob man nun in der Stadt ist oder in der Wildnis? Ist es weniger gefährlich, wenn ich zu Hause Motorrad fahre, skydive oder kitesurfe? Was, wenn ich im falschen Moment bei Rot über die Ampel fahre oder mich in den falschen Mann verliebe? Sind diese Risiken nicht viel größer, aber wir haben gelernt, damit zu leben?«

Im Herzen Mordors

Es ist inzwischen Februar. Wir sind bereits fünf Wochen unterwegs, haben somit die Halbzeit unserer Expedition erreicht und liegen immer noch gut im Plan. Diese Woche laufen wir lange Strecken durch ein breites Tal ohne allzu viele Hindernisse. Das Wetter spielt mit, ich bin immer erfolgreicher bei der Jagd, und wir merken, wie wir fitter werden. Mein Rucksack fühlt sich längst nicht mehr so schwer an wie am ersten Tag, meine Beine sind so stark wie nie zuvor, und ich verspüre immer weniger Hunger. Den ganzen Tag in der Natur in guter Gesellschaft zu verbringen, ist meines Erachtens das Rezept für ein glückliches Leben.

Aber Glück ist ein vorübergehender Zustand und existiert nur für den Moment. Danach schlägt es wieder um, dann ist das Essen alle, oder man wird krank. Oder es passiert alles gleichzeitig …

Miriam hat Fieber und Durchfall und liegt schon den ganzen Tag im Zelt. Hinter einem Hügel, geschützt vor dem Sturm, der seit gestern tobt. Es wütet ganz schön hier im Godley Valley. Selbst bei gutem Wetter war das der unwirtlichste Ort, den ich je besucht habe. Es sind höchstens fünf Grad, und das, obwohl es mitten im Sommer ist. Selbst mit all meiner Kleidung an ist mir eiskalt, als wären wir am Südpol gelandet. Um halb neun Uhr morgens hat die Sonne unseren Teil des Tales noch immer nicht erreicht.

Die Natur kann hart sein, aber uns gleichzeitig unglaublich verwöhnen. Wir befinden uns nämlich auch im Tal des Überflusses. Zwischen den Felsspalten wachsen Tausende süße Schneebeeren, und auf den Gletscherseen schwimmen Hunderte Enten und Kanadagänse. Eine Weile lang stehe ich verblüfft da und bestaune sie. Bis eine der Gänse mich entdeckt, einen Alarmruf ausstößt und alle Vögel wegfliegen. In einer prächtigen, präzisen Formation. Fein säuberlich hintereinander, immer im gleichen Abstand. Ein wahrlich beeindruckender Anblick. »Fliegt nur, fliegt, so weit ihr könnt«, möchte ich ihnen zurufen, wenn mein Überleben nicht von ihnen abhinge.

»Bleib ruhig liegen, ich schau mal, ob ich was schießen kann«, sage ich am Nachmittag mit mütterlicher Fürsorge zu Miriam und begebe mich trotz des Unwetters wieder nach draußen. Ich weiß nicht, wie lange ich durchhalten werde, aber ich muss zumindest einen Versuch wagen. Miriam kann in diesem Zustand wirklich nicht jagen, insofern liegt die ganze Verantwortung bei mir.

Der Regen peitscht mir beinahe horizontal ins Gesicht. Ich mache den Reißverschluss meiner Jacke gut zu und laufe in die Richtung des Gletschers. Die Gletscherseen sind voll mit

Vögeln, ich muss nur dicht genug herankommen. Glücklicherweise steht der Wind günstig, er weht in meine Richtung, und so laufe ich, so schnell ich kann und gleichzeitig so leise wie möglich. Zwar nicht auf Zehenspitzen, aber ich passe gut auf, wohin ich trete: auf Steine, Gras oder Moos, aber nie auf Zweige oder andere Dinge, die verräterische Geräusche machen. Als ich einen großen Steinhaufen sehe, beschließe ich, mich dahinter zu verschanzen.

Da sind sie, alle auf einem Haufen inmitten des eiskalten Wassers. Scheinbar unbehelligt durch Wind und Regen. Die Regentropfen prasseln nun so laut auf die Steine, dass man das Laden meines Gewehres nicht hört. Da sehe ich aus dem Augenwinkel plötzlich eine Bewegung. Ich stehe auf, mache einen Schritt zurück und schieße.

Das Echo des Schusses verscheucht alle Vögel, bis auf einen. Eine Gans wird nirgendwo mehr hinfliegen.

Gigagans

»Miriam, ich habe eine Gans geschossen! Unsere erste Gans! Sie hat mich nicht heranschleichen gehört durch den Wind und den Regen, ich hatte sie nicht mal gesehen, bis sie plötzlich praktisch neben mir war. Schau nur, wie groß sie ist. Fast so groß wie ich! Ich werde sie rupfen und rösten und Suppe daraus kochen.« Ich schlage vor, ein wenig Holzkohle aus dem Feuer in die Suppe zu mischen. »Das schmeckt zwar etwas weniger gut, aber die Holzkohle bindet Giftstoffe, dann wirst du schneller gesund.«

Miriam ist mit allem einverstanden. Sie ist überglücklich über die Gans, aber zu schwach, um ihre Begeisterung zu zeigen. Ich habe Mitleid mit ihr. Mir wird bewusst, was für ein ungünstiger Ort und Moment es ist, um krank zu sein. Und wie schön es ist, dass wir zusammen sind, sodass sich eine um die andere kümmern kann.

Während ich anfange, die Gans zu rupfen, nehme ich mir Zeit, um sie eingehend zu betrachten. So nahe habe ich noch nie eine Gans gesehen. Weiße Brustfedern, graue Flügel, schwarzer Hals und ein weißer Streifen quer über die Kehle bis hoch zu den Wangen. Schwimmhäute zwischen den Zehen und kleine, weiße Federn im Nacken. Die Daunen am Unterbauch sind mit Abstand die weichsten, und ich kann nicht anders, als eine Weile darüberzustreicheln.

Es ist ein herrliches Tier, und ich fühle mich beinahe schuldig, dass ich es erlegt habe. Ich bin mir noch immer nicht schlüssig, was ich vom Jagen halte. Gleichzeitig macht sich eine Art Urinstinkt in mir breit. Ich bin stolz darauf, für uns zu sorgen, Ernährerin zu sein, stolz wie Mutter Gans.

Unterkühlt

Miriam genest glücklicherweise schnell, und wir können uns wieder auf den Weg machen. An diesem Nachmittag waten wir am Ufer entlang durch einen Wildfluss, um ein unpassierbares Stück Land zu umgehen. Der Pflanzenwuchs ist zu dicht, um hindurchzukommen. Erneut setzt leichter Regen ein. Als das Wasser zu tief wird, um Halt zu finden, müssen wir doch an Land gehen und uns einen Weg durch das dichte Gestrüpp bahnen. Wir wägen unsere Optionen ab, bis Miriam meint, einen Ziegenpfad entdeckt zu haben. Ich folge ihr.

Mein Gewehr hängt an meiner Rucksackseite, damit ich beim Laufen leicht rankomme, aber nun bleibe ich ständig an Zweigen hängen. Während ich mit dem Gestrüpp kämpfe, ist Miriam bereits außer Sichtweite, und ich versuche einzuschätzen, in welche Richtung sie gegangen ist. Da höre ich einen Schrei, und kurze Zeit später habe ich sie gefunden. Hangabwärts kopfüber liegend, den Rucksack noch auf dem Rücken, das Knie hinter einer Baumwurzel eingeklemmt, steckt sie fest und kommt nicht mehr hoch.

»Shit, geht's?«, frage ich erschrocken mit Blick auf ihr Knie.

»Ja, geht schon«, antwortet sie, »aber ich könnte Hilfe gebrauchen.«

Ich öffne die Gürtelschnalle ihres Rucksacks und stemme die Beine in den Boden, um ihr hochzuhelfen. Glücklicherweise ist sie unverletzt. »Das wäre ein unpraktischer Ort gewesen, um sich etwas zu brechen!« Wir lachen darüber, aber den Rest des Tages verfolgt mich der Gedanke, was ich gemacht hätte, hätte sie sich wirklich verletzt.

Auf Händen und Knien setzen wir unseren Weg durch die Sträucher fort, ohne zu wissen, wie lange wir uns noch hindurchpflügen müssen, ob das je ein Ende nimmt und ob wir nicht schon bald wieder feststecken. Quälend langsam verbuchen wir Fortschritte. »Zumindest machen wir keine Rückschritte«, sage ich lachend, um uns etwas aufzuheitern.

Der Regen ist inzwischen stärker geworden, aber wir müssen weiter. Raus aus diesem nassen, undurchdringlichen Urwald.

»Ich sehe Licht!«, rufe ich, als endlich ein Lichtstrahl durch das dichte Blätterdach scheint. Das Ende dieses grünen Tunnels ist nah. Mit Rucksack und allem springe ich kurz darauf hinunter zum Flussufer, von wo aus ich den riesigen Gletscher am Ende dieses Tales zum ersten Mal richtig sehen kann. Das Tal ist rau und unwirtlich und sieht so aus, als wäre hier lange niemand mehr gewesen. Das verstehe ich gut, nach allem, was wir durchmachen mussten, um hierherzukommen. Es sieht nur vorläufig nicht so aus, als würde es einfacher werden.

»Mein Gott, hört das heute gar nicht mehr auf?«, sagt Miriam seufzend, als sie den nächsten Abschnitt in Angriff nimmt, der sich halb an Land, halb im Wasser erstreckt. Wir springen von Stein zu Stein, klettern über große Felsen oder drum herum und stehen manchmal bis zur Taille in eiskaltem Wasser, weil der Wildwuchs am Ufer undurchdringlich ist. Das Wasser strömt so schnell, dass sich die Wellen an uns brechen.

Der Fluss ist erbarmungslos, und selbst mit einem Fuß am Ufer stehend spüre ich seine Kraft und begreife, warum so viele vor uns hier ertrunken sind. Ich denke an die Gedenkplaketten, die uns ab und zu begegnen, mitten in der Wildnis. Ein Stück Stahl, das uns an diejenigen erinnert, die hier ebenfalls versuchten, den Fluss zu queren.

Es regnet inzwischen noch heftiger, und ein kalter Wind weht von Süden her. Eine lange Hose anziehen und die Sandalen gegen Schuhe tauschen hat wenig Sinn, weil dann auch sie schon bald klitschnass wären. Also stülpe ich mir ein paar Wollsocken über und beginne, mir immer mehr Sorgen zu machen. Ohne es zu zeigen, denn das hätte ja keinen Sinn. Wir müssen weiter, irgendwohin, wo wir einen Unterschlupf finden, ein Feuer machen und das Zelt aufschlagen können.

»Spürst du deine Füße noch?«, fragt Miriam. Sie steht bibbernd da und als ich sie anschaue, erschrecke ich über ihre blauen Lippen. »Kannst du Daumen und kleinen Finger zusammenführen?«, frage ich. Es gelingt ihr gerade noch so. Das ist der Test, um zu sehen, wie sehr man unterkühlt ist. »Ich würde an deiner Stelle den Rucksack wieder aufsetzen, davon werden deine Hände warm«, sage ich, woraufhin sie mir einen fragenden Blick zuwirft. Sie hat ihren Rucksack gerade abgestellt, um unseren letzten Possumburger herauszuholen, und dadurch viel Wärme verloren. Sie hätte den Rucksack lieber aufbehalten sollen. Wenn man draußen ist, muss man dafür sorgen, dass einem warm bleibt, denn wenn man erst mal ausgekühlt ist, ist es schwierig, sich wieder aufzuwärmen. Da helfen Essen, ein Heißgetränk oder ein Zelt, weil man vor Wind und Wetter geschützt ist, ein warmer Schlafsack und wenn möglich eine Rettungsdecke. Aber unser Essen ist alle, hier gibt es kein Holz, um ein Feuer zu machen, und diese Uferseite ist viel zu felsig, um ein Zelt aufzustellen.

Es wird deutlich, wir müssen ans andere Ufer. Und als wir die Karte näher studieren, sehen wir, dass sich ein paar Kilometer entfernt endlich wieder eine Hütte befindet! Bleibt nur zu hoffen, dass sie offen ist. Wir sind schon auf ein paar Hütten gestoßen, aber nicht jede ist offen oder in gutem Zustand. Qua Luftlinie ist die Hütte nicht mehr weit, aber wir haben noch immer keine Stelle gefunden, an der wir den reißenden Strom überqueren können. Der Regen lässt zudem den Wasserpegel beständig steigen. Ein paar Versuche, den Fluss zu bezwingen, sind bereits gescheitert, also laufen wir weiter, bis wir eine sicherere Stelle finden. Lieber kalt und nass als im Fluss ertrinken. Obwohl Menschen auch an Unterkühlung sterben können.

Den ganzen Tag lang überwinden wir ein Hindernis nach dem anderen und sind mittlerweile am Ende mit unseren Kräften. Aber eine Rast einlegen geht nicht, sonst kühlen wir zu sehr aus. Also laufen wir weiter, bis wir endlich an dem großen Gletschersee ankommen, wo der Fluss entspringt.

»Miriam, was nun?«, frage ich erschrocken.

Der See ist umgeben von hohen, schwarzgrauen Bergen, die allesamt wenig einladend aussehen. Um den See herumzugehen dürfte Stunden dauern, und ob wir den Abschnitt, an dem der Gletscher den Fluss speist, ohne Steigeisen und Eispickel passieren können, ist genauso ungewiss. Hier können wir die Nacht auf jeden Fall nicht verbringen, ich weiß nicht, ob wir das überleben würden. Alles an diesem Ort schreit danach, dass wir hier nicht hingehören, dass dies kein Ort ist, an dem sich Menschen aufhalten sollten. Das Tal hat uns mehrfach versucht zu warnen, und wir haben jede Warnung in den Wind geschlagen. Ich fühle mich klein, winzig klein, inmitten dieser grauen Wände.

»Da.« Miriam deutet auf die Seemündung. »Da scheint das Wasser etwas weniger schnell zu strömen. Das ist unsere letzte Chance.« Sie beginnt direkt, darauf zuzugehen, wir haben keine Zeit und Energie mehr, erst zu überlegen. Gespannt schaue ich zu, wie sie langsam, aber sicher gegen die Strömung ankämpft, zitternd, aber treffsicher Schritt für Schritt immer weiter im Fluss verschwindet. Ich halte den Atem an, als sie das andere Ufer erreicht. Dann schreie ich laut: »*Yesssss!*« und strecke beide Daumen in die Höhe. Endlich ist ein Ende dieses elendigen, kalten, nassen und langen Tages in Sicht. Jetzt muss nur noch ich rüber.

Ich hatte mein Satellitentelefon herausgeholt, für den Fall, dass Miriam etwas zustoßen sollte. Aber nun, da ich selbst ins Wasser steige, wird mir bewusst, dass Miriam nichts tun kann, sollte ich ertrinken. Sie hat kein Kommunikationsgerät bei sich, und es dauert Tage, bis wir wieder in der Zivilisation sind. Ich bin also auf mich selbst gestellt. Mein Leben liegt in meinen eigenen Händen. »Selber machen«, genau wie ich es als Kind immer wollte. Merkwürdigerweise macht mir der Gedanke keine Angst, sondern verleiht mir zusätzliche Kraft und höchste Konzentration.

Das Wasser fühlt sich fast warm an, so durchgefroren sind meine Füße. Ganz vorsichtig taste ich den Grund ab. Ich setze einen Fuß vor den anderen, während ich mit den Wanderstöcken neben und vor mir im Boden stochere, um mir zusätzlichen Halt zu verschaffen. »Mach den Baum!«, ruft mir Miriam zu, und ich stelle mir vor, dass aus meinen Füßen Wurzeln wachsen, die sich in der Erde festkrallen. Und dass meine Beine Baumstämme sind, die fest, gerade und stolz dastehen und sich von dem bisschen Wasser nicht umwerfen lassen. Ich versuche, einen Rhythmus zu finden, und denke an das Lied *Stayin' Alive* von den Bee Gees. Bei meinem Erste-Hilfe-Kurs habe ich gelernt, dem Rhythmus des Songs folgend einen Menschen zu reanimieren. Die Anspannung in der Luft ist zum Greifen und meine Erleichterung umso größer, als auch ich das rettende Ufer erreiche.

Miriam jauchzt. »*Yes!* Es ist geglückt! Wir leben! Wir leeeeeeben!«, schreit sie und führt einen kleinen Freudentanz auf. So müde und elend wir uns zuvor fühlten, springen wir nun froh und munter umher.

Eine halbe Stunde später entzünden wir ein großes Feuer in der Hütte, die zum Glück offen ist und von der wir fast nicht mehr zu wagen gehofft hatten, sie je zu erreichen.

Navigieren

Miriam geht vorneweg und läuft rasch weiter. Sie will so schnell wie möglich den Pass überwinden. Das will ich auch, aber ich habe das ungute Gefühl, dass irgendetwas nicht stimmt. Aus Erfahrung weiß ich, dass es dann das Vernünftigste ist, erst mal zu überlegen. Ich rufe Miriam zurück. »Ich weiß eigentlich gar nicht, wo wir gerade sind. Sollen wir kurz auf der Karte nachschauen?« Was ich in der Landschaft vor mir sehe, stimmt nicht mit dem überein, was ich laut Karte erwartet hatte.

»Ach, das macht nichts, wir müssen einfach nur über den Pass rüber und dann wieder runter ins Tal. Komm, wir gehen!« Miriam ist ungeduldig und steht schon in den Startlöchern für die nächste Steinsurfaktion. Denn genau das machen wir hier: Steinsurfen. Der lose Schotter ist schrecklich, wenn man hochklettern will – bei jedem zweiten Schritt rutscht man wieder ein Stück nach unten –, aber hinab geht es dafür umso schneller. Man muss sich nur ein wenig auf den Fersen nach hinten lehnen und das Gleichgewicht halten, dann kann man auf dem Geröllstrom runterschlittern.

»Warte kurz«, sage ich zu Miriam und bestehe darauf, dass wir uns das genauer anschauen. Ich hole meinen GPS-Tracker raus, und meine Vermutung bestätigt sich. »Wenn ich es richtig sehe, kommen wir wieder am Anfangspunkt an, wenn wir dort runterrennen, wo du lang willst. Wir sind noch längst nicht am höchsten Punkt.«

Miriam wird blass und kontrolliert, ob stimmt, was ich sage. Der eigentliche Pass liegt tatsächlich fünfhundert Meter über uns, und nach einer kurzen Pause gehen wir weiter.

Es ist unglaublich, wie wir jedes Mal, so erschöpft wir auch sein mögen, so gern wir uns auch in eine Ecke hocken und heulen möchten, weil wir besorgt und müde sind, wir doch jedes Mal letzte Kräfte mobilisieren, von denen wir nicht einmal ahnten, dass wir sie besitzen, und uns durchbeißen.

In Miriam habe ich eine Gleichgesinnte gefunden. Wir helfen einander, Herausforderungen zu meistern. Wir gehen beherzt weiter und tun ohne zu murren, was getan werden muss. Gemeinsam los, gemeinsam zurück, aber vor allem gemeinsam unterwegs. Sodass wir jedes Mal gemeinsam feiern können, wenn wir über uns hinauswachsen.

Zu weit gegangen

Mit jedem Tag und jedem Bergpass werden wir stärker, geschickter, erfahrener und bewegen uns sicherer auf diesem Terrain. Wir laufen pfeifend und singend, während wir wie Bergziegen von Fels zu Fels springen und Hindernisse beinahe mit verbundenen Augen umschiffen können. Die Welt da draußen existiert längst nicht mehr, sondern nur noch diese Tiere, dieses Wasser, diese Berge und wir selbst. Ich bin beeindruckt von meinen Storchenbeinen, die prima durchhalten. Ich habe auch keine Krämpfe mehr, keine Entspannungsprobleme, nichts von alledem, was ich befürchtet hatte. Ist doch alles nur Kopfsache?

Heute haben wir den zigsten Berg bestiegen und gerade, als ich meinen Beinen danken will, entdecke ich sie. Dutzende, vielleicht Hunderte. »Miriam, komm, das musst du dir anschauen!« Ich will schreien, stattdessen flüstere ich mit der gleichen Intensität und kneife ihr in den Arm. Große Gruppen Himalaya-Tahr-Ziegen stehen nichts ahnend auf den Hängen und grasen. Selbstsicher, unerschrocken. Wie kann es sein, dass sie sich hier so wohlfühlen? Aus dem Augenwinkel sehe ich einen Tahr-Ziegenbock nicht so weit von uns entfernt äußerst merkwürdige Sprünge vollführen. Er strauchelt, springt erneut, fällt um, als wäre er betrunken. Er fällt fünf Meter tief, um anschließend panisch weiterzuspringen und ungelenk unten anzukommen. Vorsichtig gehe ich auf ihn zu, in der Hoffnung, ihn von Nahem inspizieren zu können, und dann verstehe ich, was los ist. Weiße, glänzende Augen. Das arme Tier ist blind!

Miriam lädt schnell ihr Gewehr und läuft gegen den Wind auf ihn zu. »Es ist ein Wunder, dass er überhaupt bis jetzt überlebt hat.« Ein lauter Knall schallt durch die Berge, gefolgt von Hufgeklapper und dann Stille. Ich renne hin zu der Stelle, an der Miriam über den Rand in die Schlucht blickt. »Er ist runtergefallen«, sagt sie leise, ohne hochzuschauen. »Da kommen wir nie hin.« Sie hat recht, pflichte ich ihr bei, nachdem ich alle Optionen abgewogen habe. Da gelangen wir nie hin, das Tier ist umsonst gestorben.

Schweigend starren wir in den Abgrund. Genau wie ich findet es Miriam furchtbar, Tiere unnötig zu töten. Es wäre schon schlimm genug, wenn wir ihn aufessen würden, aber ein Leben zu nehmen ohne jeden Sinn und Zweck, verstößt gegen alles, wofür wir stehen. Wer sind wir, dass wir Gott spielen? Und das ausgerechnet jetzt, da ich endlich meinen Frieden mit dem Jagen geschlossen habe. Hier sind wir wirklich zu weit gegangen.

Ohne ein weiteres Wort zu verlieren, gehen wir den Berg auf der anderen Seite hinunter. Jede gequält durch den inneren Kampf mit sich.

Schlechte Neuigkeiten

Piep, piep. Mein Satellitentelefon vermeldet, dass ich eine neue Nachricht habe. Sie ist von Peter. »Es ist für dich!«, rufe ich Miriam zu, die ein Stück entfernt ihre Haare im Fluss wäscht.

Sie macht sich nicht die Mühe, erst die Seife auszuspülen, und kommt direkt auf mich zu. Ich lasse sie die Nachricht lesen und sehe, wie sie das Gesicht verzieht. »Keine guten Neuigkeiten?«, frage ich besorgt.

»Nein.« Miriam schüttelt den Kopf. »Der letzte Bluttest war nicht gut. Die Ärzte erwägen eine Dialyse und vielleicht sogar eine Nierentransplantation.« Ich sehe die arme Miriam an, die so gehofft hatte, dass Peter auf dem Weg der Besserung wäre. Schweigend setzt sie sich auf einen Stein und starrt niedergeschlagen vor sich hin. Ich lege einen Arm um ihre Schultern, weiß aber nicht recht, was ich sagen soll.

An diesem Tag machen wir nicht mehr viel. Wir bleiben am selben Ort, reden viel, und Miriam zieht sich eine Weile zurück, um allein zu sein. Ich schlage vor, die Expedition abzubrechen und zu Peter zurückzukehren, doch daraufhin zuckt sie mit den Schultern. »Er schreibt, dass es keine Eile hat. Dass wir die Expedition zu Ende bringen sollen. Dass das womöglich meine vorerst letzte Chance ist, so ein Abenteuer zu unternehmen.«

Ich kann mir nur annähernd vorstellen, wie schrecklich allein und elend sie sich fühlen und wie schwer ihr die Entscheidung fallen muss.

Mit dieser Nachricht sieht sie ihr ganzes Leben wie ein Kartenhaus in sich zusammenfallen. »Wir werden das erste Mal seit vielen Jahren in einem Haus leben müssen, um ein Krankenhaus in der Nähe zu haben. Dabei wollen wir das beide nicht!« Sie ist kurz vorm Verzweifeln, beschließt aber an diesem Abend, die Expedition zu Ende zu bringen. Wir haben noch zwei Wochen vor uns.

Das tote Tal

Ich reibe mir gerade noch den Schlaf aus den Augen, als Miriam ihr Gewehr bereits geladen hat. Die schlechten Neuigkeiten haben zwar eingeschlagen wie eine Bombe, aber wenn wir etwas essen wollen, müssen wir früh aus den Federn, sonst haben sich die meisten Tiere bereits verzogen.

Auch ich schnappe mir mein Gewehr, und wir schlagen jede eine andere Richtung ein. Wir müssen jagen, wenn wir ein Frühstück wollen, aber nachdem wir acht Wochen lang früh aufgestanden sind, würde ich gern auch mal einfach liegen bleiben. Erst in Ruhe wach werden, Kaffee trinken, Zeitung lesen, tun, was normale Menschen morgens tun. Doch das ist leider nicht drin, also habe ich mich wieder aufgerappelt.

Stundenlang laufe ich vergeblich durch das Tal auf der Suche nach Beute. Ich sehe nichts, kein einziges Tier, und auch Miriam findet nichts. Nicht mal angeknabberte Sträucher, keine Pfotenabdrücke, keine Köttel, nichts, das auf die Anwesenheit von Tieren hinweisen würde.

»Wie kann es sein, dass wir nichts entdecken?«, fragt Miriam, mehr an sich selbst oder die Götter gerichtet als an mich. »Ich schau doch noch mal«, sagt sie, nachdem sie die Karte erneut ausgiebig studiert hat in der Hoffnung, daraus zu schließen, wo sich Tiere versteckt halten könnten. Es ist nicht so, dass wir gar nichts gegessen hätten, wir haben bergeweise Beeren gefunden, aber das füllt nicht wirklich den Magen.

Wenn man sich unzureichend ernährt, macht das merkwürdige Sachen mit einem. Das Hungergefühl ist schnell vergangen, aber uns fehlt bei allem die Energie. Holz sammeln fürs Feuer, Wasser holen aus dem Fluss, selbst das Gewehr laden – all das wird bedeutend anstrengender, wenn man wenig isst.

Ich liege im Gras und lausche darauf, ob ich schon einen Knall höre, als ich plötzlich bemerke, dass das ganze Tal summt. Die Hunderte Grashüpfer und Grillen um mich herum waren mir kaum aufgefallen, aber nun wird mir klar, dass man die auch essen kann. Ich werde welche fangen!

Als Miriam einige Zeit später mit leeren Händen zurückkommt, habe ich mit unserem letzten bisschen Mehl Insektenkekse für uns zubereitet.

»Kann man das essen? Bist du dir sicher?«, fragt sie ein wenig zögerlich, aber auch positiv überrascht, dass wir überhaupt etwas zu essen haben.

»Probier mal. Tatsächlich ist das äußerst nahrhaft und sogar ziemlich lecker. In China ist das ganz normal.« Ich spüre, wie schwer es ist, meinen Kiefer zu bewegen, und Miriam sieht auch furchtbar müde aus. Die Kekse füllen zwar vorübergehend unseren Magen, sind aber bei Weitem nicht genug. Uns geht allmählich wirklich die Energie aus. Ich weiß nicht, wie lange wir das noch durchhalten, bevor wir richtig fertig sind.

Mit Hungerkrämpfen liegen wir im Bett und warten auf den Morgen. »Tamar, morgen setzen wir alles auf eine Karte und stehen früh auf. Wir müssen echt was fangen!«

Am nächsten Morgen ist Jagen so ziemlich das Letzte, worauf ich Lust habe. Allein mich anzuziehen kostet Kraft und als ich damit fertig bin, möchte ich mich eigentlich direkt wieder hinlegen. Miriam macht ebenfalls alles langsamer als normal und legt kurze Pausen ein zwischen dem Anziehen der einen und der anderen Socke.

Gähnend sehe ich Miriam an, die ebenfalls gähnt, dann nicken wir uns mit hängenden Augenlidern zu, als ob wir sagen wollten: »Ich weiß, ich kann auch nicht mehr, aber wir müssen.« Wir verschwenden keine Kraft darauf, die Worte auszusprechen. Und vermeiden dadurch auch ein Gespräch darüber, welche Konsequenzen es hat, falls es uns nicht glückt.

Während ich mich aufrappele, frage ich mich, ob es das vielleicht gewesen ist. Ob unsere Expedition so enden musste. Ausgehungert, erschöpft, deprimiert. Wir wollten herausfinden, ob das geht – nur von der Natur leben – und ob wir das können. Was, wenn das Fazit

»Nein« lautet? Ich finde den Gedanken unerträglich und weigere mich, das zu akzeptieren, gerade weil wir so weit gekommen sind. Ich ringe mir ein Lächeln ab und sage entschlossen zu Miriam, dass es uns heute bestimmt gelingt. Wortlos nickt sie, und wir stolpern jede in eine andere Richtung, unsere Gewehre auf dem Rücken.

Ich versuche, einen Fuß vor den anderen zu setzen, aber ich schaffe es nicht. Ich kann nicht mehr. Ich bin so müde, dass ich mich am liebsten ins Gras legen würde, weiß aber auch, dass dann das Risiko besteht, dass ich nicht mehr aufstehe. Ich mache mir Sorgen. Miriam ist auch hundemüde, und wir müssen schon ziemlich viel Glück haben, um in diesem Zustand etwas zu schießen. Ich wünschte, ich hätte einen Gott, zu dem ich beten könnte. Irgendeinen Halt, der mir den Mut gibt, auf eine nahende Rettung zu vertrauen.

Errneut haben wir kein Glück. Erfolglos kriechen wir wieder ins Zelt. Das Einzige, das ich noch will, ist schlafen.

Feast or famine. Alles oder nichts.

Mitten in der Nacht höre ich Stimmengewirr. Geräusche. Menschen! »Miriam, ich höre Menschen!« Auf einmal finden wir die Energie, um aus dem Zelt zu stürmen.

»Oh, sorry, haben wir euch geweckt?« Zwei Typen in Tarnflecken-Leggins und kurzen Hosen darüber, mit schweren Bergstiefeln und Baseballcaps starren uns kurz an, ehe sie uns mit neuseeländischem Akzent erzählen: »Wir haben gerade einen Hirsch geschossen und sind noch ein bisschen aufgeregt. Der war echt ziemlich groß!«

Während sich die Jungs Bierdosen öffnen, schaue ich Miriam an. Hat sie das eben auch gehört? Ich halluziniere doch nicht, oder? Miriam ist schneller wieder bei Sinnen und fragt geradeheraus: »Ein Hirsch? Cool! Wo liegt der? Wie lang ist es her, dass ihr ihn geschossen habt?«

»Er liegt nicht weit weg, vielleicht eine halbe Stunde zu Fuß. Die Fliegen saßen schon drauf, aber es ist bestimmt noch was übrig. Wir haben nur das Filet mitgenommen und ein Stück von der Keule, aber wir gehen jetzt erst mal weiter ins Tal, um dort noch mehr zu schießen.«

Um noch mehr zu schießen? Wieso das denn? Ist der eine Hirsch nicht genug? Ich verstehe es nicht, aber dann sehe ich das Geweih an seinem Rucksack hängen, und es dämmert mir: Die beiden Jungs sind Trophäenjäger. »Und die Organe? Herz, Leber, Niere? Esst ihr das nicht?«, frage ich. Miriam lächelt, denn sie kennt bereits die Antwort.

»Nein, igitt«, sagen sie, ganz wie wir erwartet hatten, und geben uns damit den Freibrief, den Rest zu plündern.

Wir verlieren keine Zeit und laufen, so schnell uns unsere schlappen Beine tragen können, zum Hirsch. Da liegt er. Er ist viel größer als die Tiere, die wir schießen würden, und sieht mitleiderregend aus. Es sind bereits große Stücke herausgeschnitten, das Geweih fehlt, und er wird von Fliegen belagert. Gemeinsam machen wir uns ans Werk, um zu retten, was noch zu retten ist.

»Wir sind wie Wölfe, die sich auf einen Kadaver stürzen«, sagt Miriam, als sie mir ein rohes Stück Fleisch hinhält.

Ich stopfe es mir, ohne zu zögern, in den Mund. Das Fleisch ist so frisch, dass es selbst roh fantastisch schmeckt. »Wölfe, Aasgeier, Diebe, Habenichtse, mir egal«, sage ich, »dieses Fleisch schmeckt so gut! Besser als alles, was ich je gegessen habe!« Das Fleisch ist zart wie Butter, und mit jedem Bissen spüre ich, wie meine Energie zurückkehrt.

Als wir später zu unserem Zeltlager zurückgehen, kommen die Emotionen hoch, die mit einem solchen Fund verbunden sind, und ich wische mir die Tränen weg. Tränen, weil dieses prächtige Tier sterben musste, alles nur wegen seines Geweihs, aber vor allem, weil wir davon profitiert haben und vorläufig gerettet sind.

»Erst hatten wir nichts zu essen, und jetzt haben wir viel zu viel«, sagt Miriam. »Sieh nur, wie viel Fleisch wir mitgenommen haben. Das schaffen wir nie und nimmer!«

»Lass es uns auf jeden Fall versuchen!«, rufe ich optimistisch und mache mich sofort daran.

Gierig stürzen wir uns auf unsere Mahlzeit, doch schon bald müssen wir das Essen stehen lassen.

»Ich bin voll«, sage ich nach ein paar Happen.

Miriam blickt ebenso erschlagen auf ihren Teller. Offenbar hat ein paar Tage hungern zur Folge, dass unsere Mägen geschrumpft sind. »Einfach in Ruhe weiteressen«, spornt sie mich an, aber ich weiß wirklich nicht, wie ich das alles runterkriegen soll.

»Igitt, sieh nur, das ist schon von Maden befallen«, sagt Miriam angewidert, als ich ein Stück Fleisch aus der Tüte nehme, die genau das verhindern sollte. »Die Tüte bringt natürlich nichts, wenn sie bereits ihre Eier abgelegt haben.«

Ich kann es wirklich lange ohne Dusche aushalten und bin auch sonst nicht zimperlich, aber bei Maden ziehe ich eine Grenze. Das heißt, ich würde normalerweise eine Grenze ziehen, wenn das eine Option wäre. »Die kann man genauso essen, das gibt zusätzliche Proteine«, murmele ich, während ich so viele wie möglich rauspule und ansonsten ungerührt weiteresse. »Eigentlich schmeckt man sie gar nicht, es ist nur die Vorstellung, die man eklig findet.«

Miriam schaut mich einen Moment lang an, eine Augenbraue hochgezogen, aber tut es mir nach. »Wir sind ganz schön verwildert, was?«

Rückblick

Mit noch vollen Bäuchen laufen wir am nächsten Morgen über den letzten Bergpass. Von hier dauert es eine Woche, bis wir wieder die gewohnte Zivilisation erreichen. Eine Woche, in der wir darüber reflektieren können, was wir alles erlebt haben.

»Was wirst du deinem Vater, Dave und deinen Freunden über unsere Expedition erzählen?«, fragt mich Miriam.

Ich gehe kurz in mich. »Ziemlich viel, wahrscheinlich brauche ich Monate, um ihnen alles zu berichten. All die Emotionen, die ich empfunden habe: die Angst, die Euphorie, der Stolz, die Scham. Ich habe mich groß und klein zugleich gefühlt. Ich werde ihnen erzählen, dass ich gelernt habe, Vertrauen in mich zu haben, in uns, in dich. Dass wir gemeinsam gelacht haben! Ich will ihnen erzählen, wie es sich anfühlt, Hunger zu haben – richtigen Hunger – und wie es sich anfühlt, wenn man dann endlich wieder isst. Aber vor allem will ich ihnen beschreiben, welch herrliche Orte wir entdeckt haben. Unberührte Flecken, die ich ohne unsere Jagdexpedition nie gesehen hätte. Und ich hoffe, dass Dave – genau wie dein Peter – auch mit mir längere Zeit in der Wildnis leben will, dass er begreift, welcher Reichtum uns hier erwartet.«

Miriam und ich haben eine besondere Beziehung zueinander aufgebaut. Genau wie ich es mit Lynnea in der Mongolei erlebt habe, aber mit einer zusätzlichen Dimension. Weil diese Reise viel gefährlicher war, wir vollkommen aufeinander angewiesen waren und es keine Ablenkung von außen gab. »Die ungeteilte Aufmerksamkeit füreinander fand ich vielleicht das Schönste an unserer Reise.«

Ich denke an die Momente, in denen wir schweigend dagesessen und die Landschaft bestaunt haben. Diese Landschaft, die sich im Laufe der Jahrhunderte kaum verändert hat, hat alles in mir verändert und mir ein Vertrauen und eine innere Ruhe geschenkt, die ich für immer in mir tragen werde.

Miriam spürt derweil die Konfrontation mit der Tatsache, dass sie bald in ein Haus ziehen muss. In der Stadt. »Tamar, was soll ich da?«, schluchzt sie hilflos und hoffnungslos an unserem letzten Abend.

»Mach dir keine Sorgen. In der Stadt wird es dir bestimmt auch gefallen«, versuche ich, sie zu beruhigen. »Da kannst du Gemüse anbauen, ausgiebig kochen, reiten, all die Dinge tun, von denen du mir erzählt hast, dass sie dir in der Wildnis fehlen. Alles ist vorübergehend. Mach einfach das Beste daraus. Das kannst du wie keine Zweite, das habe ich selbst erlebt! Und sobald Peters Zustand stabiler ist, unternehmt ihr bestimmt wieder ein Abenteuer!«

Wir legen etwas Holz nach und starren eine Weile ins Feuer. So wie wir es viele Abende getan haben. Die Flammen verändern sich auch ständig, ohne etwas an Wärme oder Licht einzubüßen. Als wollten sie sagen: »Du findest sicher auch noch deinen Weg.«

Ans Ende der Welt

Nach zehn Wochen verlassen wir die Berge. Es fühlt sich unwirklich an, dass die Reise vorbei ist. Es kommt mir so vor, als sei es erst gestern gewesen, dass ich meinen ersten Hasen schoss und wir den ersten Bergpass überquerten. Und gleichzeitig fühlt es sich an wie eine Ewigkeit. Als ob ich schon jahrelang mit Miriam umherstreifen würde. Ich fühle mich hier in dieser Gegend und in ihrer Gesellschaft zu Hause und könnte ewig so weitermachen.

Bei der Aussicht darauf, wieder in die Zivilisation zu müssen, wird mir schlecht. Mir graut vor den Massen, der Hektik, dem Trubel und vor allem dem Mangel an Schönheit.

Wir laufen langsam, langsamer als je zuvor, als würden wir vorsichtig ein Pflaster von einer Wunde abziehen. In der Ferne hören wir Autogeräusche. Ich halte kurz an und hole tief Luft. Eine erste Träne läuft mir über die Wange. Da sind wir also, denke ich. Ich wage es nicht, Miriam anzuschauen. Stattdessen starre ich auf meine Füße, die mitgenommen aussehen. Genau wie meine Kleidung, die ich unzählige Male geflickt habe. Und meine Wanderstöcke, an denen noch Fett und Blut der Tiere klebt, die wir geschossen haben.

Ich bin mir auf einmal meiner Außenwirkung bewusst. So frei und zwanglos ich mich in den Bergen fühle, so gezwungen fühle ich mich jetzt, mich anders zu geben. Deo zu benutzen, den Geruch nach Rauch aus meinen Haaren zu waschen und mir einen Plan zu überlegen. Das Leben im Hier und Jetzt ist augenblicklich vorbei. Schon bald erzähle ich nur noch von »damals« und »demnächst«. Morgen werden wir das kanadische Kamerateam treffen, und es fühlt sich seltsam an, dann nicht mehr mit Miriam allein zu sein.

Eine ganze Woche lang beantworten wir Fragen zu unserer Expedition, zu unserem freien Leben und dazu, wie wir mit der damit verbundenen Ungewissheit umgehen. Das Team macht wunderschöne Aufnahmen von der Umgebung, und durch ihre Fragen wird uns umso mehr bewusst, wie besonders es eigentlich ist, was wir getan haben. Wie cool es ist, dass wir das erleben durften und es uns tatsächlich geglückt ist. Manchmal gelangt man zu Erkenntnissen erst durch die Augen von Außenstehenden, und obwohl es anfangs etwas ungewohnt ist, genießen wir es zusehends, unsere Erfahrungen mit anderen teilen zu können.

Auch die niederländische Radiomoderatorin Floortje Dessing kommt uns für ihre Sendung *Floortje reist ans Ende der Welt* besuchen. Wir schildern ihr noch einmal unsere Höhepunkte. Obwohl ich sie noch nie getroffen habe, fühlt es sich an wie ein Wiedersehen mit einer alten Schulfreundin und bildet einen krönenden Abschluss für diese unvergessliche Expedition.

Und dann kommt der Moment des Abschieds. Floortje fährt uns zurück nach Christchurch, wo sich unsere Wege trennen werden. Ich fahre weiter zu Dave und Miriam zu Peter. Ich suche meine Sachen zusammen und bin kurz davor loszugehen. Es fühlt sich seltsam an, Miriam loslassen zu müssen. In den letzten Tagen haben wir dicht nebeneinandergesessen, um noch ein bisschen in unserer eigenen Welt zu bleiben, ehe es Zeit wird, sich zu verabschieden. Wir wissen beide nicht, wie wir uns verhalten sollen.

»Tschüss, liebe Miriam«, sage ich schlicht, »danke für alles. Grüß bitte Peter von mir. Und richte ihm meinen Dank aus, dafür, dass ich dich so lang ausleihen durfte.« Bessere Worte kann ich nicht finden. Alle Worte, die mir in den Sinn kommen, werden nicht dem gerecht, was ich empfinde. Liebe, Dankbarkeit, Traurigkeit, Stolz, Inspiration, Unsicherheit, wie bei einer tosenden Brandung geht alles fließend ineinander über.

Aus lauter Nervosität plappere ich noch Unsinn vor mich hin: »Alles Gute, reise schön vorsichtig! Und vergiss nicht, immer ganz viel zu essen!«

Miriam lacht. Sie weiß auch nicht recht, was sie sagen soll, und dann geben wir uns beide, jede einen großen Rucksack auf dem Rücken, noch einmal eine lange, innige Umarmung. »Pass gut auf dich auf, und lass mich wissen, wie es war, Dave wiederzusehen, ja?«

Mit Tränen in den Augen nicke ich, und sobald sie mich loslässt, stapfe ich los.

Wiedersehen

Christchurch fühlt sich an wie die überfüllte Tanzfläche in einer Disco. Überall Geräusche, Lichter, Menschen, Hektik – alles ist ständig in Bewegung. Ich werde ganz kirre von all den Reklameschildern, der medialen Dauerbeschallung, dem Krach. »Kauf dies. Kauf das. Denkst du auch an deine Zukunft?« Ich finde das alles überwältigend und furchtbar und schaue zu Boden, halte mir die Ohren zu und laufe vollkommen reizüberflutet zu dem Haus, in dem Dave seit ein paar Wochen wohnt.

Als ich klingele, bin ich nervös. Es dauert nicht lange, bis er aufmacht. Er sieht noch genauso gut aus, wie ich ihn in Erinnerung habe. Seine tiefen, braunen Augen sind genauso warm und liebevoll, und seine langen, schwarzen Haare schauen unter seiner Mütze hervor. Einen Augenblick lang sehen wir uns an, sind verlegen, dann nimmt mich Dave fest in den Arm, und ich breche in Tränen aus. Ich möchte sagen »Da bin ich wieder!« und

»Es tut mir so leid«. Ich weiß, wie schwer es ihm fiel, dass ich so lang weg war, und ich habe unglaublich oft an ihn gedacht.

Er drückt meine Arme, Beine und Schultern und mustert mich von oben bis unten. »Du siehst gut aus. Gesund und stark. Es freut mich zu sehen, dass du nicht allzu sehr abgemagert bist. Komm rein, ich will alles hören.«

Zwei Tage lang reden wir über alles, was wir in den vergangenen Monaten erlebt haben. Genauso wie Dave an meinen Lippen hängt, hänge ich an seinen und küsse ebenjene Lippen mit all der Liebe, die ich noch immer für ihn empfinde. So wie immer sitzen wir zusammen und quatschen und können nicht voneinander lassen. Ich ziehe ihn aus, gleite mit den Händen über jeden Zentimeter seines Körpers, liebe ihn, wie man das nur tun kann, wenn man sich monatelang nicht gesehen hat. Bis er schließlich einschläft. Ich kann nicht schlafen, ich liege da und betrachte ihn. Es fühlt sich unwirklich an. Sowohl neben ihm im Bett zu liegen als auch ihn schon bald wieder verlassen zu müssen. Weil ich mich erneut auf ein Abenteuer begebe. Und erneut kommt er nicht mit.

Freiheit für die Liebe

Ich weiß, dass Dave nicht immer glücklich ist über eine Freundin, die ständig monatelang auf Reisen ist. Unsere Beziehung steht dann ziemlich unter Druck. Ich hätte mich gefreut, wenn er mich nach Jordanien begleiten würde, aber er hat andere Verpflichtungen, was uns beide enorm ärgert.

Sehr viele Dinge in unserer Beziehung laufen erstaunlich gut. Beispielsweise ist Eifersucht kein Thema, wir machen einander keine Vorwürfe und streiten auch nie. Ich liebe ihn, und er liebt mich, und wir gönnen einander alles. Es ist vor allem die Logistik unserer Fernbeziehung, die besonders schwierig ist. Ein nomadisches Dasein allein klappt hervorragend, aber was, wenn man sich zusammentut als Paar? Das habe ich noch nicht raus. Denn vorläufig gehe ich allein nach Jordanien und kann mit dem Mann, den ich liebe, kein gemeinsames Leben führen. Oder ist es vielleicht mehr eine Frage des Wollens und Sichtrauens?

»Tamar«, sagt Dave offen zu mir am Vorabend vor meiner Abreise. »Steht deine Liebe zur Freiheit womöglich deiner Freiheit für die Liebe im Weg?«

Damit trifft er nicht nur den Nagel auf den Kopf, sondern den Hammer auf den offenliegenden Nerv. »Tja, das ist eine gute Frage«, muss ich zugeben, auch wenn es verkennt, dass es genau diese Unerschrockenheit, dieser Freiheitsdrang waren, in die er sich verliebt hat.

»Es kommt der Moment, da Freiheit in Anarchie übergeht«, sagt er poetisch. »Auch Vögel, die Symbole der Freiheit, fliegen in Schwärmen.«

Das hat er schön formuliert, und es lässt mich daran denken, was mein Vater stets sagt: dass wahre Freiheit viele Gesichter hat, aber immer auf die Gesetze der Natur hört. Ein Satz, von dem ich nie gedacht hätte, dass er auch auf die Liebe zutreffen würde. Denn Liebe ist mir lieb, aber Freiheit ist mir lieber. Und doch weigere ich mich anzuerkennen, dass beides nicht gut zusammengeht.

Wir versprechen, uns in sechs Wochen in den Niederlanden wiederzutreffen und in der nächsten Zeit gut darüber nachzudenken, wie unsere gemeinsame Zukunft aussehen kann. Wie wir Liebe und Freiheit kombinieren können. Ich nehme mir vor, alles zu tun, damit wir, damit unsere Beziehung funktioniert. Ich nehme mir vor, Dave, sobald er wieder bei mir ist, festzuhalten und nie mehr loszulassen. Wenn mir das gelingt, dann weiß ich es sicher. Dann weiß ich, dass Liebe alles überwindet und man immer seinem Herzen folgen muss.

TEIL 3

RUHE

Obwohl wir um die Welt reisen,
um das Schöne zu finden, müssen wir es
bei uns tragen, oder wir finden es nicht.
– RALPH WALDO EMERSON

JORDANIEN

6 WOCHEN
600 KILOMETER

»Jordanien? Das liegt doch im Nahen Osten? Ist das nicht kreuzgefährlich? Gibt es da nicht lauter Islamisten und Terroristen? Und ist das nicht eine einzige große Wüste?«

Über Jordanien gibt es jede Menge Vorurteile, und ich bekomme sie allesamt zu hören, als ich Leuten erzähle, dass ich den Jordan Trail gehen will. Das ist ein 650 Kilometer langer Fernwanderweg, der das Land der Länge nach durchquert und einen entlang von Sehenswürdigkeiten wie Umm Qais, Petra und Wadi Rum führt. Es war mir nie in den Sinn gekommen, bestehende Routen zu nehmen, aber Miriam hat mich mit ihren Erzählungen über Te Araroa inspiriert, einem langen Fernwanderweg durch ganz Neuseeland. »*Je länger und langsamer man durch ein Land läuft, desto enger wird die Verbindung zu dem Land*«, lautet ein bulgarisches Sprichwort. Daraufhin suchte ich eine der jüngsten Routen der Welt heraus, die bislang nur wenige Menschen gegangen sind. So kam ich auf den Jordan Trail. Ich habe wenig Erfahrung mit dem Nahen Osten, noch weniger mit der Wüste, und freue mich auf ein völlig neues Erlebnis.

Ich habe ausführlich Recherche betrieben und beschlossen, dass ich die meisten Warnungen nicht allzu ernst nehmen muss. Jordanien grenzt zwar an Länder wie Irak, Syrien, Israel und Saudi-Arabien, aber ist bekannt als Oase der Stabilität inmitten einer turbulenten Region.

Auch was die Hitze betrifft, die ich erwartet hatte, ist es weniger schlimm als gedacht. Genauer gesagt kann von Hitze keine Rede sein. In diesem Jahr herrscht in Jordanien ungewöhnlich nasskaltes Wetter, und in Petra fällt sogar Schnee. Guten Mutes und mit einem warmen Schlafsack in der Tasche steige ich am 1. März 2019 ins Flugzeug. Auf zum nächsten Abenteuer.

Dein Rucksack?

Es ist ein langer Flug von Neuseeland nach Jordanien, und das einzig Angenehme daran ist, dass ich dadurch Zeit habe nachzudenken. Ich denke an die Expedition und den Abschied sowohl von Miriam als auch von Dave, bis unter mir bereits die endlose Wüste von Saudi-Arabien in Sicht ist. »Schnallen Sie sich an. Wir erreichen in Kürze unser Ziel«, ertönt es aus den Lautsprechern und kurze Zeit später landen wir in Amman, der Hauptstadt von Jordanien.

Adrenalingeladen angesichts meines bevorstehenden Abenteuers betrete ich erstmals jordanischen Boden. Eine Wanderung von 650 Kilometern beginnt nämlich genau damit: mit dem ersten Schritt. Ich bin voller Vorfreude und gespannt, was mich wohl erwartet.

Meine positive Energie wird schnell gedämpft, als ein grantig aussehender Araber mir bedeutet mitzukommen. Er führt mich in eine dunkle Ecke, wo das Licht der Neonröhren auf mein Gepäck scheint. »Dein Rucksack?«, fragt er, während er sich ein rotweiß kariertes Tuch um den Kopf bindet.

»Ja«, sage ich, »gibt es ein Problem?« Ich frage mich, ob er von dem Geruch nach toten Tieren alarmiert ist, den ich nicht rausgewaschen kriege.

Er bedeutet mir, dass ich meinen Rucksack ausleeren soll. Ich verstehe nicht, wieso er so unfreundlich sein muss und mir nicht einfach sagt, was Sache ist. Schon bald liegen all meine Dinge wie Glasscherben nach einer Explosion auf dem Tisch verteilt. Der Mann beugt sich vor, stützt sich mit den Fäusten auf dem Tisch ab, sieht mich eindringlich an und fragt mich, was ich in Jordanien vorhabe. Mit wem, warum, wie lange, wo werde ich übernachten?

»In meinem Zelt«, sage ich nervös. »Ich wollte den Jordan Trail laufen.«

Er verzieht keine Miene. »Was hast du hier vor?«, fragt er noch einmal. Vom Jordan Trail hat er noch nie gehört und dass ich als Frau allein durch die Wüste laufen will, findet er offenbar unglaubwürdig.

»Googeln Sie es doch«, versuche ich noch, aber er macht keine Anstalten, meine Geschichte zu überprüfen. Er ruft ein paar Kollegen herbei. Verschiedene grimmig dreinschauende Männer nehmen mich ins Kreuzverhör. Was ich auch sage, nie scheinen sie zufrieden mit meiner Antwort zu sein.

Verzweifelt frage ich mich, worauf das hinausläuft. Worum geht es hier eigentlich? Wann lassen sie mich gehen?

Freiheit ist relativ

Zwei Stunden später stehe ich endlich mit meinem gesamten Gepäck in der Ankunftshalle und versuche, Dave anzurufen. Er nimmt nicht ab, mein Vater glücklicherweise schon. »Lass mich raten – alles läuft fabelhaft?«, witzelt er, aber diesmal bekommt er etwas anderes zu hören. Ich erzähle ihm von der herzlichen Begrüßung hier in Jordanien. »Ich hatte ein Fernglas im Rucksack, Pap. Das fanden sie offenbar äußerst verdächtig. ›Für die Vögel‹ ist natürlich auch keine befriedigende Antwort, aber es stimmt nun mal. Als sie sonst nichts aus mir herausbekamen, haben sie mich seufzend weggeschickt. Mann, bin ich froh, dass das Verhör endlich vorbei ist!«

Nun, da ich das Kreuzverhör am Flughafen hinter mir habe, unternehme ich einen Versuch, per Anhalter in die Stadt zu fahren. Mit hochgestrecktem Daumen stehe ich an der Straße, aber alle fahren geradewegs an mir vorbei. Es ist mir ein Rätsel. Normalerweise ist Trampen kein Problem.

»Per Anhalter fahren ist verboten, Miss«, sagt ein liebenswürdiger Taxifahrer, der anschließend eine exorbitant hohe

Summe von mir für eine Fahrt ins Zentrum verlangt. »Danke, aber nein«, antworte ich ebenso freundlich. Dann gehe ich lieber zu Fuß.

Vorbei an deprimierenden Industriegebieten und langen, viel befahrenen Straßen laufe ich ins Zentrum von Amman. Dort ist es glücklicherweise total nett: Kleine, steile Gässchen mit sandfarbenen Wohnhäusern umgeben das pulsierende Herz der Stadt mit seinen Cafés, Geschäften und Terrassen. Alles mutet arabisch an, aber auch westliche, römische und griechische Einflüsse sind zu erkennen: Spuren der vielen Fremdherrschaften. Ich sauge die Atmosphäre auf, während ich Ausschau halte nach einer Gaskartusche, Haferflocken und topografischen Karten: alles, was ich noch kaufen muss, bevor ich mit dem Trail beginne.

Meine Suche hat wenig Erfolg. »Tut mir leid, Miss, aber solche Gaskartuschen gibt es nirgends in Jordanien, und topografische Karten sind dem Heer vorbehalten.« Nach der zigsten abschlägigen Antwort lasse ich mich mutlos auf der Terrasse nieder, wo ich mich über Couchsurfing mit Zaid verabredet habe. Vielleicht kann er mir weiterhelfen?

Nicht viel später streckt ein großer, freundlicher Riese von bestimmt hundert Kilo mir die Hand entgegen: »Hallo, du musst Tamar sein?«

Zaid war der Erste, der auf meine Couchsurfing-Anfrage reagierte, und bei einer Tasse warmer Zimtmilch frage ich ihn, wie die Lage ist. »Ich habe Hunderte Einladungen bekommen, aber im Internet habe ich gelesen, dass es verboten ist, Fremden Obdach zu geben. Ist es jetzt illegal oder nicht?« Ich möchte ihn nicht in Schwierigkeiten bringen.

Doch er wischt meine Sorgen beiseite. »Ach, das nehmen wir nicht so genau«, sagt er. »In Jordanien muss man selbst entscheiden, woran man sich hält und woran nicht. Auf dem Papier klingen die Regeln vielleicht streng, aber ich bin mit meinen

Brüdern aus Saudi-Arabien extra hierher umgezogen, weil das Leben viel freier ist.«

An den darauffolgenden Tagen helfen Zaid und seine Brüder mir, die richtigen Gaskartuschen zu finden (die es offenbar doch gibt), mein Visum vorab zu verlängern und heruntergeladene Karten auszudrucken. Kurzum, alles für meine Reise vorzubereiten. Zwischendurch statten wir dem einen oder anderen Restaurant einen Besuch ab, um lokale Köstlichkeiten zu genießen: Hummus, Oliven, Fladenbrot mit Baba Ganoush, Taboulé, Mansaf und Hühnchen in Joghurtsoße, gefolgt von Baklava und Kunafa. Sie wissen genau, was wir in welchem Lokal bestellen müssen, und ich schaufele alles in mich rein, als hätte ich drei Monate lang nichts gegessen. Zaid sieht mir amüsiert zu: »Ich habe noch nie eine Frau gesehen, die so viel isst!«

»Bist du dir sicher, dass du alles hast?«, fragt mich Zaid, als er mich drei Tage später in den Bus setzt.

Ich nicke und bedanke mich für seine große Gastfreundschaft. »Zaid, falls du je in die Niederlande kommst, dann schreib mir. Die Wahrscheinlichkeit ist groß, dass ich selbst zwar nicht da bin, aber bei meinem Vater kannst du immer übernachten.« Das habe ich Leuten schon oft angeboten, aber bislang hat noch niemand von dem Angebot Gebrauch gemacht.

»Mach ich ganz sicher«, sagt Zaid begeistert. »Dann kann ich deinem Vater mit seinen Kühen helfen!«

Ich schlucke. Wie kann ich diesem Mann erklären, dass mein Vater in der Stadt lebt und gar keine Kühe hat? Dass ich mich frage, ob mein Vater überhaupt jemals eine echte Kuh gesehen hat? »Ja, super«, antworte ich nur. »Da wird er sich bestimmt freuen, du bist immer herzlich willkommen!«

Als der Bus abfährt, werde ich von einem vertrauten Gefühl der Leere überspült. Es ist egal, wie viel ich reise und wie vielen Menschen ich begegne, an das Abschiednehmen gewöhne ich mich nie.

»Start of the Jordan Trail«

Denkwürdige Unternehmungen fangen nicht immer denkwürdig an, und so sitze ich im Bus und starre auf den Regen vor dem Fenster. Das Wetter lädt wenig dazu ein, eine unvergessliche Reise zu beginnen.

Am Nachmittag steige ich mit ein paar Locals und einer Handvoll Touristen in Umm Qais aus: die Stadt an der Grenze zu Syrien, wo der Jordan Trail beginnt. Ich spanne meinen Schirm auf und nehme mir Zeit, um die berühmten Überreste von griechischen Tempeln, römischen Badehäusern und osmanischen Bauwerken zu besichtigen. Ich schaue über die Golanhöhen, über Syrien und Israel, den See Genezareth, wo Jesus übers Wasser lief, und über das fruchtbare Jordantal.

Es fällt mir auf, wie grün es ist, wie hügelig und vor allem wie nass. Mental bereite ich mich auf ein schmutziges, schlammiges und klammes Körpergefühl vor. Hatte man mich nicht vor der Dürre und Hitze in Jordanien gewarnt?

»Es ist ein ungewöhnlich regnerisches Jahr«, bestätigt mir der Mann hinterm Schalter des Museums noch mal. »Wir sind alle sehr froh darüber.« Froh darüber? Für eine Niederländerin ist es schwer vorstellbar, dass sich jemand über Regen freut, aber ich wünsche ihm ernst gemeint noch mehr davon und gehe dann nach draußen.

Auf einem großen Schild auf der anderen Seite steht: »Start of the Jordan Trail«, es ist gleichzeitig das letzte Schild, das mir den Weg weisen wird. Ich folge der Richtung, in die der Pfeil deutet, und schon bald werden befestigte Wege abgelöst von Weideflächen, Straßenlaternen von Olivenbäumen und statt Verkehrsinseln gibt es Hügel voll blühendem Oleander. Ein Weg ist kaum erkennbar, sodass ich direkt meinen GPS-Tracker brauche, um meine Route zu bestimmen. Genau, worauf ich gehofft hatte. Keine ausgetretenen Pfade, sondern ein wundervolles neues Abenteuer.

Al Pacino

Fröhlich laufe ich ein paar Tage durch das nasse Gras der endlosen Hügel mit duftenden Kräutern und bunten Blumen. Abends schlage ich mein Zelt auf in einem seltenen Waldstück, an einem See oder in einem Olivenhain. Zum ersten Mal seit Langem bin ich wieder allein auf Achse und genieße die Ruhe und den Raum, sowohl um mich herum als auch in meinem Inneren. Zeit, um alles zu verarbeiten. Kontakt habe ich nur, wenn ich in den Dörfern Menschen frage, ob ich bei ihnen meine Wasserflaschen auffüllen kann, meist gefolgt von einer Einladung zum Tee. Die ersten Tage sind zwar kalt und nass, aber auch äußerst vielversprechend. Die Umgebung ist herrlich, die Bevölkerung wahnsinnig freundlich und das Terrain herausfordernd genug, um meine Sinne zu schärfen.

Eine einzige Sache jedoch stört mich: die Vielzahl an aggressiven Hunden. Sie geifern, knurren, fletschen die Zähne und kommen laut bellend auf mich zugerannt. Manchmal allein, manchmal im Rudel. Zum Fürchten ist das, vor allem wenn niemand in der Nähe ist und ich allein klarkommen muss. Ich nutze meine Wanderstöcke zur Verteidigung und schreie mir die Lunge aus dem Leib, um sie zu verjagen. Ich kann gut verstehen, weshalb viele Wanderer sich hier nicht entlangtrauen oder ihre Wanderung vorzeitig abbrechen.

Als mir am vierten Tag wieder einmal ein halbes Dutzend Hunde mit Schaum vorm Maul den Weg versperrt, schaue ich mich verzweifelt nach einer Möglichkeit um, sie zu umgehen. In diesem Moment kommt ein Mann aus einem der Häuser ein Stück entfernt, um nachzuschauen, was all der Lärm soll. Als er mich sieht, ruft er seine Hunde herbei und legt sie an die Leine. »Komm nur«, bedeutet mir diese jordanische Version von Al Pacino und bleibt stehen, bis ich bei ihm bin. Er trägt ungeputzte Schuhe, deren Sohlen sich lösen, ein fleckiges Oberhemd und etwas zu stark nach hinten gegelte Haare.

»Danke«, sage ich und deute auf seine Hunde, »gehören die alle Ihnen?«

Er nickt und verfällt in einen langen Monolog, dem ich nur halb folgen kann. In gebrochenem Englisch deutet er auf seine Feigenbäume, Zitronen, Bohnen und seinen Mais. Er spricht laut und gestikuliert viel. In dieser Hinsicht gleicht er einem Italiener. Oder vielleicht eher einem begeisterten Kind? »Wir auch Schafe, Ziegen, Tauben und einen Esel«, sagt er. Als ich meinen viel zu schweren Rucksack absetze, weil ich davon ausgehe, dass es noch etwas länger dauern kann, verstummt er mit einem Mal. Er blickt zu mir, zu meinem Rucksack, und fragt dann, was ich hier mache. Wer bist du? Wo kommst du her? Wo bleibt der Rest? Was machst du in Jordanien?

»Es gibt keinen Rest«, sage ich. »Ich bin allein und laufe den Jordan Trail von Umm Qais nach Akaba.« Ich benutze zwei Finger, um darzustellen, dass ich wandere.

»Was du tun? Laufen nach Akaba? Oje, nein, bist du völlig durchgeknallt?« Er schreit mehr, als dass er spricht. »*Majnun*«, fügt er hinzu, was »verrückt« heißt. Damit bringt er mich zum Lachen. »Du nicht mehr laufen. Viel gefährlich. Frau allein? Warum du nicht haben Mann? Komm, du Gast in meinem Haus.« Er unternimmt den Versuch, meinen Rucksack hochzuheben, merkt, wie schwer er ist, und ruft dann jemand anderen, um mir zu Hilfe zu eilen. Mir bedeutet er derweil, dass ich mit ihm mitkommen soll. Kurz zögere ich, ob das vernünftig ist, aber als ich ein paar junge Frauen auf der Terrasse Wäsche waschen sehe, traue ich mich doch mitzugehen. Mit Frauen und Kindern in der Nähe ist es meist sicher. »Tee trinken«, sagt Al Pacino. Es ist keine Frage, eher eine Mitteilung.

»Ohne Zucker«, versuche ich noch zu sagen, aber das kann man in Jordanien vergessen.

Er bittet mich, Platz zu nehmen auf seiner roten Samtcouch, über der ein gigantisches Selbstporträt hängt. »Schau, das bin ich!«, sagt Al Pacino stolz, und als eine junge Frau mit einem

Tablett aus der Küche kommt, stellt er sie mir vor als »Maira, meine dritte Frau«.

Offenbar versteht sie die Verwirrung in meinem Blick. »Er hatte bereits zwei Frauen«, erklärt sie, die offenkundig besser Englisch spricht als ihr Mann. »Eine wohnt inzwischen in den USA, und Rabia und ich wohnen hier mit unseren Kindern.« Es ist das erste Mal, dass ich jemanden treffe, der, wie es das Wörterbuch so drollig nennt, »Vielweiberei« betreibt, und ich hoffe, dass sie es mir nicht übel nehmen, wenn ich ihnen die ein oder andere Frage dazu stelle. »Oh, und wie funktioniert das?«, frage ich unschuldig und neugierig, woraufhin die beiden anfangen zu lachen. Maira sieht ihren Mann abwartend an.

»Eine Nacht Maira, andere Nacht Rabia«, sagt er viel zu offenherzig.

»Aber sie will nichts mehr von ihm«, fügt Maira hinzu. »Nach ihrem fünften Kind war es getan.« Sie deutet auf die Fotos an der Wand. »Der Älteste heiratet morgen«, sagt sie stolz. Dann wechselt sie ein paar Worte auf Arabisch mit ihrem Mann, um anschließend auf Englisch zu mir zu sagen: »Möchtest du nicht mit aufs Fest? Komm, das wird ganz wunderbar!«, ruft Maira begeistert. »Übernachtest du bei uns? Wir stehen früh auf, um in den Salon zu gehen und unsere Haare und das Make-up machen zu lassen.« Noch ehe ich etwas sagen kann, schleppt sie mich in ihr Zimmer, verschwindet in ihrem Kleiderschrank und überreicht mir ein extravagantes blaues Kleid mit sehr vielen Goldfransen. »Probier das mal an! Ich habe auch Schuhe für dich. Und ein Kopftuch, falls du das willst. Auch wenn ich annehme, dass du keine Muslimin bist?«

»Nein«, sage ich, »ich bin Christin.« Zaid hat mir geraten, nie zu sagen, dass ich nicht an Gott glaube. Oder so etwas Vages wie dass ich an die Natur oder das Universum glaube. »Wenn du Christin bist, bist du eine Schwester von uns, die an denselben Gott glaubt, dann wird dich jeder respektieren.«

Ich protestiere noch etwas, weil ich mich nicht bei einer Hochzeit aufdrängen will. Aber als kurz darauf die betreffende Braut hereinkommt und ebenfalls darauf besteht, dass ich zum Fest komme, gebe ich nach. Wie toll, dass ich eine arabische Hochzeit aus nächster Nähe erleben darf!

»Tamar, möchtest du nicht auch meinen Mann heiraten?«, fragt Maira abends, während ich ihr in der Küche helfe. »In Jordanien darf ein Mann nämlich vier Frauen haben.« Ich schüttele den Kopf und zeige ihr den Ehering an meinem Finger, den ich extra für solche Momente trage. Auf die Frage, ob ich Kinder habe, sage ich »noch nicht« und dass ich hoffe, sie werden mir bald vergönnt sein. »*Inshallah*«, so Allah es will. Maira nickt; damit habe ich mich aus der Affäre gerettet. Denn wie erkläre ich dieser gläubigen Frau, dass mein Freund am anderen Ende der Welt lebt, wir nicht verheiratet sind, ich ihn gerade mal ein paar Wochen pro Jahr sehe und wir nicht daran denken, Kinder zu kriegen?

Schönheit liegt im Auge des Betrachters

Um fünf Uhr morgens klingelt der Wecker, noch ehe das Morgengebet aus den Lautsprechern des Minaretts erschallt. »Komm, Tamar, wir müssen los. Hast du dein Kleid?« Die zwei Eheleute, die Braut, vier ihrer Schwestern und ich steigen ein. Alle zusammen in einer Rostlaube von Auto, bei dem die Fenster zerbrochen sind, die Spiegel fehlen und die Tür nur noch von außen geöffnet werden kann. Al Pacino fährt und setzt uns vorm Salon ab.

Mit jeder Stunde ähnele ich mehr einem Clown, aber meine Begleiter scheinen sehr zufrieden. »Sehr schön!«, sagt auch Al Pacino, als er mich abholt. Er kommt in einem sauber glänzenden Auto angefahren, trägt einen stattlichen Anzug und polierte neue Schuhe.

»Wow!«, rufe ich beeindruckt.

Alle Türen des Autos lassen sich öffnen, die Spiegel und Sitzbezüge sind intakt, und die rote Prunkkarre ist offenkundig frisch gewaschen. »Komm, du sitzt vorn. Wir gehen noch ein paar Leute besuchen.« Mit dem Autoschlüssel stochert er erst in seinem Ohr, dann startet er den Motor. Er steckt sich eine Zigarette an, telefoniert laut während der Fahrt und hupt so ziemlich jeden auf der Straße an. Ein echter Mann von Welt.

Wie eine Trophäe werde ich bei Familienmitgliedern, Freunden und Bekannten vorgeführt. Da schüttele ich Hände, lächele lieb und lasse mich mit fast jedem fotografieren. Ich selbst darf nicht fotografieren. »Sorry, Tamar, das ist *haram.*« Ich lasse alles über mich ergehen.

»Ja, ich heiße Tamar. Ja, ich komme aus den Niederlanden. Nein, ich habe schon einen Mann. Leider noch keine Kinder.« Jedes Mal wieder die gleichen Fragen.

Als wir erst einmal auf der Party sind, deutet Al Pacino auf den Raum, in dem die Frauen feiern. Die Männer verschwinden in einen separaten Saal, ich werde sie den restlichen Nachmittag nicht mehr wiedersehen.

Als ich den Raum betrete, kommt Maira auf mich zu und zieht mich mit zum Tanzen. Die Musik ist laut aufgedreht, Kopftücher werden abgelegt, Schuhe ausgezogen und stundenlang stehen alle – Jung und Alt – auf der Tanzfläche. Es ist, als würde ich einen Blick werfen in eine geheime Welt. Eine geheime Welt, in der keine Männer existieren und die Frauen dadurch viel freier sind?

Nach zwei Stunden tanzen brauche ich dringend eine Pause. Ich gehe zu den Stühlen, wo eine alte Dame mich am Ärmel zupft und mir bedeutet, ich solle mich hinsetzen. Sie lacht, greift sich an die Brust, kneift hinein und zeigt auf verschiedene Frauen im Saal, auf die Braut und anschließend auf sich selbst. Ich verstehe, was sie mir begreiflich machen will: Das sind alles ihre (Enkel-)

Kinder. Ich klopfe ihr auf die Schulter und muss auch lachen. Mit Händen und Füßen und offenbar auch Brüsten können wir uns prima verständigen.

Eine neue Freundin

Eigentlich frage ich ihn nur aus Spaß, ob sie zu verkaufen ist, doch zu meinem großen Erstaunen sagt Al Pacino, ohne lange nachzudenken: »Sie heißt Yustra. Und ja, du kannst sie kaufen. Wie viel willst du bezahlen?«

Ich bin perplex. Ich lasse meine Hand über das glänzende, graue Fell gleiten. Am schwarzen Längsstreifen auf ihrem Rücken vorbei bis zum Schwanzansatz. Für einen Esel ist sie wirklich prächtig und lässt sich geduldig von mir streicheln. Will er sie wirklich verkaufen? »Puh, über das Angebot muss ich kurz nachdenken. Wenn du einverstanden bist, würde ich dir morgen eine Antwort geben.« Die Hochzeit war schon um fünfzehn Uhr vorbei, und anschließend sind wir wieder nach Hause gegangen, wo ich mit Al Pacino und seinem Esel im Wald Brennholz holen gegangen bin. Heute Abend übernachte ich noch mal bei der Familie, aber morgen setze ich meine Wanderung fort. Womöglich sogar mit Esel!

Miriam ist die Erste, die ich um Rat frage. Ihre Antwort lässt keine Zweifel: »Sind Esel nicht ziemlich stur? Man hört immer wieder Geschichten, dass sie die Hälfte der Zeit nicht gehen wollen. Weißt du, wie hoch die lokalen Preise für Esel sind? Bestimmt werden sie versuchen, dich über den Tisch zu ziehen! Bedenke, dass du, wenn du erst mal einen Esel hast, nicht so einfach per Anhalter ins nächste Dorf fahren kannst, um einzukaufen oder ein Stück der Route zu überspringen. Kann so ein Esel überhaupt den Jordan Trail laufen? Und was frisst er? Kann er sein eigenes Futter tragen und findet er unterwegs genug Wasser?«

Alles berechtigte Anmerkungen und Fragen, aber nicht unbedingt die Antwort, auf die ich gehofft hatte. Ich rufe Dave an. Er ist stets diplomatischer. »Ja, gute Idee«, sagt er, genau wie erwartet. »Dann hast du eine nette Begleitung, die dir beim Tragen des Gepäckes hilft. Aber denk daran, dass du den Esel nach der Wanderung zurücklassen musst und wie schwer dir der Abschied von deinen Tieren in der Mongolei gefallen ist. Hast du damals nicht gesagt, du würdest nie wieder welche kaufen?«

Alles triftige Argumente, aber auch die halten mich nicht davon ab. Mein Herz hat bereits die Entscheidung getroffen, vielleicht bin ich sogar noch sturer als ein Esel. Jedes Mal, wenn ich rausschaue und Yustra sehe, weiß ich, dass ich mit ihr auf Reisen gehen will, ungeachtet dessen, was mich das kostet. Warum frage ich überhaupt noch um Rat?

»Ich werde dir den Rest von Jordanien zeigen, und wenn der Jordan Trail zu schwierig für dich ist, nehmen wir einen anderen Weg«, sage ich zu Yustra, als ich ihr die frohe Kunde überbringe. Ich weiß bereits jetzt, dass ich sie mehr lieben werde, als sie je geliebt worden ist.

»Gut, ich kaufe sie!«, sage ich entschlossen, und wir werden uns schnell über den Preis einig. Al Pacino fährt sofort das Auto vor, um im Dorf letzte Einkäufe zu erledigen. Wir lassen Satteltaschen nähen und einen Eisenpflock schmieden. Wir kaufen eine kleine Wanne, aus der sie trinken kann, und ein langes Seil, an dem ich sie führe. Viel mehr brauche ich nicht, denn Eseldecken und ein Halfter hat sie schon.

An diesem Nachmittag kommt die ganze Familie nach draußen, um mir zuzuwinken. »Tamar, tu es nicht, bleib doch bei uns«, versucht es Maira noch einmal.

»*Tamara crazy*«, sagt Al Pacino.

Und dann rufen sie im Chor: »*Fi Aman Allah*«, mögest du sicher in Gottes Händen reisen.

Hashies

Ich bin nun eine Woche in Jordanien und habe die ersten achtzig Kilometer des Jordan Trails allein zurückgelegt. Nie hätte ich gedacht, dass ich irgendwann einen Esel kaufen würde, aber dann habe ich sie entdeckt, und es war um mich geschehen. Meine Kenntnisse über Tiere, die ich mir in der Mongolei angeeignet habe, kommen mir nun zugute. Dadurch kann ich mit Yustra weiterlaufen.

Sie folgt mir brav. Langsam, aber stetig, wie ein alter, treuer Diesel. Die Straße entlang, über den Weg, in den Wald, durch die Hügel, wo sie an anderen Eseln schnüffelt und Kälber mit Iah anschreit. Sie macht sich vorbildlich, nur mit einigen Hindernissen in der Landschaft hat sie so ihre Mühe. Eine Spalte im Boden, ein Schotterweg mit großen Steinen oder ein kleiner, langsam fließender Fluss – ich muss sehr überzeugend wirken, um sie darüber- oder hindurchzukriegen, aber letztlich klappt es immer. Lange bevor es dunkel wird, stelle ich zufrieden mein Zelt auf. Der erste Tag gemeinsam war ein Erfolg.

An diesem Abend schaue ich zu, wie Yustra gierig von dem langen Gras frisst, und bin froh, sie mitgenommen zu haben. Ich nehme mir vor, sie so gut es geht zu verwöhnen und zu beschützen. Vor Hyänen beispielsweise, die ich beinahe jeden Abend in der Ferne heulen höre. Ich weiß noch immer nicht, ob ich mich vor ihnen fürchten sollte. Ich würde gern eine sehen, aber sind sie gefährlich? Und wenn nicht für mich, dann vielleicht für meine Eselin?

Ich überlege, ein Feuer zu machen, um etwaige Hyänen abzuschrecken, aber noch lieber bleibe ich inkognito und möchte niemanden auf meine Anwesenheit aufmerksam machen. Der grüne Norden Jordaniens ist relativ dicht bevölkert, und obwohl ich schön abgelegene Flecken finde zum Campen, weiß man nie, wann unverhofft Menschen auftauchen. Ich liebe Menschen und habe gern Besuch, aber lieber nicht, wenn es dunkel ist. Also mache ich so wenig Geräusche und Licht wie möglich und krieche nach dem Abendessen zufrieden ins Zelt.

An den darauffolgenden Tagen laufen Yustra und ich rund zwanzig Kilometer am Tag, oft von Sonnenaufgang bis Sonnenuntergang, und lernen uns dabei immer besser kennen. Ich lerne beispielsweise, welche Pflanzen sie gern frisst, und versuche, mit ihr einen Deal auszuhandeln: »Yustra, du darfst ruhig fressen, aber du musst auch weitergehen. Du bist eine Frau, du kannst doch zwei Dinge gleichzeitig?« Ich lerne auch, dass sie ziemlich mutig ist und sich nicht so schnell erschrickt. Nicht vor Menschen, nicht vor Hunden, nicht vor Autofahrern, die plötzlich in die Bremsen steigen, um einen Schwatz zu halten oder ein Foto zu schießen. Zum Glück, denn das passiert regelmäßig. Yustra ist schon bald die meistfotografierte Eselin in ganz Jordanien.

Ein blauer BMW hält an. Ein großer, kahl werdender Mann steigt aus. »Ihr geht bestimmt den Jordan Trail, oder?« Sein Englisch ist außergewöhnlich gut, und ich bin überrascht, dass er die Route kennt. »Ich heiße Hashies, du weißt schon, wie die Drogen.«

Und ob ich das weiß. »Ich bin immerhin Holländerin!«, sage ich lachend. Hashies schlägt vor, dass wir unsere Telefonnummern austauschen. Er ist einer von vielen, die mir zusichern, ich könne sie jederzeit anrufen. Außerdem könne es sein, dass er mich noch mal fragt, ob er ein Stück mitlaufen darf. Ich lade ihn herzlich dazu ein.

Plan B

Mit Burka und allem liegen mehrere Frauen im Becken unter dem Wasserfall in Rememen. Sie weisen mich auf den Weg hin, der auf die andere Seite führt. Der Pfad ist so schmal, dass ich mich mit eingezogenem Bauch gerade so an der steilen Felswand entlangquetschen könnte, aber Yustra schafft das nie. Sie ist zu breit.

Ich binde Yustra an einem Stein fest und mache mich auf die Suche nach einem Plan B. Viele Optionen erkenne ich nicht. Um mich herum sehe ich nur unbezwingbare, vertikale Klippen. Wir sitzen fest in dieser Schlucht, und sie einmal zu umrunden, würde uns einen ganzen Tag kosten. Gibt es wirklich keine andere Möglichkeit, an dem Wasserfall vorbeizukommen? Plötzlich, als ich es fast schon aufgebe, sehe ich einen winzig kleinen Pfad, den andere Tiere offenkundig im Zickzack hochgeklettert sind. Ob Yustra und ich das auch schaffen können? Mit guter Hoffnung gehe ich voran.

Auf Händen und Füßen erklimme ich den trockenen Pfad voll mit Schotter. Jedes Mal, wenn ich zwei Schritte hochgehe, rutsche ich einen wieder runter. Yustra macht ebenfalls ein paar Schritte. »Sehr gut, du kannst das!« Dann beschließt sie jedoch, dass sie es zu steil findet. Sie stolpert zurück und rennt von mir weg. Durch den plötzlichen Ruck am Seil verliere ich das Gleichgewicht und falle auf die scharfen Steine am Boden. Ich lasse das Seil los und laufe ihr hinterher, aber jedes Mal, wenn ich in ihre Nähe komme, rennt sie schneller davon.

Ich schlage mir vor den Kopf. Hätte ich es nicht besser wissen müssen?

Nach meinen Erfahrungen in der Mongolei weiß ich, dass es nicht klug ist, essenzielle Dinge wie Zelt, Essen und Kleidung an ein Tier zu binden, das womöglich durchgeht. Wenn ich sie nicht mehr zu fassen kriege, ist mein Abenteuer vorbei! Mit diesem Gedanken im Hinterkopf renne ich angespannt hinter ihr her.

Bei einer Weggabelung sehe ich, dass sie den Weg nach oben wählt. Als sie hinter einer Serpentine verschwindet, laufe ich ihr, inzwischen keuchend und panisch, nach, bis ich hinter der Kurve bin und sie wieder sehe. Sie ist in einer Sackgasse gelandet – da habe ich Glück gehabt.

Ich hole tief Luft, zähle bis zehn und gehe dann langsam auf sie zu. Ruhig und selbstsicher, bis ich wieder neben ihr stehe – endlich! – und ihr liebevoll über den Kopf streichele, über ihre Pobacken. »Kannst du mir verzeihen? Komm, wir gehen außen rum, auf dem Weg, keine Experimente mehr für heute. Leistest du mir Gesellschaft?«

Gesellschaft. Das ist der wichtigste Grund, weshalb ich Yustra kaufen wollte. Weil zusammen so viel mehr ist als allein.

Unbezahlbare Gastfreundschaft

Müde von einem anstrengenden Wandertag trotten Yustra und ich nach al-Fuheis hinein. Es ist die einzige christliche Stadt in Jordanien, und Gottes Anwesenheit scheint sengend heiß auf uns herab. Es sind bestimmt über dreißig Grad. Ein Basecap, ein Tuch um meinen Kopf und literweise Wasser haben mich nicht vor einem Sonnenstich bewahren können. Mein Kopf platzt gleich, und mir ist ein wenig schummrig vor Augen. Ich kann noch gerade so einen Fuß vor den anderen setzen und laufe bereits seit Stunden in Zeitlupe. Ich habe in neun Tagen 140 Kilometer zurückgelegt durch herrlich grüne Hügel, vorbei an hübschen Dörfchen und glitzernden Seen. Manchmal ist die Route relativ einfach, aber diese letzten Kilometer fallen mir furchtbar schwer. Ich muss erst durch die Stadt, Wasser auftanken und danach ein Fleckchen zum Campen finden.

In meinem Kopf tauchen lauter Bilder auf von erfrischenden Cocktails, Palmen, einer sanften Meeresbrise und schattigen Plätzchen. Von saftigen Trauben, die mir von schönen Männern gereicht werden, und von Kokosnüssen mit Strohhalm darin. Aber hier, in den staubigen Straßen der Stadt, gibt es keinen Schatten, keine Cocktailbar und ich sehe auch keine schönen Männer. Nur einen russisch aussehenden Mann mit pockennarbigem Gesicht, der seinen Dackel Gassi führt und sich mir als

Zacharias vorstellt. »Reist du allein?«, fragt er, und als ich nicke, fragt er mich, ob ich ein Glas kaltes Wasser möchte. Ich nicke erneut, ich möchte nichts lieber und bin ihm schon jetzt bis in alle Ewigkeit dankbar. »Komm mal mit und stell deinen Esel im Garten ab.«

Mit seinen feinen Rosensträuchern hinter der Steinmauer erinnert mich der Garten an einen Friedhof. Er sieht piekfein aus, ist sehr gepflegt und – so vermute ich – das Werk eines gut bezahlten Gärtners. »Ich glaube, das ist keine so gute Idee. Yustra macht bestimmt Unordnung«, sage ich und schaue mich vergeblich nach einem besseren Platz um. »Ach was, das wird schon nicht passieren, wirklich, ist schon okay«, sagt Zacharias und nimmt mir das Seil aus der Hand. »Fabiola, bringst du der Dame ein Glas Limonade?«, ruft er seiner philippinischen Bediensteten zu und lädt mich ein, auf seiner Couch Platz zu nehmen. Dort breche ich fast zusammen. Ich fühle mich schlapp, mein Herz rast, und mir ist so schlecht, dass ich fürchte, mich auf den Teppich zu übergeben.

Zacharias setzt sich neben mich. »Eine junge Dame zu Besuch, welchem Umstand habe ich denn das zu verdanken?«, fragt er, ohne eine Antwort abzuwarten. Als ob er seit Jahren keine Gäste gehabt hätte, beginnt er, wie ein Wasserfall zu reden. Er erzählt, dass er ehemaliger Kulturminister ist, vergangenes Jahr noch in New York lebte, geschieden ist, erneut geheiratet hat und sich wieder hat scheiden lassen. »Aber keine Sorge«, sagt er dazu. »Ich habe auch hier so meine Kontakte.«

Ich habe nicht die Energie, das Gespräch in eine andere Richtung zu lenken. Ich habe gerade noch genug Energie, um in den richtigen Momenten zu nicken und ab und zu etwas zu erzählen. Über meine Arbeit bei der Polizei, über meine Reisen und welche Bücher ich gern lese. Unaufhörlich gähne ich und schiele unauffällig auf die Uhr. Um halb sechs muss ich wirklich gehen, wenn ich noch vor Anbruch der Dunkelheit mein Zelt aufschlagen will.

»Was bist du doch für eine interessante Frau«, sagt der Mann. »Bleibst du noch? Kann ich dir vielleicht ein Bett für die Nacht anbieten?«

Ein Bett? Nichts lieber als das. Meine erste Reaktion ist Erleichterung, weil ich nicht weiterlaufen muss, aber mir wird klar, dass Gastfreundschaft auch ihren Preis hat. Wenn ich Ja sage, muss ich mindestens die Energie aufbringen, einen »geselligen« Abend mit dem Mann zu verbringen und mit ihm zu reden. Ich weiß nicht, wie lange ich noch durchhalte, aber ich habe keine Wahl, ich kann nicht mehr, also schlage ich vorsichtig vor: »Falls ich Ihnen damit nicht zu sehr zur Last falle, würde ich gern mein Zelt im Garten aufschlagen. Und Yustra –«

Er fällt mir ins Wort. »Nichts da. Ich organisiere einen angemessenen Schlafplatz, und dein Esel kann hierbleiben.«

»Fabiola, fährst du das Auto vor?«, fragt er, als es fast Mitternacht ist. »Ich fahre die Dame ins Hotel.«

Ich kann nicht glauben, wie mir geschieht. Die Schlafcouch sieht bequem aus, der Garten ist prima, selbst der Teppich sieht gemütlich aus. »Das ist wirklich nicht nötig«, sage ich. »Außerdem kann ich das nicht bezahlen.«

Doch er fegt meine Bemerkung beiseite und hält mir bereits die Tür auf.

Er fährt mich in ein Hotel zwanzig Kilometer (und somit eine Tageswanderung) entfernt, bezahlt 120 Dollar und verspricht, mir am nächsten Tag um zehn Uhr einen Fahrer vorbeizuschicken. »Danke«, sage ich mit einem gewissen Unbehagen, und kurz darauf falle ich in meinem Hotelzimmer erschöpft in tiefen Schlaf.

Rosengarten

Nach einer Nacht in einem bequemen Bett fühle ich mich körperlich erholt, aber mental bin ich erschöpft. Ich vermisse meine Freiheit, und ich vermisse Yustra.

Draußen schlägt der Regen gnadenlos gegen das Fenster. Eine willkommene Abwechslung nach der Hitze der vergangenen Tage, aber ich frage mich, wie es Yustra geht. Ob sie ihr zu fressen gegeben und sie zugedeckt haben? Ob sie sich gut um sie kümmern?

Ich telefoniere gerade mit meinem Vater, als es an der Tür klopft. »Tamar, Taxi«, sagt der Mann.

Eine Dreiviertelstunde später stehe ich wieder neben Yustra. Schmutzig und nass, eine Decke halb über ihrem Kopf, steht sie da und schaut mich bedröppelt an. »Yustra! Was hast du getan?«, rufe ich, als ich den Schaden begutachte. Sie hat den Garten komplett umgepflügt. Sie hat die Steinmauer umgeworfen, die Rosen angenagt und sich im Schlamm gewälzt. Das wird teuer, denke ich und schäme mich zu Tode vor Zacharias. »Oje, es tut mir so leid! Ich hätte nicht gedacht, dass sie ein solches Chaos anrichtet. Was kostet ein Gärtner? Ich gebe Ihnen Geld und verschwinde dann schleunigst.« Ich greife nach meinem Portemonnaie, doch Zacharias will davon nichts wissen.

»Echt, das ist nicht schlimm«, sagt er. »Brauchst du noch etwas für unterwegs? Hast du einen Schirm und genug Wasser?«

Mitgesell(ig)

Als an diesem Nachmittag mein Handy klingelt, erwarte ich, Zacharias an der Strippe zu haben, doch zu meinem Erstaunen ist es Hashies. Er hat jemanden getroffen, der auch den Jordan Trail läuft, und hat ihm meine Telefonnummer gegeben. »Tamar, du musst ihn treffen, du findest ihn bestimmt großartig!« Ich weiß zwar nicht, worauf diese Annahme basiert, schließlich habe ich, wenn's hochkommt, drei Minuten mit ihm geredet. »Er wird dich schon bald kontaktieren, offenbar ist er bei dir in der Nähe. Er heißt Graeme.«

Und tatsächlich, ein paar Minuten später ruft er an. Getreu dem Motto *Fremde sind Freunde, die man nur noch nicht kennengelernt hat* schlage ich vor, uns in Kürze an der Brauerei zu treffen. Es ist die einzige Brauerei im Land, und ich hoffe, dort ein Bier mit ihm trinken zu können.

Nicht lange nachdem ich eingetroffen bin, kommt er angelaufen. Seine Haare sind säuberlich gekämmt, seine Kleider ohne Knitterfalten; kaum etwas an ihm zeugt davon, dass er soeben zehn Tage gewandert ist. Er läuft leichtfüßig und verwendet seine Wanderstöcke ganz korrekt. Er ist der erste Hiker, den ich hier treffe. Ich bin gespannt darauf, welche Erfahrungen er gemacht hat und wie er auf Yustra reagieren wird.

»Hi, ich bin Graeme. Sorry, dass ich etwas zu spät komme.« Er stellt seinen Rucksack ab, der besonders leicht aussieht. Er klopft den Staub von sich ab und streckt mir eine Hand entgegen.

»Hi, ich bin Tamar, und das ist Yustra«, sage ich, eine Hand in seiner und die andere auf Yustras Rücken.

Verdutzt schaut er meine Gefährtin an. Hashies hat ihm offenbar nicht erzählt, dass ich eine Eselin bei mir habe. »Du reist mit einem Esel?! Fabelhaft!« Er geht um sie herum, betrachtet die Packlast und will alles wissen. »Wo hast du sie gekauft? Wie kamst du auf die Idee? Wie lange lauft ihr schon zusammen?« Während er mit mir redet, krault er sie hinterm Ohr.

Die Brauerei ist leider geschlossen, wie sich herausstellt, deshalb frage ich ihn, ob er nicht ein Stück mit mir und Yustra mitkommen will. Ich übersetze einen meiner Lieblingssprüche von Loesje ins Englische: »*Kommst du mit? Los, verirren wir uns! Ich weiß den Weg.*« Graeme stimmt lachend zu, und gemeinsam laufen wir weiter Richtung Süden. Ehe wir's uns versehen, geht die Sonne unter, dabei gäbe es noch so viel zu bereden. Wie sich herausstellt, ist Graeme 43 Jahre alt und Menschenrechtsanwalt in Sydney. Er unternimmt jedes Jahr schöne Reisen und hat sich extra eingelesen und vorbereitet auf diesen Trip. »Wusstest du, dass der König von Jordanien auch mehrere Frauen hat? Genau wie Al Pacino?« Hashies hatte es richtig eingeschätzt: Ich finde ihn wirklich großartig. Als er zu seiner Gastfamilie geht und ich einen Platz zum Campen suche, verabreden wir, uns am nächsten Morgen wieder zu treffen.

Meine Hochzeit

»Fühl dich frei, allein weiterzugehen. Allein bist du schneller als mit uns, und es ist bestimmt angenehmer. Ich schlafe immer im Zelt und habe mich schon eine Woche nicht mehr geduscht. Das muss man nun mal in Kauf nehmen, wenn man mit einem Esel reist.«

Aber Graeme ist von uns begeistert und läuft gern mit uns mit. »Ich habe keine Eile, und so kommt mein Zelt wenigstens auch mal zum Einsatz.«

Ich bin froh, dass er noch bei uns bleibt, denn er ist eine angenehme Gesellschaft. Er ist bescheiden, humorvoll, vielseitig interessiert und geht respektvoll mit mir, Yustra und jedem um, der uns begegnet. »Es ist unglaublich, wie oft wir zum Tee eingeladen werden oder zu Mittag und wie viele Menschen anhalten, um mit uns zu plaudern«, sagt er an diesem Nachmittag entzückt. »Mit euch erlebe ich mehr als zuletzt, als ich noch allein war!« Ich lächele und lade ihn ein, so lang bei uns zu bleiben, wie er will.

An den darauffolgenden Tagen beginnen wir, immer mehr wie eine Familie zu wirken, und es überrascht mich nicht, als einer nach dem anderen uns fragt, ob wir verheiratet sind. »Ja, genau. Das hier ist unsere Hochzeitsreise«, sage ich zu einem freundlichen Araber, der darauf besteht, dass wir bei ihm im Garten zelten. Das ist natürlich nur ein Witz, aber zusammen mit unserer Tochter Yustra bilden wir eine hübsche kleine Familie.

Ich bin total froh über meine neue Reisebegleitung, aber es ist auch merkwürdig, »Familie« zu spielen mit einem Mann, in den ich nicht verliebt bin. Ich bin in Dave verliebt. Ich rufe ihn regelmäßig an und schreibe ihm ellenlange E-Mails. Es schmerzt mich, dass ich nicht mit ihm den Jordan Trail laufe, sondern mit Graeme. Wie kommt das? Und wie können wir das in Zukunft anders handhaben? Visa, Arbeitsgenehmigungen und Geldmangel machen es kompliziert, das hinzukriegen, was wir beide gern wollen: zusammen sein.

Die blonden Beduinen

»Okay, sag nichts. Entweder pinkelst du gerade, oder du machst ein Foto«, sage ich, ohne mich umzudrehen. Wir sind nun schon sechs Tage zusammen unterwegs, und hinter mir spüre ich zum zigsten Mal, wie sich Yustras Seil strafft. Sie hat angehalten, und meist liegt das daran, dass sie darauf wartet, dass Graeme sich uns wieder anschließt. Wie ein kleines Kind mit Verlustängsten tut sie alles, um unsere Familie zusammenzuhalten.

Die Liebe beruht auf Gegenseitigkeit. Graeme ist inzwischen so verschossen in Yustra, dass ich mich manchmal frage, wieso er noch bei uns ist – wegen mir oder doch vor allem wegen ihr? Ich kann nur hoffen, dass wir beide der Grund sind. Wie auch immer, wir sind alle verrückt nacheinander, und als eingespieltes Team nähern wir uns den ersten in einer Reihe von charakteristisch schwarz mit weiß gestreiften Ziegenhaarzelten.

»Beduinen!«, rufe ich begeistert. »Komm, lass uns mit ihnen Bekanntschaft schließen.« Bevor Graeme etwas erwidern kann, laufe ich schon auf die Zelte zu.

Ein Aroma aus Ziege, Mist, Holzfeuer und Tabak schlägt uns entgegen, als das Küchenzelt für uns geöffnet wird. »Wollt ihr Tee?« Ehe wir es uns versehen, sind wir von Kindern mit schmutzigen Kleidern, Rotznasen und fröhlichen Augen umringt, die uns neugierig beäugen. Ich ziehe lustige Grimassen, teile Luftballons aus und versuche, mit ihnen Spiele zu spielen. Graeme albert genauso herum, und die Kinder sind völlig aus dem Häuschen.

Nach dem Tee setze ich sie einzeln auf Yustra und lasse sie eine Runde durchs Camp reiten. »*Tamara, me, me, me!*«, schreien sie ungeduldig, um eine zweite, dritte, manchmal vierte Runde zu drehen.

»So, Kinder, jetzt ist kurz Pause«, sage ich nach einer Weile erschöpft. Wenn ich schon müde bin, dann ist es Yustra erst recht. Ich nehme ihr die Decke ab, und sofort rollt sie sich, alle viere in die Luft gestreckt, über die Erde. »Wie sie es genießt«, sage ich und schaue schweigend und zufrieden zu, gemeinsam mit meinem sogenannten Mann.

Nachdem wir der Familie mit dem Melken der Ziegen geholfen haben, wird Graeme, den sie Kerim nennen, ins Männerzelt gerufen. Dort habe ich nichts zu suchen und verbringe derweil die Zeit mit den Frauen in der Küche. Selbst das Abendessen wird getrennt eingenommen. Mit drei Frauen und fünf Kindern um den Ofen im Frauenzelt sitzend, essen wir genüsslich Reis, Tomaten, Schafskäse, Oliven und *Chobeze* – eine wilde Wüstenpflanze, die wie Spinat gekocht wird.

Als es an der Zeit ist, schlafen zu gehen, werden die Matratzen ausgerollt und wir kriechen Seite an Seite unter die Decke. »Tamar, bleibst du für immer bei uns?«, fragt ein Mädchen von ungefähr elf Jahren, das offenbar in der Schule ein wenig Englisch gelernt hat. Sie weicht mir seit dem Eselritt nicht mehr von der Seite und kuschelt sich nun dicht an mich.

Auf den Spuren von Moses

Nachdem wir uns ausgiebig bei den Beduinen für ihre Gastfreundschaft bedankt haben, laufen wir zum Berg Nebo. Das ist der Berg, von dem aus Moses, als er sein Volk durch die Wüste führte, das Gelobte Land erblickte, das er selbst nie betreten sollte. Laut der Überlieferung starb er im stattlichen Alter von 120 Jahren, und im Gedenken an ihn wurde oben auf dem Berg eine Kirche gebaut, der wir einen Besuch abstatten wollen.

Im angenehmen Schatten der Olivenbäume klettern wir über einen staubigen Weg bis auf 710 Meter über dem Meeresspiegel, von wo aus wir über Israel, Jordanien und das Tote Meer blicken, das die Länder voneinander trennt. Um diese unendliche Aussicht genießen zu können, müssen wir uns jedoch zuerst einen Weg vorbei an Reisebussen, Autos und Touristen mit Kameras bahnen, die schon bald auf uns gerichtet sind. Ich fühle mich wie eine Jahrmarktsattraktion und habe Mühe, einen Platz zu finden, an dem ich Yustra kurz stehen lassen kann, während wir die Kirche besichtigen.

Auf dem einzigen Stück Gras steht ein »Betreten verboten«-Schild, und laut den Wachleuten muss Yustra »genau wie die anderen Verkehrsmittel« auf dem Parkplatz stehen. Ich bin wütend. Meine Yustra ist kein »Verkehrsmittel«, und auf dem Parkplatz steht sie in der prallen Sonne, ohne etwas zu fressen, zwischen lauter Menschen und Autos. Enttäuscht sehe ich Graeme an. »Tut mir leid, aber das wird ein kurzer Besuch.«

Muttergefühle

Vom Berg Nebo südwärts hört der grüne Norden auf, und vor mir sehe ich nichts als trockenes, karges Niemandsland. Ab und zu eine grüne Sukkulente oder eine blaue Eidechse, ansonsten nur verschiedene Beige- und Ockerschattierungen, so weit das Auge reicht. Beeindruckend und besorgniserregend zugleich. Auf den kommenden 110 Kilometern werden wir laut der Jordan Trail Association kaum einer Menschenseele begegnen.

Obwohl ich Graeme freigestellt habe, jederzeit allein weiterzuziehen, bekomme ich nicht den Eindruck, dass er das auch nur im Entferntesten vorhat. Gemeinsam recherchieren wir sorgfältig, wo wir Essen einkaufen und wo wir laut der Association Wasser finden können. Bis jetzt haben sich die Hinweise als sehr zuverlässig erwiesen, sodass wir auf die Informationen vertrauen, die sie uns gegeben haben. Ohne diese Angaben hätte ich mich nie in diesen Abschnitt inmitten der Wildnis begeben. An einigen Stellen gibt es laut der Website nur Wasser, wenn es viel geregnet hat. Glücklicherweise ist es ein außergewöhnlich verregnetes Jahr, sodass wir die Chance hoch einschätzen, ausreichend Wasser zu finden.

»Soll ich vorangehen?«, bietet Graeme an, dem ich das Navigieren nun vollständig anvertraut habe, auch weil ich all meine Aufmerksamkeit für Yustra brauche.

Wir waren schon bisher in einem ziemlich herausfordernden Terrain unterwegs, aber was wir nun bezwingen müssen, setzt dem Ganzen die Krone auf: beängstigend tiefe Schluchten, Felsspalten und Pfade voll mit losem Geröll an steilen Abgründen. Ganz vorsichtig setze ich meine Füße auf und frage mich, ob Yustra das wohl schafft. »Was meinst du, Graeme? Sollen wir es wirklich wagen? Meinst du, dass es demnächst eher besser wird oder eher schlimmer?« Er schaut besorgt zu Yustra und auf die Wolken am Himmel. Wir wissen beide, dass der Regen hier lebensgefährlich ist und sich trockene Schluchten innerhalb kürzester Zeit in wilde, reißende Flüsse verwandeln können. Erst neulich wurde eine Gruppe von Schulkindern vom Regen überrascht und ist ertrunken.

Gerade als Graeme den Mund öffnet, um meine Frage zu beantworten, verliert Yustra den Halt unter den Hufen und rutscht fünf Meter bergabwärts. Ich sehe es geschehen, kann aber nichts tun, außer ihr Seil loszulassen. Schnell kraxele ich ihr hinterher, bis wir uns beide mit zitternden Beinen gegenüberstehen. »Yustra, alles okay bei dir?« Ich suche sie von oben bis unten ab, aber es scheint alles in Ordnung zu sein.

»Nicht verwundet?«, ruft Graeme, der sich ein ganzes Stück hinter uns befindet.

»Nein, sieht nicht so aus«, sage ich und flüstere Yustra zu, dass wir am besten direkt weitergehen. So wie man, wenn man vom Pferd fällt, gleich wieder aufsteigen soll. Yustra folgt mir brav nach oben. Manchmal brechen Felsstücke unter ihren Hufen weg, die mit viel Lärm die Schlucht hinabrollen, aber das scheint sie wenig zu beeindrucken. »Sie ist so tough!«, rufe ich Graeme stolz zu. »Sie wird mit jedem Tag robuster. Du hättest sie mal in den ersten Tagen sehen sollen. Da hat sie sich nicht mal über die kleinsten Ritzen gewagt, und schau dir an, was sie jetzt macht! Ich sollte Al Pacino anrufen, um ihm zu erzählen, was sie sich inzwischen alles traut und kann!«

Graeme lächelt und sagt entspannt: »Schön, was? Zu sehen, wie dein kleines Mädchen erwachsen wird.«

Grand Canyon

Auf der Spitze des schluchtartigen Tales Wadi Mujib verstehe ich, warum es auch als Grand Canyon des Nahen Ostens bekannt ist. Ein Wadi ist ein Wüstental, und Jordanien hat viele davon. Mit rund einem Kilometer Höhenunterschied ist das Wadi Mujib die tiefste Schlucht im ganzen Land: eine lang gestreckte Senke in der Landschaft, umgeben von riesig hohen rotbraunen Felswänden. »Schau mal, früher stand das Wasser bis hierhin!« Ich staune über die Menge an Muscheln, die in die steilen Wände eingeschmolzen zu sein scheinen. Aber das Staunen weicht schon bald einer Sorge.

»Wie zum Henker sollen wir durch dieses Wadi kommen?«, frage ich, als sich herausstellt, dass die Route, die der Jordan Trail vorgibt, mehr aus Fels besteht denn aus Weg und steiler ist als alles, was wir bisher gelaufen sind.

Graeme sieht sich suchend um, aber als auch er keine bessere Route sieht, sagt er: »Einfach einen Schritt nach dem anderen. Wir haben alle Zeit der Welt, lassen wir es ruhig angehen.«

Ich zurre Yustras Packlast noch einmal fest und gehe voran. »Komm, Schatz, sollen wir da lang gehen? Komm, wir probieren es«, sage ich und versuche mit ihr, im Zickzack die leichtmöglichste Route abzustecken.

Graeme läuft vor uns mit einer erstaunlichen Selbstsicherheit, und ich gebe mein Bestes, um mit ihm Schritt zu halten. Als ob er keinerlei Mühe mit dem Terrain hätte, kaut er mir ein Ohr ab. »Was hast du eigentlich danach vor? Meinst du, du wirst immer auf Reisen bleiben? Wo siehst du dich in fünf Jahren?«

Darüber muss ich so angestrengt nachdenken, dass ich fast vergesse, wie schwierig die Route ist. »In fünf Jahren …«, sage ich nachdenklich, »das finde ich schwierig einzuschätzen. Vor fünf Jahren habe ich noch für die Bundespolizei gearbeitet und hätte mir nie träumen lassen, dass ich jetzt mit dir und einer Eselin durch Jordanien laufe. Vielleicht bin ich mehr Katze als Mensch und habe neun Leben? Zuerst war ich ein ängstliches Mädchen, das Spitzenköchin werden wollte, dann wurde ich Kriminalpsychologin, jetzt bin ich Vollzeit-Abenteurerin. Ich habe schon drei Leben gelebt, also habe ich noch sechs vor mir! Wer weiß, was die Zukunft bringt. Vielleicht werde ich noch Expeditionsärztin oder Delfintrainerin, oder ich erforsche Pilze.« Ich blicke zu Yustra und füge hinzu: »Wie auch immer, es sollen auf jeden Fall Tiere in meinem Leben sein.«

Ich habe keine abschließende Antwort, weil ich nie darüber nachdenke. Das Leben geht von selbst, ich muss nicht planen, und das ist auch das Letzte, was ich will. Wenn ich an die Zukunft denke, wird mir mitunter angst und bange. Die Fahrradreise war ein Experiment, die Mongolei mein Traum, Neuseeland eine geplante Expedition, aber Jordanien hat sich mehr oder weniger zufällig ergeben. Es gefällt mir eigentlich, immer kurzfristig zu entscheiden, was ich mache. Ich sehe, welche Optionen sich auftun, und gucke, worauf ich Lust habe.

»Und du? Weißt du es denn?«, spiele ich die Frage zurück.

Graeme wohnt schon seit Jahren im selben Haus in Sydney, arbeitet schon seit Jahren für denselben Arbeitgeber und fährt regelmäßig in den Urlaub. Er ist völlig zufrieden. Manchmal bin ich neidisch darauf, dass er genau zu wissen scheint, was er will, aber meist bin ich froh, dass ich nicht so ein Leben führe. Wie ich jetzt lebe, gefällt mir prima. Ob ich darüber in fünf Jahren noch genauso denke? Die Zeit wird es zeigen.

Schlaflos im Planwagen

Nach dem Wadi Mujib bezwingen wir noch viele andere Wadis, was schwer ist. Viel schwerer als erwartet. Während ich dachte, nach der heftigen Expedition mit Miriam einfach ein paar Wochen gemütlich wandern zu können, stellt sich der Jordan Trail als enorme körperliche Herausforderung heraus. Allein heute wandern wir bestimmt tausend Meter bergabwärts, um auf der anderen Seite der Schlucht wieder genauso viele Meter hochzulaufen, gefolgt von weiteren fünfzehn Kilometern Weg. Als wir ein spärliches Stück Gras entdecken, halten wir sofort an, damit Yustra nach Herzenslust fressen kann. »Das ist nicht mehr der grüne Norden, was? Da reichte einem das Gras bis zu den Achseln«, sage ich, während ich Yustra eine Portion unseres Abendessens abgebe. »Kann es sein, dass es jetzt schon vier Tage her ist, seit wir zuletzt einem Menschen begegnet sind? Bis auf den einen, der Yustra kaufen wollte, nachdem er gesehen hat, wie sie über die Steine gehüpft ist.«

Graeme nickt. »Ja, so ungefähr, aber möglicherweise erreichen wir heute Abend noch al-Karak. Dort steht eine stattliche Kreuzfahrerburg. Sollen wir versuchen, ein paar Meter vor der Stadt zu zelten? Da scheint ein Waldstück zu sein«, sagt Graeme und deutet auf die Karte.

Je weiter der Tag voranschreitet, desto mehr Wolken ziehen sich zusammen, es kommt Wind auf, und alles deutet darauf hin, dass bald ein Unwetter losbricht. »Umso mehr Grund, früh aufzuhören und unsere Zelte aufzubauen. Was hältst du von da drüben, zwischen den Bäumen?« Graeme sucht den geschütztesten Ort für zwei Personen und eine Eselin und stellt sein Zelt auf der einen Seite und ich mein Zelt auf der anderen Seite der Grasfläche auf, wo wir Yustra grasen lassen. Unsere Zelte stehen keine fünf Minuten, da beginnt es, heftig zu regnen. Aus der Sicherheit unserer Zelte heraus beobachten wir das Naturschauspiel mit Blitz und Donner.

Weit nach Anbruch der Dunkelheit ist das Gewitter endlich vorbei, und ich komme aus meinem Zelt heraus, um Feuer zu machen. Wir setzen uns hin, um uns schön aufzuwärmen, als zwei Jungen angelaufen kommen. »*Marhaba*«, sage ich, willkommen, und springe auf, um Tee aufzusetzen, wie es so viele Gastgeber für uns getan haben.

Der Ältere von beiden stellt sich als Jafat vor und deutet auf seinen Kumpel Odei, der mir anschließend eine Colaflasche gefüllt mit Milch reicht.

»*Shukran*«, sage ich, danke. Nachdem ich gestikulierend herausgefunden habe, dass Jafat 28 und Odei 16 Jahre alt ist, frage ich, von welchem Tier die Milch stammt, die sie uns mitgebracht haben. »Ist es *bääääh* oder *määäh?*«, ahme ich nach. Ist es Schafs- oder Ziegenmilch? Wir müssen alle lachen, aus seiner Antwort werden wir aber nicht ganz schlau.

»*From God*«, antwortet Jafat, und ich sage zu Graeme, dass es bestimmt göttlich schmeckt, auch wenn ich davon ausgehe, dass er »*from goat*« meint.

Das tut nichts zur Sache. Wir werden die Milch kochen und versuchen, mithilfe von Google Translate ein Gespräch mit ihnen zu führen. »Unwetter«, sagen sie. »Kommt Tee trinken bei uns.« Wir hatten selbst auch schon begriffen, dass das Gewitter doch noch nicht vorbei ist und es jeden Moment wieder losgehen kann. Die Jungen springen auf und bedeuten uns mitzukommen. »Nur fünf Minuten entfernt.«

Ich sehe Graeme an, der das für eine gute Idee hält. »Ach, warum nicht, ich finde sie nett«, sagt er. Wir vertrauen darauf, dass wir unsere Sachen einfach hier zurücklassen können.

»Sollen wir Yustra mitnehmen? Die kann sich bei ihrem Zeltlager bestimmt besser unterstellen als hier, und vielleicht können wir noch etwas Futter für sie kaufen.«

Am Zeltlager angekommen, sehen wir nicht die klassischen Ziegenhaarzelte, sondern nur eine Schafherde und einen alten Planwagen. Jafat bedeutet uns, dass wir reinkommen sollen, und stellt einen Teekessel auf einen kleinen Gasherd in der Ecke. Es dauert nicht lange, ehe draußen wieder ein Unwetter wütet und der Trailer im Sturm bebt. Der Regen prasselt mit ohrenbetäubendem Lärm auf die Plane, und wir sind froh, drinnen im Trockenen zu sitzen.

Nachdem Jafat seine jüngsten Ziegen reingeholt und ein paar – zu meinem großen Vergnügen – auf meinen Schoß gesetzt hat, fragt er: »Schlaft ihr hier?«

Ich blicke erwartungsvoll zu Graeme. »Ich habe noch nie in einem Planwagen geschlafen! Es sieht auch so aus, als würde es nicht so schnell trocken werden, und ich würde gern eine Nacht neben diesen süßen Zicklein verbringen.« Graeme findet das auch eine gute Idee, und nach dem Tee und etwas Baklava legen wir drei Matratzen hin, auf die wir Seite an Seite zu viert passen.

»Hast du gut geschlafen?«, frage ich Graeme, als wir am nächsten Morgen zurücklaufen. Ich selbst habe wie ein Stein geschlafen und hoffe, dass Graeme diese bizarre Nacht genauso genossen hat.

»Na ja, eigentlich nicht«, sagt er verlegen und dreht sich noch mal um, ehe wir weitergehen. »Ich habe neben Odei gelegen, und er hat heftig masturbiert.«

Ich bleibe stehen und starre ihn mit großen Augen an. »Er hat was?!«

»Ich habe mich geräuspert«, sagt Graeme, »daraufhin hat er kurz aufgehört, aber danach hat er fröhlich weitergemacht. Ich verstehe, dass er 16 ist, aber meine Güte … irgendwann habe ich was gesagt, da hat er aufgehört, aber zehn Minuten später hat er wieder angefangen! Ich habe ihm sogar einen Schubs gegeben, aber auch das war offenbar nicht deutlich genug! Da habe ich aufgegeben. Kein Auge habe ich zugemacht.«

Ich mache mir fast in die Hose vor Lachen, werde mich aber fortan hüten, voreilig eine solche Einladung anzunehmen.

Wegelagerer

Nachdem wir die Kreuzfahrerburg von al-Karak besucht haben, kaufen wir im Zentrum der Stadt – zur Feier, dass wir dreihundert Kilometer gelaufen sind – arabischen Kardamomkaffee, frisches Brot aus der Bäckerei und sechs Portionen Falafel. Alles zusammen kostet uns fast nichts, und wir genießen den Luxus, den die Stadt uns bietet. Für Yustra kaufen wir Möhren, Gerste, Mais und Tomaten. Kurz ist alles perfekt, bis nichts mehr perfekt ist. Autos rasen um uns herum, und Kinder werfen mit Steinen nach Yustra. Die Stadt ist kein Ort, an dem man sich mit einer Eselin aufhalten will. Die Atmosphäre ist viel weniger freundlich als erwartet, und wir sehnen uns nach Ruhe und Platz.

Obwohl sich Yustra mühelos durch den chaotischen Verkehr bewegt, bin ich froh, als wir die Stadt hinter uns lassen, das Gedränge überlebt haben und uns niemand angefahren hat. Yustra scheint die Hektik weniger anzuhaben. Leide ich vielleicht viel mehr darunter als sie und kann mir bei ihr etwas abschauen?

Um wieder zurück in die Wildnis zu kommen, müssen wir noch lange über befestigte Wege laufen. Regelmäßig stoppen Fahrer, um

Fotos von uns zu machen. Oft geht das respektvoll vonstatten, lachen wir freundlich und bedanken sich die Fotografen bei uns. So warten wir auch geduldig, als ein weißer Bus anhält. Eine Gruppe junger Leute steigt aus und versperrt uns resolut den Weg. Ohne uns zu fragen, werden wir in allerlei Positionen gedrängt, damit sie Selfies mit uns machen können. Wir lächeln brav, bedanken uns für ihr Interesse und entschuldigen uns, dass wir jetzt echt weitermüssen. Es ist immerhin fast dunkel, und wir müssen noch einen Schlafplatz suchen.

Der Jüngste der Truppe, in Trainingsanzug und Badelatschen, will davon nichts wissen. Er ist noch nicht fertig mit uns und will mehr Fotos. Widerwillig gestehen wir ihm noch ein paar zu, versuchen aber derweil, langsam weiterzulaufen. Bis er uns den Weg blockiert und anfängt, uns anzuschreien. Er fragt nicht mehr, er fordert und legt seinen Arm um unsere Schultern. Zuerst denke ich, dass es aus Versehen passiert, doch dann merke ich, dass er mich bewusst begrapscht. Seine Finger greifen nach meiner Brust.

»Hau ab!«, rufe ich. »Genug ist genug. Geht's noch? Mach das mal schön bei deiner Mutter!« Er scheint Englisch zu verstehen – oder zumindest die Intention meiner Worte – und gibt erst Yustra und dann mir einen Fußtritt. Das ist der Tropfen, der das Fass zum Überlaufen bringt. Ich drehe mich um und spucke ihn an. Ich bin stinkwütend. Dass er mich begrapscht, ist das eine, aber Yustra? Das soll er ruhig noch mal probieren. Ich will hier weg. Weg von diesem Idioten und dieser furchtbaren Situation.

Auch Graeme ist außer sich. Drohend läuft er auf den Jungen zu. »Bist du verrückt geworden? Nimm deine Pfoten weg! Wenn du Ärger willst, kannst du welchen haben!« Sie stehen Nase an Nase, und die Spannung steigt. Erschrocken rufe ich Graeme zurück. »Nicht! Das ist er nicht wert. Komm, lass uns weitergehen.« Aus den Büchern von Viktor Frankl, der verschiedene Konzentrationslager überlebt hat, habe ich gelernt, dass unsere größte Freiheit darin besteht, unsere Einstellung zu wählen, und nachdem ich bis zehn gezählt habe, helfe ich Graeme, das Gleiche zu tun. Als er sich daraufhin beruhigt und sich umdreht, verziehen sich auch endlich die Jungs. Um ein Haar sind wir einer Schlägerei entgangen.

Verordnete Ruhe

Es ist kalt, ich trage sämtliche Klamotten, die ich bei mir habe, und als wir aus dem Wadi Ma'tan herausklettern, weht der Wind inzwischen so stark, dass wir uns anschreien müssen. »Kurz anhalten, Graeme!«, brülle ich und mache entsprechende Handbewegungen. »Yustra läuft komisch. Ich will mal nachschauen.« Ich deute auf ihre Hufe und ziehe eins ihrer Beine hoch, kann aber nichts Ungewöhnliches entdecken. »Lass uns das Gepäck herunternehmen, um zu fühlen, ob vielleicht irgendwas sie pikst oder sticht.« Das tun wir, können aber keine Erklärung dafür finden, warum sie immer mehr zu hinken scheint.

Heute werden wir Dana erreichen, ein mittelalterliches Dorf am Rand des gleichnamigen Naturreservats, und wir hoffen, dort einen Tierarzt zu finden. Einmal angekommen, stellt sich heraus, dass das Dorf gerade mal 31 Einwohner hat. Wir sprechen jeden an, dem wir auf der Straße begegnen, bis wir jemanden finden, der uns hilft.

»Ich telefoniere mal kurz«, sagt der Mann. Es gelingt ihm, einen Tierarzt im Nachbardorf zu überzeugen, noch am selben Tag herzukommen, um sich Yustra anzuschauen.

»Es ist mir egal, was es kostet«, sage ich zu Graeme, »Hauptsache, ihr wird geholfen!« Mich macht die Vorstellung wahnsinnig, dass Yustra womöglich ernstlich etwas fehlt und ich sie zurücklassen muss.

Wir fragen beim Hotel an der Ecke, ob Yustra im Garten unter dem Baum warten kann, bis der Arzt zur Visite kommt. Wir selbst setzen uns in ein Café. Es regnet inzwischen wie aus Kübeln, und als der Eigentümer erfährt, dass ich eine Eselin habe, sorgt er dafür, dass Yustra im Stall stehen darf.

Den ganzen Nachmittag renne ich hin und zurück, um Yustra, sobald es trocken ist, nach draußen zum Grasen zu führen und sie bei einsetzendem Regen wieder in den Stall zu bringen.

»Ihr Knie ist geschwollen«, lautet kurz darauf die Diagnose des Tierarztes. »Seid ihr vielleicht viel mit ihr gelaufen?« Ich denke an all die Wadis, die wir mit ihr rauf- und runtermarschiert sind und an mein eigenes Knie, das ebenfalls etwas dick ist. »Sie braucht zwei Tage Ruhe und jeden Morgen und Abend eine Spritze.« Er gibt mir sechs Spritzen, eine Salbe und geht. Geld will er dafür nicht haben.

»Tausend Dank, Sie wissen nicht, wie viel uns das bedeutet!«, sage ich mit Tränen in den Augen.

Er winkt und gibt mir noch eine Tüte Brot. »Für unterwegs.«

Die verordnete Ruhe kommt gerade im richtigen Moment, denn für die nächsten zwei Tage ist furchtbar schlechtes Wetter angesagt. Graue, fast schwarze Wolken bringen zuerst Regen, dann Hagel, und bei Böen weht es sogar in das Café hinein, in dem wir Unterschlupf gefunden haben.

Mit dicken Jacken sitzen wir am Ofen und nutzen die Zeit, uns auf den nächsten Abschnitt unserer Wanderung vorzubereiten. Vorerst gehe ich davon aus, dass Yustra ganz normal wieder dabei sein kann.

Wir müssen noch 85 Kilometer zurücklegen, bevor wir das prächtige Petra erreichen werden, und dann noch mal neunzig Kilometer bis Wadi Rum. Ich lese vor, was die Jordan Trail Association über diese Route schreibt: »Die beiden legendären Orte Petra und Wadi Rum werden verbunden durch eine einwöchige Wanderung durch einen der längsten Abschnitte der Wildnis auf dem Jordan Trail. Hier in der leeren, hoch gelegenen Wüste kann man hervorragend Sterne beobachten, und stille Kontemplation kommt ganz von selbst. Dieser Teil des Trails, der mit tiefen, zerklüfteten Wadis beginnt und in eine offene, sandige Ebene mündet, umgeben von unwirklich anmutenden Sandsteinfelsen, führt Sie tief in Gegenden hinein, in denen sich selten Menschen aufhalten.«

Wir wissen, dass wir auf diesem Abschnitt keine Geschäfte vorfinden werden und es kaum Wasser gibt. Was wir nicht wissen, ist, ob wir Yustra mit in die Gegend von Petra nehmen dürfen. Wen können wir anrufen, falls uns mitten in der Wüste das Wasser ausgeht? Müssen wir Wasser an vereinbarte Orte liefern lassen, oder können wir es auch ohne solche Vorsichtsmaßnahmen schaffen? Vorab hatte ich eine Liste ausgedruckt mit Telefonnummern von Menschen, die uns unterwegs vielleicht helfen können, und nun beginnen wir, sie systematisch abzutelefonieren.

»Ich gehe noch kurz zur Küche und frage, ob ich Reste haben kann, um sie an Yustra zu verfüttern«, sage ich zu Graeme, als es draußen eine Weile weniger stürmisch zugeht.

Sobald ich in der Gasse stehe, werde ich von zwei Seiten von laut bellenden Hunden eingeschlossen. Inzwischen habe ich gelernt, dass ich keine Angst haben muss vor Hunden. Dass ich schreien und so tun muss, als ob ich etwas werfe, dann laufen sie weg. Aber nun stehe ich zwischen zwei Wänden eingekeilt, und die geifernden, aggressiven Hunde weichen keinen Zentimeter zur Seite. »Hey, haut ab!«, rufe ich noch selbstsicher, aber ehe ich mich's versehe, geht der größte Hund auf mich los. Mit seinen scharfen Zähnen beißt er mich ins Bein. Ich erschrecke mich zu Tode und sehe, dass er durch meine Hose gebissen hat. Mein Herz rast, was soll ich tun? Die Hunde gehen nicht weg, und ich kann nicht ausweichen.

Glücklicherweise öffnet sich ein Stück entfernt eine Tür, ein Mann jagt die Hunde mit einem Stock weg und geht dann wieder hinein. Und lässt mich unter Schock stehend zurück. Ohne die Wunde zu inspizieren, drehe ich mich um und renne schnell zu Graeme.

»Shit, Tamar! Wenn er deine Haut verletzt hat, brauchst du eine Tollwutspritze!« Diese Aussicht erschrickt mich vielleicht am meisten. Ob sie so etwas haben in diesem kleinen Dorf in Jordanien? Was, wenn ich ins Krankenhaus muss, was mache ich dann mit Yustra? Wie lange wird das wohl dauern? Und was wird das kosten? Mit all diesen Gedanken im Kopf ziehe ich schnell meine Hose aus und inspiziere die Wunde. Glück gehabt. Der Hund hat zwar meine Hose zerfetzt, aber nicht meine Haut. Es besteht folglich keine Gefahr, aber ich bitte Graeme trotzdem, mit mir mitzugehen, um Yustra aus dieser angsteinflößenden Gasse mit den aggressiven Hunden zu befreien.

Wirbelwind

»Bist du hier im Urlaub?«, fragt mich ein Niederländer, als er aus meinem Akzent geschlossen hat, dass ich auch aus den Niederlanden komme.

Tja, Urlaub, denke ich. In gewisser Weise schon, trotzdem fühlt es sich nicht so an, es ist mehr ein Lebensstil. »Ja, im Urlaub«, sage ich dennoch, weil mir klar ist, dass es genau danach aussieht, wie ich hier auf der Couch neben dem Ofen sitze und die Nase in ein dickes Buch stecke. Dadurch, dass Yustra zwei Tage Ruhe verordnet bekommen hat, gehen wir vorläufig nirgendwohin, und zum ersten Mal während dieser Reise kann ich einen Tag lang so richtig relaxen. »Wir gehen den Jordan Trail. Mit einer Eselin«, sage ich, was noch viel mehr Fragen aufwirft und zur Folge hat, dass ich ihm alles erzähle – von der Hochzeit, von Al Pacino, dem Planwagen und dass dies nur eins von vielen Abenteuern ist.

»Wow, nicht schlecht«, reagiert er auf meine Aufzählung der vergangenen Jahre. »Wir sind hier nur eine Woche und machen die Standardrundfahrt mit Reiseführer und einem Fahrer.«

»Tamar ist so ein bisschen ein Wirbelwind«, scherzt Graeme, der sich zu uns gesetzt hat. »Sie kommt in das Leben anderer Menschen hineingefegt und stellt alles infrage, ohne es auszusprechen. Mich bringt das auch zum Nachdenken. Nicht dass ich direkt auch Wohnung und Job aufgeben will, aber ich denke mehr darüber nach, was wirklich wichtig ist im Leben.«

Ich finde es lieb, dass Graeme so etwas sagt, vor allem Fremden gegenüber. »Zum Glück!«, rufe ich, »wenn alle ihre Jobs aufgeben würden, wäre das ein einziges Chaos. Außerdem müssen alle für sich selbst bestimmen, wie sie leben wollen. Freiheit hat immer auch ihren Preis. Letztlich musst du entscheiden, wie frei du sein willst und wie viel du bereit bist, dafür zu bezahlen. Ich habe einfach unfassbares Glück, dass ich in den Niederlanden geboren wurde, gesund bin und so ein Leben führen kann.«

Das Gespräch mit dem Niederländer tut mir gut. Es erinnert mich an eine Welt, die ich gerade dadurch, dass ich weit weg bin, immer mehr zu schätzen weiß. Ich genieße es, meine Muttersprache zu sprechen, und den niederländischen Humor. Kurzzeitig ist es, als wäre ich wieder zu Hause oder zumindest ein Stückchen näher bei meinem Vater.

Auszeit

Yustras Heilung geht gut voran. Die Schwellung an ihrem Knie ist schnell abgeklungen, und auch die Sonne scheint wieder. Guten Mutes machen wir uns auf den Weg, und um Yustra so wenig wie möglich zu belasten, trägt sie nur ein wenig Gerste – ihr eigenes Futter.

Über verwitterte Pfade laufen wir durch das malerische Biosphärenreservat Dana. Die atemberaubende Landschaft voller Bergrücken, Täler, duftender Kräuter und Felsformationen aus Kalkstein, Sandstein und Granit ist bekannt für ihre Vielfalt in Flora und Fauna. Viele wilde Tiere sehen wir zwar nicht, aber allein den Anblick der Felsen in allen Farben und Formen genießen wir in vollen Zügen.

»Schau mal, das sieht aus wie eine Geburtstagstorte, von der die Glasur heruntertropft, findest du nicht? Und guck mal, der Felsen da! Der ist doch nicht von dieser Welt?« Graeme schießt ein Foto nach dem anderen, er kann sein Glück nicht fassen.

Aber im Laufe des Tages beginnt Yustra doch wieder zu hinken. Heute Morgen sprang sie noch so stark wie ein Pferd über die Felsen, aber nun kommt sie immer langsamer und schwerfälliger voran. »Komm schon, Yustra, wir müssen noch ein Stück. Meinst du, du kannst einen Schritt zulegen?« Ich probiere alles aus: Pausen einlegen, zufüttern, eine einfachere Route, doch das nützt alles nichts. Yustra kann nicht mehr, ich kriege sie nie und nimmer nach Petra.

»Graeme, was sollen wir jetzt tun?! Sollen wir sie doch an Beduinen verkaufen, falls wir unterwegs welchen begegnen? Ich will sie noch nicht abgeben müssen!«, rufe ich. Wir setzen uns auf einen Felsen, um unsere Optionen durchzusprechen und einen Plan zu schmieden.

»Ali!«, rufe ich entzückt, als wir ein paar Stunden später das langersehnte Auto bei uns halten sehen. »Wie schön, dass du da bist. Unsere Yustra braucht dringend eine Auszeit. Bist du dir sicher, dass dein Vater gut für sie sorgen kann?«

Ich hatte seinen Namen und seine Telefonnummer von der Jordan Trail Association bekommen – »für den Fall, dass du Hilfe brauchst« – und habe ihn wegen Yustra angerufen.

Er versichert mir, dass sie bei seinem Vater in guten Händen ist und wir sie in drei Tagen abholen können. »Mein Vater wohnt in dem einzigen Beduinenzelt, das ihr auf dem Weg nach Petra sehen werdet. Könnt ihr nicht verpassen.«

Mit dieser Zusage müssen wir uns zufriedengeben. Nach einigem Schieben und Ziehen steht Yustra kurze Zeit später auf der Ladefläche seines Pick-ups, und wir winken ihr hinterher. Tränen steigen mir in die Augen, aber aus irgendeinem

Grund habe ich vollstes Vertrauen darauf, dass sie gut versorgt wird. Ich vertraue darauf, dass meine Intuition inzwischen hinreichend geschult ist, um die Situation gut einzuschätzen. Bei Ali habe ich ein gutes Gefühl, und ich bin froh, dass sich Yustra reichlich erholen kann, bevor es an die letzte und zugleich abgelegenste, trockenste und schwerste Etappe unserer Reise geht.

Verborgene Schätze

Wir laufen weiter zum letzten Dorf vor Petra und decken uns für sieben Tage mit Essen ein. Dann bestellen wir eine Portion Falafel, auf die eine zweite und dritte folgen. Danach holt uns Graeme noch einen Schawarma und einen Kebab, und wir runden das Ganze mit einer Tüte Chips ab. Es ist, als hätten wir monatelang nichts gegessen.

»Sollen wir heute Nacht mal in einer Höhle schlafen?«, schlägt Graeme vor, während er die Reste seines Abendessens vorsichtig an der Hose abwischt.

»Ja, cool!«, sage ich, »auch wenn es ganz schön stinken dürfte nach all dem Knoblauch, den wir gerade verputzt haben. Höhlen sind nicht unbedingt für ihre gute Belüftung bekannt.«

Nach einer weiteren Stunde zu Fuß suchen wir uns eine der verlassenen Höhlen zum Schlafen aus. Morgen erwartet uns ein echtes Highlight. Die Felsenstadt Petra zählt zu den sieben Weltwundern: siebentausend Jahre alte Ruinen, in den Fels gemeißelte Fassaden, Tempel, Höhlen, Felsspalten und mehrere Hundert Millionen Jahre alte Wadis. Alles verbunden mit dem Versprechen, dass sich dort verborgene Schätze befinden.

Am folgenden Tag schauen wir überall kurz rein und klettern auf den höchsten Punkt, von dem aus man das Gebiet in seiner ganzen Größe überblicken kann. »Früher war das mal eine pulsierende Stadt voller Händler, Reisender und Kamelkarawanen. Das muss ein echtes Spektakel gewesen sein«, sagt Graeme und zielt auf die Hunderten Touristen ab, die unter uns über staubige Straßen schlurfen. Männer mit Ziegenbärtchen, karierten Kopftüchern und Rennradsonnenbrillen versuchen, ihnen alles Mögliche zu verkaufen.

»Woher kommt das nur?«, frage ich Graeme in der Hoffnung, er wisse eine Antwort darauf, »dass ich dasselbe Gebäude, dieselbe Aussicht weniger schön finde, wenn Menschenmassen in der Nähe sind? Die Schönheit hat sich doch nicht verändert? Mehr noch, dass so viele Leute extra deswegen kommen, ist doch gerade ein Beweis dafür.«

Graeme seufzt, er weiß es auch nicht. »Vielleicht ist es ein Mangel an Exklusivität? Genau wie man eine Beziehung weniger wertschätzt, wenn der eigene Partner auch anderen nachstellt?«

Das finde ich einen schönen Vergleich, und glücklicherweise bietet Petra so viele versteckte Gassen, unbekannte Treppen, Seitenstraßen und abseits gelegene Fassaden, dass unser Bedarf an Exklusivität reichlich gedeckt wird. Wir müssen nur einen Umweg nehmen, was wir eh am liebsten machen.

»Ich fühle mich wie Harrison Ford in *Indiana Jones*«, sagt Graeme, während er die Farben und Formen von allem um uns herum bewundert. »Ich kann mir vorstellen, dass so mancher Künstler hier Inspiration gefunden hat.« Und tatsächlich sehe ich Chagall in den Farben der Wände, Gaudí in den Fassaden, Dalí in den scheinbar dahinschmelzenden Formen und sogar Escher in den unzähligen Treppen, die inzwischen ins Nirgendwo führen. Ich bin froh, dass Graeme bei mir ist und wir diese Schönheit teilen können.

Zwei volle Tage bestaunen wir die beeindruckende Architektur der Wüstenstadt, die der ganze Stolz Jordaniens ist. Ich nutze die Gelegenheit, um mich bei den Kamelhaltern nach den Preisen zu informieren. Nicht, dass ich unbedingt ein Kamel kaufen will, aber wer weiß? Vielleicht kann es Yustra beim Wassertragen helfen?

Einige Einheimische erkennen uns aus dem Dorf wieder, in dem wir am Tag zuvor eingekauft haben, andere hatten Yustra auf dem Pick-up vorbeifahren sehen, und schon bald weiß jeder, dass ich das Eselmädchen bin, das auf der Suche ist nach einem Kamel. Durch meine Erfahrungen in der Mongolei weiß ich genau, wie ich mich Kamelen nähern muss, woraus die Verkäufer schließen, dass ich es ernst meine. »Kamel zu verkaufen!«, hören wir neben uns, als ein Beduine mit seinen besten Tieren auf uns zukommt. »Dieses hier, jung, stark. Nur zweitausend Euro! Esel hierlassen, kein Problem.« Als würde ich ein Auto gegen ein anderes eintauschen.

Obwohl ich verrückt bin nach Kamelen und sie womöglich für die Wüste besser geeignet sind als ein Esel, denke ich nicht im Geringsten daran, unsere Yustra hier zurückzulassen. Die Esel sehen schlecht versorgt aus, und ich will nicht, dass meine Yustra bald nur noch Touristen über steile Treppen schleppt. Außerdem sind die Kamele leider viel zu teuer.

Traumland

Früh am Morgen, als die Schatten noch lang sind, fragt mich Graeme, welches Land das schönste ist, das ich je gesehen habe. Diese Frage wurde mir schon oft gestellt, aber ich finde sie noch immer schwer zu beantworten. Es ist, als würde man einen Schachmeister fragen, welcher Schachzug der beste ist. Die einzige Antwort darauf lautet: »Es kommt darauf an. Zum Besuchen? Zum Wohnen? Um Abenteuer zu erleben? Ich fand Kanada und Südafrika fantastisch wegen der wilden Tiere. Die Mongolei war mein schönstes Abenteuer, aber wenn ich wählen müsste, wo ich gern leben würde, dann in Australien.« Graeme ist positiv überrascht, dass ich sein Heimatland so verehre. »Aber vorläufig verspüre ich kein Bedürfnis, mich irgendwo niederzulassen. Ich habe noch so viel vor!«

»Ja, das habe ich gemerkt«, sagt Graeme mit einem Lachen. »Mal sprichst du davon, ein eigenes Stück Land besitzen zu wollen, wo du deine eigenen Tiere halten kannst. Dann erzählst du von einer Kajaktour über den Oranje River. Ein anderes Mal willst du mit ein paar Lamas durch Südamerika wandern und eine Weile bei den Inuit leben. Und wolltest du nicht die gesamte afrikanische Küste entlang? Am liebsten mit dem Segelboot? Durch Madagaskar mit einem Planwagen? Und durch Alaska mit einem eigenen Hundeschlitten?«

Ich muss ebenfalls lachen. Er hat recht. Meine Träume und Pläne ändern sich jeden Tag. »Stell mir dieselbe Frage in einem Jahr noch mal. Dann habe ich bestimmt eine andere Antwort parat!«

Ruhe

Einen Tag, nachdem wir die Innenstadt von Petra verlassen haben, kommen wir an einem kleinen Friedhof vorbei. Die Wildnis hat ihn fast gänzlich überwuchert, aber aus einiger Entfernung erkennt man ihn noch. Wir gehen auf ihn zu und setzen aus Respekt unsere Rucksäcke ab. Vorsichtig laufe ich an den Gräbern entlang, lasse meine Finger über die Reliefs der Steine gleiten und frage mich, was wohl darauf steht. Wahrscheinlich etwas in Richtung: »Hier liegt Poot, er ist tot.« Hoffentlich ruht seine Seele in Frieden.

»Sag mal, Graeme, was denkst du?«, frage ich, »liegt der Schlüssel zum Glück vielleicht in der Ruhe, die man noch vor dem Tod finden kann?«

Er lässt sich das kurz durch den Kopf gehen und sagt dann: »Du hast schon so viel innere Ruhe in dir. Ich meine, du läufst einfach mit einer Eselin durch Jordanien, als ob es die normalste Sache der Welt wäre!«

Ich muss über seine Worte lachen, manchmal kommt er völlig unerwartet mit einem Witz um die Ecke. »Naja«, sage ich, »nachdem ich die Mongolei mit einem Pferd, einem Kamel und einem Hund durchquert habe, ist mit einer Eselin durch Jordanien laufen nicht mehr so nervenaufreibend. Genau wie der Wind neulich. Der hat mich nicht beunruhigt, weil ich viel schlimmere Stürme erlebt habe. Das Gleiche gilt für Hunger, Kälte, Müdigkeit, Schmerz und das gefürchtete Unbekannte. In den letzten Jahren habe ich innerhalb kürzester Zeit meine Grenzen ausgelotet, darum bringt mich jetzt nichts mehr so schnell aus der Ruhe.«

Es hat auch mit der Wildnis zu tun und dem Loslassen von allem, was ich finde und fand. Die Ruhe, dass ich niemand zu sein brauche, dass ich nichts beweisen muss, dass ich in aller Freiheit die Welt entdecken kann. Gerade durch diese Ruhe eröffnen sich mir allerhand Möglichkeiten, und ich wage inzwischen sogar zu glauben, dass ich, wenn ich etwas wirklich will, es auch schaffen kann.

Sick Siqs

»Wow! Was ist das denn?!«, ruft Graeme überwältigt, als wir vor unserem ersten Siq stehen: eine schmale Felsschlucht aus fein geschliffenem Sandstein wie eine Art enger Korridor, an einigen Stellen gerade mal einen Meter breit, mit hohen vertikalen Wänden zu beiden Seiten. Es fühlt sich bedrohlich und beschützend zugleich an.

Vorsichtig gehen wir hinein in den Siq, wo es augenblicklich ganz still ist. Das Einzige, was ich höre, sind unsere Schritte. Als ob die Schlucht nicht nur das Sonnenlicht geschluckt hätte, sondern auch alle Geräusche. Mit den Händen befühle ich die geschliffenen Wände. Sie fühlen sich kalt an, aber strahlen auch eine gewisse Wärme aus. Je nach Lichteinfall sehen sie rosa, rot, lila oder orange aus. Farben, die wie Pinselstriche eines Malers nahtlos ineinander übergehen. Eine sanfte Brise sorgt für eine passende Klangkulisse, wie Hintergrundmusik bei einer Spukgeschichte. »*Sick*«, sagt Graeme leise.

Der bekannteste Siq ist der Hauptzugang zur Stadt Petra, durch den täglich Hunderte Touristen gehen. Dass wir nach Petra noch tagelang durch eine Aneinanderreihung von klaffenden, sonnenverwöhnten Erdspalten – ohne Besucher – kommen würden, ist eine angenehme Überraschung.

»Wusstest du das?«, frage ich Graeme, der meist besser informiert ist als ich. Er schüttelt den Kopf. Es fühlt sich an, als hätten wir ein Geheimnis von unschätzbarem Wert entdeckt.

»Ich hätte nie gedacht, dass eine Wüste so prächtig und abwechslungsreich sein kann«, flüstere ich. Besser kann ich es nicht ausdrücken. Graemes »*sick*« trifft es eigentlich ziemlich genau.

Durst

Die Wüste ähnelt einem weisen Mann, der die Sprache verloren hat. Es ist still, und die Landschaft gibt ihre Geheimnisse nicht so schnell preis. Nachdem wir tagelang an den beeindruckendsten Felsformationen vorbei und durch faszinierende Siqs gegangen sind, sehen wir heute endlich den so charakteristischen roten Sand des Gebiets rund um Wadi Rum. Glühende Hügel ragen riesig über uns auf und sorgen dafür, dass ich mich klein fühle. Die Luft ist warm, die Nächte sind kühl und stockfinster, sodass der Sternenhimmel umso klarer hervortritt. Es sind so viele Sterne, dass ich den Himmel kaum noch sehe und ich mich frage, ob er sich nicht vielleicht hier auf Erden befindet. Es ist atemberaubend und friedlich zugleich.

Dennoch fehlt etwas Essenzielles. Wir sind noch immer auf der Suche nach Yustra.

»Wo ist denn dieses Beduinenzelt?«, frage ich Graeme ungeduldig. »Das hätten wir doch inzwischen längst sehen müssen.

Sind wir vielleicht daran vorbeigelaufen?« Wir werfen einen Blick auf die Karte und lesen Alis Anweisungen noch einmal sorgfältig durch. »Es müsste doch irgendwo hier sein, aber ich kann es nirgends entdecken!«

Ich fange an, mir ernstlich Sorgen zu machen, als Graeme in die Ferne deutet. »Da! Ich meine, da hinten etwas zu sehen. Hast du ein Fernglas?«

Genau wie Ali vorhergesagt hat, stoßen wir tatsächlich ungefähr 15 Kilometer hinter Petra auf ein einziges Beduinenzelt. Und genau wie Ali versprochen hat, wartet Yustra dort auf uns. Als sie uns sieht, kommt sie fröhlich auf uns zugetrabt.

»Wie habe ich dich vermisst!«, sage ich und kraule sie hinter den Ohren, am Hals und am Bauch und gebe ihr die Möhren, die ich die ganze Woche für sie aufgehoben habe. »Schau mal, Yustra, die sind für dich. Hat Alis Vater gut für dich gesorgt?« Ich bin so glücklich, dass wir sie wiedergefunden haben, dass ich die Einladung zum Tee ausschlage, um ein Weilchen mit ihr allein zu sein.

»Das Leben mit Yustra ist echt schöner, was?«, sagt Graeme, als er mir kurz darauf ein Glas Tee vorbeibringt und Yustra ebenfalls in Ruhe begrüßen will.

Wir bedanken uns ausgiebig bei Alis Eltern und machen uns dann auf den letzten Abschnitt unserer Wanderung.

»Wenn du mich fragst, ist Yustra wieder ganz die Alte«, sage ich, nachdem wir eine Stunde gegangen sind und ich nichts Ungewöhnliches an ihr bemerkt habe. Sie scheint ihn sogar zu genießen, den weichen Sand unter ihren Hufen. An der langen Führleine lässt sie sich mitunter weit hinter uns zurückfallen, um dann angerannt zu kommen. Sie hüpft beinahe, und ich bin unendlich froh, sie so zu sehen. »Von wegen, Esel seien nicht für die Wüste geeignet! Die Kameltreiber in Petra haben keine Ahnung!«

Wir haben noch vier Tage vor uns bis Wadi Rum und sind eifrig auf der Suche nach dem letzten Wasserbrunnen auf unserer

Route. Erleichtert, einen gefunden zu haben, laden wir Yustras Satteltaschen voll mit Wasserflaschen. Obwohl ihre Taschen prall gefüllt sind, wird uns das nicht reichen. Eine Eselin und zwei Erwachsene trinken nun mal viel, vor allem in dieser Hitze. Was zur Folge hat, dass wir sogar mit Yustras Hilfe noch abhängig davon sind, was wir unterwegs finden. Also graben wir, suchen in jeder Ritze und wissen jeden Wassertropfen in Pfützen zu schätzen.

Wir gehen äußerst sparsam mit dem Wasser um, dennoch sind unsere Vorräte am dritten Tag aufgebraucht. Wenn wir jetzt nicht bald Wasser finden, wird es gefährlich. Ich habe Durst, Graeme sagt, sein Hals fühle sich an wie Sandpapier, und Yustra läuft immer langsamer. Aber Graeme hat einen Plan. »Laut meinen Aufzeichnungen ist ein Stück weiter vorn eine Schlucht, in der man manchmal – wenn es stark geregnet hat – Wasser findet«, erklärt er und übernimmt die Führung.

»Gut. Lass uns das probieren«, stimme ich zu. »Aber wenn wir dort nichts finden, müssen wir einen Bereich mit Telefonempfang suchen. Dann rufen wir Ali an.«

Ich drücke die Daumen, als wir kurz darauf die schmale Schlucht betreten, in der wir laut Graeme auf Wasser stoßen sollten. Damit weichen wir von unserer eigentlichen Route ab, und ich kann nur hoffen, dass wir nicht umsonst kostbare Energie verbrauchen.

»Komm, Yustra, hier lang«, ermutige ich sie mitzugehen. Die Schlucht ist dunkel und kühl. Es liegt ein angenehmer Geruch in der Luft, kein trockener, staubiger, sondern einer, der Leben verheißt. Als wir um eine kleine Ecke biegen, sehe ich genau, was ich gehofft hatte zu sehen. »Wasser!«, rufe ich, »wir haben Wasser! Und zwar jede Menge!« Ein großer Teich glänzt im Sonnenschein, zu dessen Seiten grünes Schilf wächst, an dem Yustra sofort zu kauen beginnt. Aus den Felsen wachsen allerlei andere Wüstenpflanzen, Oleander und ein Feigenbaum. »So sieht also eine Oase aus!«, rufe ich ekstatisch und drehe mich zu Graeme um. »Du siehst es doch auch? Das ist keine Fata Morgana, oder?« Er nickt. Er sieht es auch und kniet sich hin, um seine Wasserflasche damit zu füllen.

Da erstirbt meine Ekstase. Das Wasser ist grün und schleimig, und es schwimmen Insekten darin. Graeme riecht daran und verzieht das Gesicht. »Das ist abgestandenes Wasser und stinkt. Ich weiß nicht, ob ich das trinken will …«

Einen Moment lang stehen wir wie angewurzelt da und starren auf die Wasseroberfläche, dann wird uns bewusst, dass wir keine andere Wahl haben. Es sind noch 35 Kilometer, bis wir Wadi Rum erreichen, und soweit wir wissen, gibt es bis dahin kein Wasser mehr.

Es hilft alles nichts. Also fange ich an, die Wasserflaschen zu füllen, und versuche so gut es geht, die Insekten und den Schleim herauszusieben. »Sterilisierst du alles erst mal mit deinem UV-Wasserentkeimer?«, frage ich Graeme und koche alles noch mal gründlich ab. »*Big bubbles, no troubles!*, lautet die Regel. Weißt du, wo unsere Teebeutel sind?« Ich hoffe, dass wir, wenn ich nur genug Tee reinmache, vielleicht nicht schmecken, wie eklig das Wasser ist, und dass wir uns so vor allem nicht übergeben müssen. Sonst dehydrieren wir noch mehr und haben ein großes Problem.

Wie echte Beduinen!

Zwei Tage später steht ein junger Beduine mit den Füßen im orangefarbenen Sand und lauscht mit großen Augen unseren Geschichten. Wie wir Wasser in der Wüste gefunden, draußen unter den Sternen geschlafen haben und innerhalb von fünf Wochen von der syrischen Grenze bis hierher zu Fuß gekommen sind. »Ich wohne und arbeite schon mein ganzes Leben in Wadi Rum, aber so was habe ich noch nie gehört! Ihr seid genau wie wir – echte Beduinen! Ihr seid sechshundert Kilometer gelaufen?

Mit einem Esel? Willkommen in Wadi Rum!« Er besteht darauf, dass wir in seinem Zeltlager übernachten.

»Gern!«, sagen wir dankbar und verabreden, ihn am Ende des Tages wieder hier zu treffen.

»Denn erst müssen wir was feiern«, sage ich und schlage vor, dass wir im Gemeindezentrum ein Bier trinken gehen. Es ist das erste Mal, dass wir in Jordanien Alkohol trinken, und das Bier stammt passenderweise aus der Brauerei, an der wir uns getroffen haben. »Auf unsere Familie«, sage ich und proste ihm zu. »Auf ein fantastisches Abenteuer. Auf dich. Auf mich. Und vor allem auf Yustra. Ohne sie hätten wir das nicht geschafft.«

Graeme nickt. »Und auf Hashies«, fügt er hinzu.

»Lang lebe Hashies!«, sage ich. Ihm haben wir immerhin zu verdanken, dass wir einander gefunden haben.

Gegen halb sechs treffen wir den jungen Beduinen wieder und laden Yustra auf die Ladefläche seines Pick-ups. Ich setze mich neben sie und halte sie fest, während die untergehende Sonne die Abendlandschaft der Wüste in Flammen setzt. Es fühlt sich unwirklich an, so schön ist es, und ich lehne mich mit dem Kopf an Yustra, um gemeinsam mit ihr den Moment zu genießen.

Alles hinter sich lassen

Ich bin an einem malerischen Ort, werde herzlich empfangen und befinde mich in bester Gesellschaft mit Graeme, Yustra und unserem neuen Beduinenfreund. Eigentlich hätte ich allen Grund, überglücklich zu sein, doch stattdessen bin ich enorm traurig.

Die Ankunft am Wadi Rum bedeutet für mich nämlich das Ende dieser Reise und somit auch das Abschiednehmen. Übermorgen fliege ich bereits, und ich habe noch immer keine Entscheidung treffen können, was Yustra betrifft.

Unter Tränen habe ich Dave angerufen, der mir folgenden Tipp gab: »Tamar, du musst eine Entscheidung treffen, auf die du auch in zehn Jahren noch stolz bist. Wähle den besten Ort aus, den du für Yustra finden kannst.« Unterstützt durch seine stets weisen Worte und nach langem Abwägen treffe ich schließlich eine Entscheidung: Yustra geht zurück ins Biosphärenreservat Dana. Das landesweit größte Naturreservat ist üppig grün, und Yustra kann dort beim Hüten der Ziegen helfen. Der Mann, der seinen Stall anbot, als Yustra ihr geschwollenes Knie hatte, hat mir zugesagt, sie abzuholen.

Ich bin erleichtert, dass er noch immer Interesse hat, denn sonst fand ich keinen der Interessenten geeignet. Yustra verdient nur das Allerbeste, und ich möchte mir keine Sorgen machen, ob sie in guten Händen ist. Ich habe sie so sehr in mein Herz geschlossen, dass ich den Gedanken nicht ertrage, mich schon bald von ihr verabschieden zu müssen.

Ich schaue Yustra dabei zu, wie sie gierig alle Reste auffrisst, die ich ihr eben gebracht habe. Das werde ich vermissen. Und ich werde vermissen, wie sie ihren Kopf an meine Schulter drückt, wenn sie gestreichelt werden will. Wie sie mein Essen mopst, wenn ich nicht aufpasse. Wie sie sich mit ihrem Hinterhuf hinterm Ohr kratzt. Wie sie zu tanzen scheint im Sand. Wie sie mir jeden Tag kurz Guten Morgen wünscht, sobald sie merkt, dass ich wach bin. In den letzten Wochen musste ich sie nicht einmal mehr führen, sie lief auch ohne Führleine mit uns mit. Endlich sind wir zu einer Familie zusammengewachsen, wie ich es mir gewünscht hatte, und nun, da es so weit ist, muss ich sie gehen lassen. Das raubt mir den Schlaf, und ich sitze die ganze Nacht neben Yustra auf dem Boden. Ich bin untröstlich. Liebe ist Segen und Fluch zugleich. Das wusste ich von Anfang an, und dennoch habe ich mich dafür entschieden.

»Von nun an werde ich wirklich nicht mehr mit Tieren reisen«, lüge ich Graeme am nächsten Morgen an. »Es ist einfach zu schmerzhaft. So sehr an einem Tier zu hängen und es dann wieder loslassen zu müssen.«

Um Graeme muss ich nicht weinen, ich weiß, dass ich ihn wiedersehen werde. Entweder in Australien oder an einem anderen Ort der Welt. Es fühlt sich gut an, dass ich einen neuen Freund gefunden habe, mit dem ich ein Abenteuer erlebt habe, das uns niemand mehr nehmen kann. »Du kannst mich jederzeit anrufen, wenn du Lust auf ein neues Abenteuer hast«, sagt er, dabei wäre das gar nicht nötig, denn davon bin ich fest ausgegangen.

Dann drehe ich mich zu Yustra um. Ein letztes Mal kraule ich sie hinter den Ohren. »Tschüss, mein Schatz, ich liebe dich. Ich werde dich nie vergessen. Sei schön brav, ja?«

Das Ende?

Wir werden nicht aufhören zu forschen,
und am Ende all unserer Forschungen
werden wir wieder da stehen, wo wir anfingen,
und wir werden den Ort zum ersten Mal sehen.
– T.S. ELIOT

Der Schlüssel steckt in der Tür, und so gehe ich einfach hinein. Ich bin nervös. Ob er wohl zu Hause ist? »Pap, bist du oben?«, rufe ich die Treppe hoch, woraufhin mein Vater herunterkommt.

Er scheint innezuhalten, als er mich erblickt, und kurz stehen wir uns erfreut gegenüber und sehen uns an. Mein Herz schlägt höher, weil ich ihn so sehr liebe und mir die Worte fehlen, um ihm das zu sagen. »Kind, wie schön, dass du wieder da bist!«, sagt er und drückt mich fest an sich. »Erzähl schon, was hast du erlebt? Ich will alles hören!« Er schaltet den Wasserkocher an, und wir setzen uns an den Küchentisch. Es ist derselbe Tisch, an dem ich ihm vor vier Jahren verkündet hatte, ich würde auf Reisen gehen.

Während er den Tee aufsetzt, schaue ich mich kurz um. Hier im Hause Valkenier hat sich wenig verändert, und eigentlich finde ich das ganz schön. Dieselbe große Lampe scheint auf denselben Wasserkocher, der langsam mit den vertrauten Geräuschen zu brodeln beginnt. Ich höre die Waschmaschine im Hintergrund laufen. Ein vergilbtes Kandinsky-Poster hängt an der Wand, und auf dem Tisch stehen drei abgebrannte Kerzen. Genau wie in meiner Erinnerung.

Alles ist noch so wie vorher, aber wie ich es wahrnehme, seit ich fortgegangen bin, dazwischen liegen Welten. Nach den vielen Monaten und Jahren in der Wildnis fühlt sich alles unnatürlich an. Das Licht ist zu grell, die Temperatur zu konstant, das Ticken der Uhr ... Es macht mich nervös. Draußen weht ein kräftiger Frühlingswind, doch davon spüre ich hier drinnen nichts. Ich sitze schön warm vorm Fenster, aber eindeutig auf der falschen Seite.

Mir fehlt die flackernde Wärme eines Lagerfeuers. Die Magie der funkelnden Sterne. Die Wärme der Mittagssonne, die gerade den Schnee weggeschmolzen hat. Mir fehlen das Iah der Esel und das Kreischen der Adler. Der Ausblick über die Täler, die Weisheiten alter Völker, frisch gemolkene Ziegenmilch ...

Nächste Woche kommt Dave hierher. Er begreift all diese Dinge. Er weiß, wie sehr ich meinen Vater liebe, aber auch, dass ich hier nicht bleiben kann. Weil ich auch das Reisen liebe, ebenso wie die Tiere, die Wildnis, die Unsicherheit, meine Freiheit.

Liebevoll umarmen wir einander, als ich ihn am Flughafen Schiphol in »meiner« Welt willkommen heiße, und ich werde mein Bestes geben, um ihn nie mehr loszulassen.

»Bist du bereit?«, sagt er mit einem Lachen, als wir zehn Tage später mit einem vollgepackten Tandem in der Straße meines Vaters drauf und dran sind loszufahren. Ich habe ein Déjà-vu, wie ich vor vier Jahren zusammen mit Janneke aufgebrochen bin. Auch jetzt prasselt uns der Regen ins Gesicht, und die Tränen vermischen sich mit den Tropfen. Diesmal sind es Tränen der Freude. Freude darüber, dass ich frei bin, mich für ein Leben voller Leidenschaft, Schönheit und Liebe zu entscheiden. Voller Ungewissheit und Abenteuer. Und mit einem grenzenlosen Vertrauen darauf, dass alles gut geht. Ich habe keine Angst mehr. Nicht davor, alles zurückzulassen, die Zügel loszulassen und im Rhythmus meines eigenen Herzens zu tanzen. Denn nur ein Herz, das gegen die eigenen Rippen schlägt, ist ein anständiges

Herz von anständigem Maß. Indem ich es gewagt habe, obwohl ich mich nicht getraut habe, indem ich immer wieder den ersten Schritt gemacht habe, habe ich entdeckt, dass es nur eins gibt, das zählt, und das ist: Liebe. Liebe und die Freiheit, um dieser nachzugehen.

Epilog

Freiheit ist, seine eigene Geschichte schreiben zu können.
– UNBEKANNT

»Du musst ein Buch schreiben!« Das erste Mal, dass ich diesen Satz hörte, war 2017 in der mongolischen Immigrationsbehörde, als ich erzählte, weshalb mein Visum seit fünf Wochen abgelaufen war und ich das Land noch nicht verlassen hatte. Es sollte allerdings noch Jahre dauern, ehe ich die Aufforderung ernst nahm.

Zuerst wollten noch einige Abenteuer erlebt werden: mit Dave auf dem Tandem durch Europa, zurück in meiner geliebten Mongolei, um Herrn Dalaikhan, Alpamys und meine Pferde wiederzusehen, Klettern in den Bergen Japans, anschließend ein Ju-Jutsu-Training mit Dave in Australien und danach ein Kriegertraining bei den Massai in Kenia.

Dort begann ich mit dem Schreiben, was ein eigenes Abenteuer für sich war. Denn wie kann man im Hier und Jetzt leben und über die Vergangenheit schreiben? Wie nimmt man sich Zeit, um hinter einem Computer zu sitzen, mit dem nötigen Strombedarf, wenn man gleichzeitig ein freies Leben in der Natur führt, über das man so leidenschaftlich schreibt?

Das Universum kam mir zur Hilfe. Im Februar 2020 kam Graeme mich in der Mongolei besuchen, und während einer gemeinsamen Hundeschlittenfahrt brach ich mir den Knöchel. Kurz bevor die Grenzen geschlossen wurden – wegen des Coronavirus –, konnte ich in die Niederlande zurückfliegen, wo mein Vater mich liebevoll pflegte. Zwei Monate lang saß ich auf derselben Couch, auf der ich fünf Jahre zuvor mit demselben Bein eingegipst gesessen und beschlossen hatte, eine lange Reise zu unternehmen. Dieses Mal schrieb ich auf, was sich in der Zwischenzeit alles ereignet hatte.

Es war schön, wieder bei meinem Vater zu sein, aber an dem Tag, als der Gips abkam, zog ich wieder los. Ich konnte nicht anders, es lockte mich noch immer in die Welt hinaus.

In jenem Sommer radelte ich 1.800 Kilometer an der Westküste Europas entlang, kletterte auf Gletscher in Österreich, und den Rest des Jahres ging ich Schlittschuh laufen und Ski fahren in Lappland. Dort fand ich eine idyllische Berghütte im Schnee, wo ich mir die Zeit nahm, in aller Ruhe das Buch abzurunden und noch einmal all die Menschen, Tiere, Orte und Erfahrungen Revue passieren zu lassen, die am meisten dazu beigetragen haben, wer ich heute bin: eine Vollzeit-Abenteurerin, die das Leben unfassbar genießt.

Danksagung

Als ich mit dem Buch anfing, hatte ich keinen blassen Schimmer, was ich mir da aufhalste. Beispielsweise wusste ich nicht, dass der Schreibprozess größtenteils ein Verwerfprozess sein würde. Ich habe so viel zu erzählen, dass es mir mitunter schwerfiel, zum Punkt zu kommen, die wichtigsten Anekdoten für sich sprechen zu lassen und den Rest wegzulassen, ohne den Lesefluss zu beeinträchtigen.

Ich wollte ein Buch schreiben, das nicht einfach nur ein Reisebuch ist, sondern vielmehr meine persönliche Entwicklung nachzeichnet – meine innere Reise – und einen Eindruck davon gibt, was das Leben alles zu bieten hat. Im Anfangsstadium hat mich Dave darin enorm unterstützt, dem ich gar nicht genug für seine Hilfe, Geduld und Liebe danken kann. Auch bin ich Janneke, Floor, Anne, Mario, Graeme, Miriam und Lynnea dankbar. Nicht nur für die Abenteuer, die wir zusammen erlebt haben, sondern auch für ihre Zeit und ihren Beitrag zu der Geschichte, die ich letztlich zu Papier gebracht habe. Jeder von ihnen hat mir geholfen, meine Grenzen zu verschieben und zu entdecken, welche Möglichkeiten das Leben bereithält. Ich bin Miriam zusätzlich dankbar für die kanadische Doku und die Sendung von Floortje Dessing, die unsere Reise so wunderbar festgehalten haben, sowie für ihre Ermutigung, meine Geschichte einem Verlag anzubieten. Bei meinem niederländischen Verlag Kosmos bin ich vor allem Hans Koenen und Daniël Valk dankbar, weil sie direkt begeistert reagierten, immer erreichbar waren und flexibel, was die Planung anging.

Dieses Buch habe ich aber vor allem all jenen zu verdanken, die die Erlebnisse, über die ich schreibe, (mit) möglich gemacht haben. Ohne ihr Vertrauen, ihre Hilfe und Unterstützung hätte ich diese Reisen nie gemacht und wäre es überhaupt nie zu diesem Buch gekommen. Insbesondere möchte ich Herrn Dalaikhan und seinem Sohn Alpamys in der Mongolei danken, bei denen ich nun jedes Jahr mehrere Monate (mehr als in den Niederlanden) verbringe und mich sogar ein bisschen zu Hause fühle.

Zudem möchte ich mich bedanken bei Joëlle Dek, Gerard Murre, Erwin van der Meij, Maarten Dinkla und Carolina Verdonk, die mir bei der ersten Version des Manuskriptes geholfen haben. Vor allem von Joëlle lernte ich, aus der Sicht des Lesers zu denken anstatt aus meiner. Sie wies mich zu Recht darauf hin, dass nicht jeder weiß, was eine Jurte ist, was Hobbles sind oder ein Possum, und dass Dinge, die für mich selbstverständlich sind, in einem Buch womöglich erklärt werden müssen. Karan Haagmans las mit, durchlebte alles mit und stand jederzeit bereit, mir zu helfen und mit mir auf Reise zu gehen.

Bianca Schrijver verdient ein Extralob für ihre intensive Begleitung, ihre kritischen Fragen und ihr Talent, gleichzeitig immer ermutigend zu bleiben. Das Gleiche gilt für Toine Wilke, der tief in den Text eintauchte und bei dem die Wände in seinem Haus irgendwann voll mit ausgedruckten Texten hingen, die wir Seite für Seite durchsprachen. Anschließend lasen Jaap van den Burg, Odile Smits und Bas Bauland und schickten mir ganz selbstlos ihre Kommentare. Jede Ergänzung, jede Anmerkung und jeder Vorschlag waren von enormem Wert.

Im finalen Stadium wurde vonseiten des Kosmos Verlags Martine van der Deijl hinzugezogen, die mit ihrer professionellen Begleitung beim letzten Feinschliff grandios geholfen hat.

Es macht mich sehr glücklich, dass mein Buch auch auf Deutsch erscheint. Dafür möchte ich Janine Malz, die meinen Text übersetzt hat, und Isabella Caldart, die diesen lektoriert hat, herzlich danken.

Zum Schluss möchte ich mich bei meiner Familie und meinen Freunden bedanken, die ich hier nicht namentlich aufführe, die mir aber enorm beigestanden haben. Indem ich mit ihnen über meine Zweifel, Rückschläge und Fragen sprach, habe ich meine Gedanken besser ordnen können, lernte mich selbst immer besser kennen und konnte die *lessons learned* immer besser deuten. Ihr Vertrauen in den Mehrwert dieses Buches hat dazu geführt, dass ich das Abenteuer, das der Schreibprozess war, erfolgreich abschließen konnte. Mein Dank ist größer als alle Worte, die ich dafür finden könnte!

Mein größter Dank gebührt allerdings meinem Vater. In meinem gesamten Leben, aber auch während des Schreibprozesses, war er meine große Stütze und mein Fels in der Brandung und hat mir mit seiner bedingungslosen Liebe die Möglichkeiten gegeben, sowohl zu reisen als auch anschließend mit einem gebrochenen Knöchel bei ihm auf der Couch zu schreiben. Er hat sogar bis zum Umfallen meine Rechtschreibung korrigiert und mich jedes Mal aufgemuntert, als ich nicht mehr konnte.

In einem Versuch, meine Liebe zu ihm in Worten auszudrücken, habe ich folgendes Lied geschrieben:

Thank you, Dad, for standing strong,
Like a tall tree in the forest,
Deeply rooted, firmly anchored
In the ground I'm growing from.

You cast your shadows, bent your branches,
Protecting me from stormy weather,
You gave me feathers but were ready
There to catch me when I'd fall.

You taught me how to dance, dance when the wind blows
You taught me how to sing, sing in the rain

We'd go out and smell the flowers
We would watch the birds for hours
Now it's time to spread my wings and fly away

'Cause I need to show the world
all the lessons I have learned
How to flourish, how to thrive,
I'm so glad you gave me life

You never whined or clipped my wings,
Never asked for anything
Loved me unconditionally
But we have to set each other free

You taught me how to dance, dance when the wind blows
You taught me how to sing, sing in the rain
We'd go out and smell the flowers
We would watch the birds for hours
And celebrate another perfect day

Now you're standing in the harbor
And you're looking out at sea
To catch a glimpse of me
As the wind is blowing me offshore

And I'm looking back at you
How it hurts to let you go
Daddy, do you know?
I love you so
I love you so

2. Auflage 2023

Neumühlen 17, 22763 Hamburg
www.edelsports.com

Zuerst erschienen bei Kosmos Uitgevers, Niederlande 2021.

Der Verlag dankt der Dutch Foundation for Literature für die Unterstützung.

Nederlands letterenfonds dutch foundation for literature

Übersetzung: Janine Malz
Projektkoordination: Lisa Ebelt
Lektorat: Isabella Caldart
Fotos Umschlag und Innenteil: Tamar Valkenier
Illustrationen: Welmoet de Graaf
Layout, Satz und Bildstrecke: Datagrafix GSP GmbH, Berlin | www.datagrafix.com
Umschlaggestaltung: Favoritbüro, München
Lithografie: Frische Grafik, Hamburg

Druck und Bindung: GGP Media GmbH, Pößneck

Printed in Germany

ISBN 978-3-98588-050-8